インドの僧院生活

大乗仏教興起時代

グレゴリー・ショペン【著】
GREGORY SCHOPEN
小谷信千代【訳】
ODANI NOBUCHIYO

春秋社

訳者まえがき

本書は、大谷大学で一九九六年十一月と一九九七年十月にそれぞれ二週間にわたって、グレゴリー・ショペン（Gregory Schopen）テキサス大学教授（当時）によって「大乗仏教興起時代におけるインドの僧院仏教について」（Monastic Buddhism in India During the 'Mahāyāna' Period）というテーマのもとに行なわれた大学院特別セミナーの講義録と、初年度の公開講演の原稿の日本語訳である。

西暦一、二世紀から四、五世紀にかけては、大乗仏教が既成の部派仏教（小乗仏教）を凌駕して華々しく活動した時代であるとするのが、インド仏教史における通常の了解である。はたして大乗仏教は当時それほどの勢力を有する存在になっていたであろうか。ショペン教授の講義はそのインド仏教史の定説に疑問を投げかけるものであった。このテーマは教授が一貫して追い続けてきたものであり、数々のすぐれた論文や著書としてその成果が公刊されている。

そのような研究業績に裏付けられた教授の主張は、公開講演会でも多数の聴衆を魅了したが、特別セミナーの授業においても、他大学からの聴講生をも交えて常時五十名前後の聴講者が授業を満喫したことであった。教授の講義は、碑文研究と考古学的研究法を律典研究に導入するという教授独自の方法論に基づいて行なわれ、ほとんど毎回、新たな知見を示してわれわれ聴講者を瞠目せしめ、知的好奇心をかきたてる刺激的なものであった。

ショペン教授の講義は小乗仏教の一部派の律典である根本説一切有部律に基づいて行なわれた。この律の中でも律事（Vinaya-vastu）の部門が主として援用される。律事は十七の項目から成りそれぞれ一つの章を構成するが、講義にはその項目名（章名）が頻繁に現われる。それゆえこの律の構成とそれらの項目の名称とをあらかじめ知っておいていただくのが便宜かと思われるので、ここにその概略を述べておくこととする。

現在完全な形で残っている律（広律）としては、上座部のパーリ律、法蔵部の四分律、化地部の五分律、説一切有部の十誦律、根本説一切有部の根本説一切有部律、大衆部の摩訶僧祇律の六本がある。平川彰博士の『律蔵の研究Ｉ』（春秋社、一九九九年）によれば、これらの中で最も成立の古いのはパーリ律であり、最も新しいのは根本説一切有部律であるとされ、それがおおかたの研究者の認めるところであろう。しかしショペン教授は根本説一切有部律が最も古いものであると主張する（本書第一章）。

律蔵は僧伽の規則を収めたものであるが、それは僧の個人的な行為に関する規則と僧伽全体としての行動に関する規則との二つの部門から成る。前者は、「波羅提木叉」と呼ばれる個人に対する禁止令と、その注釈すなわちその規則が制定された因縁譚や語句の定義およびその具体的な適用令を述べる「経分別」とから成る。後者は「犍度」と呼ばれ、出家作法などの僧伽の集団としての活動に関する規則である（佐々木閑『出家とはなにか』大蔵出版、一九九九年）。

さて、ショペン教授が講義で用いた根本説一切有部律に含まれる一連の文献は、北京版西蔵大蔵経では主として甘殊爾（経部）の戒律部に収められているものである。丹殊爾（論部）の律疏部に収められているのはそれらに対する注釈である。教授はそれらにも一通り眼を通したと言う！　以下に教授が講義に用いた律文献を北京版大蔵経の総索引の番号順に掲げておく。

一、律事 Vinaya-vastu（No. 1030）律雑事と合して犍度部を形成する。十七種の項目（十七事）から成る。漢訳では『根本説一切有部毘奈耶出家事』から『同破僧事』まで（大正 Nos. 1444–1450）に相当するが、漢訳には七事のみ現存する。

二、律経 Prātimokṣa-sūtra（No. 1031）比丘の波羅提木叉。漢訳『根本説一切有部戒経』（大正 No. 1454）に相当。

三、律分別 Vinaya-vibhaṅga（No. 1032）経分別中の比丘律分別。比丘の波羅提木叉の註釈。漢訳『根本説一切有部毘奈耶』（大正 No. 1442）に相当。

四、比丘尼律 Bhikṣuṇī-prātimokṣa-sūtra（No. 1033）比丘尼の波羅提木叉。漢訳『根本説一切有部苾芻尼戒経』（大正 No. 1455）に相当。

五、比丘尼律分別 Bhikṣuṇī-vinaya-vibhaṅga（No. 1034）経分別中の比丘尼律分別。比丘尼の波羅提木叉の註釈。漢訳『根本説一切有部苾芻尼毘奈耶』（大正 No. 1443）に相当。但しショペン教授はプトンの説によりこれを根本説一切有部律には入れない。

六、律雑事 Vinaya-kṣudraka-vastu（No. 1035）五犍度に当たる。漢訳『根本説一切有部毘奈耶雑事』（大正 No. 1451）に相当。

七、律上分 Vinaya-uttara-grantha（No. 1036）（大正欠）

根本説一切有部律は以上の七種の文献から成っている。これらの内、律事は次のような十七種の項目（十七事）で構成されている。

1 出家事 Pravrajyā-vastu
2 布薩事 Poṣadha-vastu
3 随意事 Pravāraṇa-vastu
4 安居事 Varṣā-vastu
5 皮革事 Carma-vastu
6 薬事 Baiṣajya-vastu
7 衣事 Cīvara-vastu
8 羯恥那衣事 Kaṭhina-vastu
9 コーシャンビー事 Kośāmbī-vastu
10 羯磨事 Karma-vastu
11 黄赤比丘事 Pāṇḍulohitaka-vastu
12 プドガラ事 Pudgala-vastu
13 別住事 Pārivāsika-vastu
14 遮布薩事 Poṣadhasthāpana-vastu
15 臥具事 Śayanāsana-vastu
16 諍事 Adhikaraṇa-vastu
17 破僧事 Saṃghabheda-vastu

なお、教授は近年次のような著書を出版している。合わせてお読みいただければ幸いである。

Gregory Schopen, *Bones, Stones, and Buddhist Monks: Collected Papers on the Archaeology, Epigraphy, and Texts of Monastic Buddhism in India*, University of Hawaii Press, Honolulu, Hawaii 96822-1888, 1997.

最後に、本書が春秋社より出版されるについては、東京大学助教授の下田正弘氏が同社編集部の佐藤清靖氏に仲介の労をお取り下さった。また、編集を担当された上田鉄也氏には数々のご配慮をいただいた。刊行に際しては新たに設けられた「大谷大学大学院特別セミナー学術刊行物出版助成」による補助金の適用を受けた。ここに関係の皆様方に衷心より御礼申し上げます。

平成十二年六月十六日

小谷信千代

【目　次】

大乗仏教興起時代　インドの僧院生活

序　章　インドと中国における仏教の展開
——並行・先後関係の不在

紀元初頭から五、六世紀にかけての時代、この時代をわたしはインド仏教史における中期と呼びたいと思いますが、この時代は、これまでなされた多くの時代区分においても、一般向けの仏教書においても、たいてい「大乗仏教の時代」とされています。しかし、この時代を大乗仏教の時代と呼ぶべき根拠の存在しないことが次第に明らかになりつつあります。この時代に相当量の大乗経典が作られたことは確かですが、今日では、大乗経典の制作をそれだけ切り離して考えることはできなくなっています。インド仏教中期においては、それ以外にも多くの作品が作り出されましたが、その大部分は大乗とは何ら明確な関係を持っていません。これらもう一方の資料はなぜか今日まで無視されなおざりにされてきました。その理由を考えてみたいと思いました。また、大乗はどうしてインド仏教史上に分不相応とも言えるほどよい地位を与えられるに至ったかを解明しようと試みてきました。そうしているうちに、少なくとも一つのことが次第に明らかになってきました。それは、インドの大乗仏教の歴史が読み解かれ改めて構築されるに際して、中国における大乗仏教の歴史がそれに大きな影響を及ぼしたであろう、ということです。

どう見ても、中国における仏教の状況がインド仏教の研究に驚くほど大きな影響を及ぼしていると思われます。例えば、インド仏典相互の時代関係を確定するために、ことの是非はさておき、漢訳仏典がしばしば用いられてきました。漢訳された時期が確定しておれば、そのインド語の原典が、時代を特定することまではできないとしても、少なくともある期間すでに存在していたと考えることは許されます。しかし、そのようにして得られた情報がほとんど何の意味もないことが判明する場合があります。しかもそれがなおざりにできないようなことがおうおうにしてあります。そういうケースとして何よりもまず、さまざまな律のことが念頭に浮かびます。漢訳に残っている律のほとんどは五世紀に翻訳されています。そして、大半の学者は、その漢訳よりインド語原典は数世紀前に作られたと主張しています。しかし、たとえ彼らが正しいとしても、その漢訳の年代が実際には何を意味しているかはまだよく分かっていません。このような状況のもとでは、時には立ち止まって考えてみる必要があります。

また、一つのインド仏典の中にその発展過程を示すものがあると思われる場合がありますが、その過程を跡づけるためにも、漢訳が用いられてきました。私にはそれが成功しているとは思えませんが、そのようにして漢訳を用いることに伴う多くの前提や方法論上の問題は、これまで一度も充分に検討されたことがありません。しかも、漢訳に基づいて述べられたインド仏典の歴史に関する事柄の大半か、そうは言わないまでもいくぶんかが、インド仏典そのものの歴史よりも、漢訳の翻訳技術や中国の宗教的・文化的な偏向の歴史により深く影響を受けている、ということもあり得ないわけではありません。

インド仏教文献史における漢訳の役割はよく知られていますが、その一方で、インド仏教研究における中国資料の影響については、あまりよく知られていないように思われます。インドの歴史地理学や仏教考古学は、事実上中国資料を基礎として構築されています。法顕と玄奘なしにこれらの学問の現状を想像することは困難です。彼らのいずれかに依らなければ、これらの学問の基礎を築いたアレキサンダー・カニンガム（Alexander Cunningham）も、きっとその事業を遂行し得なかったでしょうし、主要な仏教遺跡の多くがその存在を確定されないままに残されたであろうこともほぼ確実です。法顕と玄奘が彼にその基本となる地図を提供したのです(1)。

＊

中国資料は、インド仏教の研究に確実な基礎を与える役割をいろいろな仕方で果たしてきました。しかし、それらが役に立たないことが判明するような場合もあります。つまり、中国での事柄に関する知識がインドの歴史的な状況を理解する助けとはならず、むしろ障害になるような場合もあるのです。例えば、子の親への孝心を強調することは中国仏教に特有のことであると早くから繰り返し主張されてきましたが、実際は孝心の強調は仏教の中国における変容の一つであったのです。それを中国仏教特有のものとする主張が、インド仏教における孝心の重要性の認識を著しく阻害したことは確かです。また、中国における阿弥陀仏と浄土との重要性は証拠文献をあげて証明されましたが、そのことが「インドの浄土教仏教」などというものを発見するために多くの無駄な努力を払わせるような結果に導いたのも同様に確かなことなのです。[2]

このような個々の事例の背後には、もっと広範で、おそらくあらゆる事柄に影響を及ぼしている、ある思い込みが潜んでいるのです。すなわち、中国仏教は、インド仏教のほうがいくらか先行するその時間差を保ちつつ、年代的に平行して足並みを揃えてきた、つまり、これら両者はあい前後して発展してきたのである、というように、よく考えもせずに度々想定されてきたのです。このように想定されたために、少なくとも二つの結果が生じました。一つは、二つの地域における展開が年代的につながらないことにほとんど注意が払われなかったということ。もう一つは、仏教の形態や制度に見られる何らかの展開が、それに似たものがインドで起こる数世紀以前に、実は中国において初めて起こったのであるということを、その可能性をすらほとんど認めようとしなかったということです。そこでまず初めに、これら二つのことを示す例を挙げてみたいと思います。

仏教が「教養のある上流階級の人々の生活と思想の中に浸透し始めた」三世紀末から四世紀初頭の中国において、般若経文献、とりわけ『八千頌般若経』が、ツルヒャー（E. Zürcher）教授の言うように、「最も重要であった」ことはまず疑いの余地がありません。[3] インド仏教の研究者はこの点に関していくつかのことに思い当たるでしょう。第一には、インドでは『八千頌般若経』が「教養のある上流階級の人々の生活と思想の中に」浸透したという根拠は実際上何も存在しませんし、三世紀や四世紀においてはなおさらであることは言うまでもありません。インドでは教養のある上流階級の人々は、仏教の僧や尼僧を、主としてインド古典文学や劇にお決まりの登場人物である道化者のように見倣していたようです。さらに、古典的なカーヴャや詩を書くことのできたアシュヴァゴーシャ（馬鳴、一〇〇〇年頃）やアーリャシューラ（聖勇、三〜四世紀）などの小数の仏教僧は、『八千頌般若経』のような仏典の存在に気づいてもいませんし、それに影響された様子もありません。それでもと思ってインドの論書を覗いてみても、『八千頌般若経』が引用されることは稀です。例えば、チャンドラキールティ（月称、六〇〇〜六五〇年頃）は『プラサンナパダー』に『禅定王経』を二十回以上引用していますが、『八千頌般若経』は四回しか引用していません。シャーンティデーヴァ（寂天、六五〇〜七〇〇年頃）は『大乗集菩薩学論』に『禅定王経』をほぼ二十回引用しているのに、『八千頌般若経』は二回しか引用していません。『八千頌般若経』がインドで相当のちの時代に至るまで重用されなかったことは、中央アジアで収集された多くの写本にも反映しているものと思われます。般若経典自体これらの収集にその存在をはっきりと認識し得るほどよく見かけられるものではなく、しかもそれらが現われる場合は、すべてとは言わないまでもその圧倒的多数が、一万八千、二万五千、十万頌の『大品般若経』と呼ばれるものの断片なのです。ギルギット写本の場合も同様です。

だからといって、インドで『八千頌般若経』が流布した痕跡がないというわけではありません。そのような証拠はあるのです。しかしそれは、三、四世紀のものではなく、後期パーラ王朝、つまり一一、一二世紀のものなのです。その時代になって初めてわれわれは『八千頌般若経』が仏教の注釈家たちの小さな集団以外でも知られていた証拠を手にし得るのです。例えば、サルナートでは「大乗の信奉者である最も優れた優婆夷」が『八千頌般若経』を書写させ、「月と太陽と地球の続くかぎり『八千頌般若経』の読誦が」続けられるようにと願って寄付をしたことを記す、一一世紀の碑文が見つかっています。(4) ナーランダでも、僧院長だろうと思われる優れた僧の宗教活動を記す、一一世紀の碑文が見つかっています。[5] この僧の師匠は「心に……八千〔頌〕仏母を持つ」というように表現されており、その僧自身についても「それによって仏母が聖者カサルッパナ（観音）の大寺において常に回転する」ような回転書架であろうと思われる物を作ったと記されています。一一、一二世紀のインドの北東部において『八千頌般若経』が重視されたことを証言するこれらの碑文の記録に加えて、上記のサルナートの「優れた優婆夷」の行為が決して孤立した事例でないことを証明する、十二以上もの貝葉写本の奥書を挙げることもできます。これらの写本はベンガル州とビハール州のいくつかの大寺院で書写されたものです。ナーランダでもそれが書写されたことは確実です。ヴィクラマシラーやおそらくクルキハルでも書写されたでしょう。これらの写本は相当数の大乗の優婆塞や優婆夷およびいく人かの大乗の僧たちによって寄進された物（可施物 deyadharma）です。それらは、その内容が示唆しているように、福徳業として書写されたのです。そしてその福徳業の果報は、五世紀のものとされる大乗の最初期の碑文に用いられているのとまったく同じ文章で記された寄進の式文によって、他の衆生に譲渡あるいは回向されています。[6] さらに、これらの写本の多くは、礼拝の対象としての役割を果たしています。それらを覆っている板、あるいは最初に置かれた貝葉は、軟膏と芳香性のある粉を絶えず塗り付けられた結果、厚く着色され、堅い外層で覆われたようになっています。

　要するにこれらのことはすべて、『八千頌般若経』そのものに述べられる、したがって、おそらくそれが書かれた紀元初頭に行なわれたと予想される、書籍信仰を証言するものです。[7] しかし、そう証言しているはずのこの写本は、実は、予想されるよりほぼ千年も後のものなのです。そして、これより以前には、この仏典の描いている事柄を証言するものは現実には何も存在しないのです。

ここには二つ考慮すべきことがあるように思われます。第一は、仏典の著作年代は、それが宗教的あるいは文化的に重要であった時代と直接関連していなくともよいということです。つまり、仏典に描かれている思想や実践行は、仏典が著作された後、数世紀を経て初めて現実化された、ということです。第二に、インドと中国において『八千頌般若経』の流布したことが確認される時代は、決して一列に並んでは登場せず、それがそれぞれに流布した事情も非常に異なった性質のものであった、ということです。つまり、インドでの状況が中国において同種のことの起こる前ぶれとなったわけではなく、同様に中国の状況もインドにかつて起こったことの再現ではあり得ないということなのです。

『八千頌般若経』の場合は極端な例だと思われるかもしれませんが、前記の律の場合もそれと非常によく似ています。もし律が大部分の学者の考えているように古くに成立したとすれば、インドと中国におけるよく管理された僧院制度は、ほぼ千年の開きがあることになるでしょう。インドと中国における状況が一列に並んだものでないことを、完全にとまではゆかなくともかなりの信憑性をもって示唆する般若経関係の資料は他にもあります。

＊

もし三世紀の中国と三世紀のインドにおける『八千頌般若経』あるいは般若経「学派」の状況をより共時的なものとして認めようとすれば、現存の資料がそれとかなり釣り合いがとれなくなるということがまっ先に判明します。中国に関しては、ツルヒャー教授によって詳細に研究された資料に基づいて、教授が『八千頌般若経』と般若波羅蜜が「最も重要であった」ことに関して述べている点を繰り返し指摘すればよいでしょう。教授は中国のその時代の仏教を「ためらいながら」ではありますが、「紳士階級の仏教」と呼んでいます。他方、インドに関しては、われわれは教授ほどには資料を豊富に持ち合わせていませんが、おそらくそれと同時代のものと思われる重要な歴史資料を持っています。しかしそれは奇妙なことにこれまで見過ごされてきたのです。

この分野に通じた学者であれば、そのほとんどの人がおそらく、『ラトナーヴァリー』がナーガールジュナ（龍樹）の真作であること、そしてナーガールジュナが紀元二、三世紀の人であるということに同意されるでしょう。もしこの二点が正しいとすれば、『ラトナーヴァリー』は、ただ仏教哲学を学ぶ者だけの関心事にとどまらず、大乗の歴史を学ぶ者にとっても重要な文献になります。なぜならこの資料は、直接『八千頌般若経』と関係づけることはできませんが、仏教の伝承から般若経文献と関係があったと考えられている大学者ナーガールジュナによって、大乗運動が「同時代のものである」ことを示す特徴が明記されてわれわれに提供されているからです。実際、その第四章は大乗にかなりのスペースを割き、いくつかの偈において大乗に対する仏教界一般の反応がどのようなものであったかを述べています。しかし、その著者のすべての説明を年表上に定着させるものは、一つの偈に用いられた、短いけれども重要な一つの単語、adya（いま、今日）という単語です。繰り返しになりますが、もしナーガールジュナが『ラトナーヴァリー』の著者であり、そしてもし彼が紀元二、三世紀の人であれば、この「いま」が彼の生きていた時代を指していることは明らかです。そうだとすれば、地理的にその文書を位置づけることはまだできませんし、それが大乗全体を指すのかあるいはある特定の地域の大乗を指すのかもまだ分かりませんが、われわれはそれを時間的に位置づけることはできます。つまり、それは紀元二、三世紀の大乗、あるいは少なくとも最初の大乗経典が書かれた一世紀のちの大乗を指すということになります。

『ラトナーヴァリー』には、発生したのち一世紀あるいはそれ以上経過したあとの大乗が描かれていますが、そのテキストには、「仏教教会を改変してしまった」「根本的な変革」とチェルバッキー(T. Stcherbatsky)が呼んだような事柄をその大乗がもたらし得たことを示唆するものは何も存在しません。(8)『ラトナーヴァリー』はこの大乗仏教運動の強力な提唱者によって書かれたと考えられている仏典ですが、その中に現われる大乗は、どう考えても、嘲笑、あざけり、侮蔑の対象となっているように思われます。その最も賢明な唱道者の一人の手によってさえ、大乗は、チェルバッキーの想い描いた脚本が示唆するようには、それ以前のものをすべて一掃してしまうほど自立し自信に満ちたものとはなっていなかったようです。むしろそれは、紀元二、三世紀の頃でさえ、なおも世間に認められようとして悪戦苦闘している戦闘的な活動であったように見受けられます。それはいろいろな事柄に関してどうにもならない状況に立ち至っていることを自覚していたように思われます。例えば、ナーガールジュナは大乗が「仏陀の語」であってほしいという願望を次のように表明しています。

要約すれば、自他の利益と解脱という目的とが仏陀の教えである。それらは六波羅蜜の中心にある。ゆえにこれは仏陀の語である。(IV, 82)

しかしその数偈あとで彼は「悟りへと導く行において確立される目的は経には説かれていない」ことを認めることを余儀なくされています。

ナーガールジュナの弁明から判断すれば、大乗はやはり、単にその真贋や空性の教義に関してだけではなく、それ以外にも問題を抱えていたのです。特にナーガールジュナが「仏陀の偉大性」(Buddha-māhātmya) と何度も呼んでいるその仏陀の概念も、二、三世紀頃には勝利を収めていたとは言えないような状態であったと思われます。少なくともナーガールジュナはそれが認められることを求めてなおも論争に挑んでいたのです。

その功徳が虚空のように不可思議であるから、勝者は無量のよい徳性を備えていると言われる。それゆえ大乗における仏陀の偉大性が認められなければならない。(IV, 84)

この偈は大乗における仏陀の概念が認められなければならないことを主張するものですが、その直後に、そうはならないことを暗黙のうちに認めていると思われる偈が述べられています。

戒だけに関してさえ、彼（仏陀）はシャーリプトラの領域をすら超越している。仏陀の概念が不可思議なるものとしてどうして認められないのであろうか。(IV, 85)

ここには大乗が拒絶されていることが暗黙裏に認められていますが、それがおそらく『ラトナーヴァリー』の第四章の議論全体を統一しているテーマであります。このテキストの著者がナーガールジュナであれ誰であれ、彼は自分が拒絶されていることに気づいています。そして時には、その拒絶に応答して議論を展開し得ていますが、ほとんどの場合、その応答は、論理を駆使し得る人の論法というよりもむしろ、他の者から取り残された、党派心の強い説教師に特有の、高圧的な説得術の性格を帯びています。そこでは例によって、大乗がなんの議論もなしに称揚され、それを納得しない人には極めて思いやりのない言葉が吐きかけられています。次の偈はそのような説得術を示すよい例です。

それが極めて高潔で深遠であるために、大乗は今日 (adya)、品のない未熟な人々によって嘲笑

される。自己にも他者にも敵対するこれらの人々によって愚かさのゆえに〔嘲笑されるのである〕。(IV, 79)

またしてもこの種の説得術が議論の間中反復句のように流れます。大乗を嘲笑する者たちは愚かで意地悪なだけでなく、たぶらかされ、憎しみをもち(vs. 67)、善い徳を理解せず、あるいは実際はそれらの徳をひどく嫌っており(vss. 68, 69)、思慮なく(vs. 78)、無知蒙昧だ(vs. 83)とされます。この種の説得術や罵倒は、自己の活動が広く支持され承認されていて、自信があり、堅実なものである場合には、普通およそ思いつかないものです。しかし、二、三世紀のインドで大乗が世に受け入れられるにはほど遠い状態にあったという結論を導き出すには、このようなおおざっぱな推測に頼る必要はありません。自分が説明しようとしている思想体系あるいは活動の唱道者である当の著者自身が、繰り返し、しかもはっきりと、大乗に対する「反対」「嫌悪」「反感」が存在することを明らかにしています(vs. 97)。そのような活動は「嘲笑」や「あざけり」の対象であり(vss. 67, 68, 69, 78, 79)、軽蔑され(vss. 70, 89)、言葉で虐待され(vs. 80)、許容されず(vs. 85)、受け入れられない(vss. 85, 87)と述べています。もはやそれがどういう位置を占めていたかは明らかであります。

以上見てきたことに加えて、ナーガールジュナは、戦闘的で党派心の強い説教師の道具箱から、また別の説得法を取り出して用いています。つまり、大乗を嫌悪する者には「そのことによって身を滅ぼすぞ」と警告するのです(vs. 70)。その一方で、大乗を信じそれを実践する者には、無上菩提と、その途中におけるあらゆる幸福が約束されます(vs. 98)。大乗経文献にも見られるように、大乗を信ずることを熱心に勧告する場面が何箇所かに認められます(例えばvs. 97)。しかし、大乗が実際には弱い立場にあったことは、この著者が大乗を受け入れさせるための議論をもはやまったく諦め、古い仏教に説かれる「中立」の理想を改めて取り上げて、少なくともそれが許容されなければならないことを論ずる一連の偈の中に最も顕著に現われています。

如来が意図をもって説かれたことを理解するのは容易ではないから、一乗と三乗とが説かれた時には、注意深く「中立」に留まるべきである。中立に留まることからは非福は生じない。しかし嫌悪からは悪が生じる。いわんやどうして善があり得ようか。ゆえに大乗を嫌悪し自己を誇る者は正しくない。(vss. 88–89)

この偈には問題がいくつかあります。党派心の強い説教術の価値を評価するのはむつかしいことです。そこだけを切り離して取り出した場合には特にそうです。傍観者には他者を言いくるめるための説教術と見えても、内部の者には自明のことや確信を述べたものと見えます。しかし、実際はおそらく次のようなことであったのでしょう。つまり、もしあなたが自分の確信していることを共有しようとしない誰かを「愚か者」と呼ぶとすれば、そのこと自体が、あなたの確信を脅かし、かつある種の絶望を反映するような「拒絶」に直面した場合におおむね起こるものである、ということです。それが自信のある運動であったとすれば、きっと自らの説得法をもっと確信していたことでしょうし、他者を馬鹿よばわりするようなことに甘んじなかったことでしょう。党派心の強い集団をさまざまな観点から研究した社会学者たちは、これらのことが、支配的な既成の親集団の周囲あるいは周辺に位置する、小さな、戦闘的な集団に典型的な特徴であることを示唆しています。(9) しかし、『ラトナーヴァリー』に見られるような種類の説得術は決して特異なものではありません。大乗文献にはそれが行き渡っています。大乗を受け入れない者は「愚か者」よばわりされるにとどまらず、悪業と罪の過失があり、悪魔にとりつかれているとさえ言われます。大乗を受け入れなかった者が「愚か者」であったかどうかは確かめようがありませんが、そのような人々がこの著者の時代に多数存在したことは間違いなく確認することができます。『ラトナーヴァァリー』に見られるような説得術の論理にしても、それ自体「馬鹿げたもの」だとまでは言わないとしても、ある運動の提唱者が、たとえそれが真実でないとしても、その活動が嘲笑の的になっていることを自ら繰り返し主張するというようなことは自滅的な行為であったことを示唆しています。それは彼に何もよいことをもたらさず、その論理に基づいて行なわれる議論を台なしにしてしまったことでしょう。『ラトナーヴァリー』に述べられていることは、『ラトナーヴァリー』が読み手として想定していた教育のある僧たちや社会的なエリートたちの間では、大乗が真面目に取り扱われず、彼らの軽蔑の対象であったということが広く知られていた、ということを前提としているのです。何度も繰り返すようですが、その著者が力をこめて議論に努めていることには、大乗が当時の社会的エリートたちの軽蔑の対象となっていたという事実が、その根底に存在しているように思われます。

著者に関する問題もあります。既に注意したように、研究者の間では『ラトナーヴァリー』を『根本中頌』の著者であるナーガールジュナに帰することでは意見は一致しており、そしてこのナーガールジュナは二、三世紀の人とされています。このことは、既に見てきましたように、『ラトナーヴァリー』に説かれる大乗を二、三世紀に位置づけることにもなります。かつまたそれは、大乗が出現したと想定される時期より少なくとも一世紀かあるいはおそらく二世紀のちの時代においてもまだしかるべき支持を得ておらず、学問があり教養のある僧たちの間では嘲笑と軽蔑の的であった、ということを意味するでしょう。けれども当然のことながら、学者の見解が一致するからといって、それはしばしば修正されなければならないことがあり、この場合もそうなるかもしれません。しかし、『ラトナーヴァリー』が『根本中頌』の著者によるものでないことが証明され、彼より以前の著者によって著されたことが証明されるという可能性は、極めて低いことのように思われます。言い換えれば、『ラトナーヴァリー』が二、三世紀のものでないということが証明される可能性はあり得ますが、それがそれより早い時期のものとされることは極めて可能性が薄いと思われます。その年代的な位置づけをどのように修正するとしても、それはあとにずらす方向で行なわれることはほぼ確実です。そうなれば、そこに描かれている大乗も三世紀以後のものとしなければならないでしょう(10)。

ツルヒャー教授が再現した三世紀の中国における大乗および般若経学派の状況と、『ラトナーヴァリー』に描かれている三世紀のインドの大乗の状況との間の著しい差異は、それ以上には広がりようのないほど大きなものです。三世紀の中国では、大乗は聖職者や社会的エリートたちの間で「最も重要なもの」であり、よい位置を与えられていました。まだその途上にあったとしても社会の主流になる見込みは充分にありました。しかし、例えば『ラトナーヴァリー』が王に宛てられたものであるということを思い出してみましょう。同じ時代に、インドにあっては、それは戦闘的であり、学識のある僧侶や社会的エリートたちによって嘲笑され侮辱され、せいぜい社会の周辺の存在に過ぎませんでした。これが両者の歴史的な状況なのです。それらがよく対応していないことは確実です。むしろそれらは互いにほとんど正反対の状況にあります。この問題に立ち入って言えば、『ラトナーヴァリー』

がインドにおける初期大乗の歴史的な状況を正確に描いていることを示す証拠はいつも常にわれわれのそばに存在していたわけですが、それは絶えず排除されてきたのです。その理由の一つはおそらく、この資料を議論の場に持ち込むことが二国の関係者たちに不快感をもたらしたからであると思われます。それがこれを資料として論ずることを妨げてきたのです。インドは仏教徒にとって母なる国でありすべての権威と善の源泉と考えられています。しかるに中国における展開が、それから独立した無関係なものであるということを、たとえ事実としてではなくて一つの可能性としてでさえ認めるということは、中国の、ひいては日本の仏教の伝統に対して問題を生ずることになります。つまりそれは、両国の仏教から「歴史的な印可」を奪い去ることになります。さらにまた、中国において重要とされたことがインドでは重要ではなかったということ、またその逆の場合もあったことを認めれば、中国資料を主として研究している現代の学者の多くの努力がその成果を疑わしめるものとなってしまうでしょう。彼らは自分が掘りおこしている文献の意義について不愉快な問いを問うてみなければならないことになるのです。

＊

ここに至ってわたしは、中国資料に関する、一連の、細かく関連し合い、織り合わされ、縺れた利害関係が、インドの初期大乗の歴史状況を理解しようとしたわれわれの企てに対して最も有害であり最も誤解をもたらしたであろうと思います。インドでは周辺の存在であったものが中国では主流になったのですが、そうであった可能性をすら考慮することをためらったりあるいはまったく考慮しないできたのです。そのことが、インドの初期大乗に関するわれわれの理解に影響を及ぼしたのですが、それはさらに、筆者が中期と呼ぶ、紀元初頭より五、六世紀までの時代のインドにおける仏教に対するわれわれの理解をも曇らせたものと思われます。

三世紀以後中国においては、大乗が小数派でなく次第に主流となっていったことはかなり確かです。しかしインドにおいては、大乗は極めて周辺の存在であり続けたようです。インドにおける大乗は、中国での状況とは驚くほど対照的に、五世紀までは制度の上からも公衆にとってもまったく目にもとまらない存在でした。この点に関していくつもの資料を挙げることができます。

二〜四世紀を通じてのインドに関しては、小乗の部派が、土地の寄付、僧院、基金、奴隷、村、遺骨、仏像等々の寄託物の受領者となったことを述べた多くの碑文が残っています。しかし、五世紀末あるいは六世紀初頭に至るまで、大乗仏教および大乗の集団に対してなされた寄進物あるいは支援に言及したものは、まったく存在しません。二世紀から五世紀にかけて、広範囲にわたる出家および在家の寄進者の寄進の意図や目標や願いを記録した碑文はいく百とありますが、例外的な不完全な一つのものを除けば、ルイ・ドラヴァレ・プサン (Louis de la Vallée Poussin) が大乗を明示する第一の指標として掲げたような言葉に言及した文章は何一つ存在しません。彼は「大乗とは仏陀の特質への熱望であると規定される」と述べています。彼はまた、初期の大乗は「敬虔な人に仏陀になろうと予言することを決意させる」というその事においてのみ小乗と区別される、と述べています。[11] しかしそのような考え方を現実に碑文に記したものはただ一つの不完全な例外を除いては存在しません。そのような考えは、五世紀になるまで、いく百もの碑文のどこにも認められません。そのただ一つの例外は、二世紀か三世紀のマトゥーラの孤立碑文なのですが、それ自体は完全に大乗のものではなく、ただ大乗のほうへと向かって手探りの状態にあるものに過ぎません。[12] 繰り返しになりますが、この孤立したただ一つの不完全な例外以外には、上記のような極めて大乗的な考えは、五世紀になるまで、寄進者の大部分を占めていた僧であれ、金細工師であれ、商人であれ、王であれ、いかなる者であれ、インドの寄進者にそれと分かるほどの影響を与えなかったのです。[13]

美術史の資料を見ても、やはり一つの例外を除けば、まったく同じことが言えます。エティエンヌ・ラモット（Étienne Lamotte）がずっと以前に述べたことに関しても同様です。[14] つまり「ガンダーラ学派は、仏教の神々に関する小乗の概念をまだ表現していない。マトゥーラでも同じことが確認され、アマラーヴァティーとナーガールジュナコンダでも同様のことが確認され」ました。そして五世紀になるまでは「大乗の偉大なる救済者である観音や文殊は何らその痕跡すら発見されていない」のです。この場合の一つの例外とは、先に述べたまさしくその例外を指しています。このマトゥーラ出土の二世紀か三世紀の原始大乗の碑文は、阿弥陀仏像であったものの基部に記されています。これ以外には、他の少数の彫像を大乗の像として認めようと試みる人もいますが、五世紀になるまでは、大乗の特徴をよく備えた仏陀や菩薩と確言し得る彫像は、インドにおいては、どこにも、ただの一つもありません。そして、『八千頌般若経』に関して述べたのと同じように、それらはおそらくパーラ王朝時代を迎えるまで実際には一般に広まらず、その時代のものと言われる彫像でさえ、その数と重要性は多分に誇張されている可能性があります。

碑文と美術史資料との研究から判明した事柄は、結局、アンドレ・バロー（André Bareau）教授が近年行なったように、法顕の旅行記を詳細に読み返すことによって確認されました。バロー教授は「極めて稀な例外を除けば、インドには明確に大乗である要素はほとんどないと法顕は記している」と言い、「もし彼の説明を承認するならば、五世紀初頭のインド仏教徒の信仰対象はほとんどすべて初期経典に説かれている仏陀である」と述べ、最後に「それゆえ、法顕の旅行記全体を通して、われわれには五世紀初頭のインド仏教はもっぱら小乗のみであったと思われる」と注記しています(15)。

さまざまな証拠を積み上げていくと、それは重みを増します。中国でのできごとや大乗経典が当時既に書かれていたということはともかくも、その重さから中期のインド仏教を正当に判断すれば、決して大乗とは見做し得ないことは明らかです。大乗は、インドにおいては、五世紀以後まで、制度的にも文化的にも美術史的にも、まことに取るに足らぬ存在でした。その時代に至るまで、大乗の教義が仏教信者である寄進者の心にはっきりとした重要な影響を何ら与えることはなかった、ということがますます確信されるようになりました。

＊

もちろんわれわれには、大乗がその時代までどこに存在していたのかということは、明確には分かりません。しかし、それが初めてはっきりとした姿をとって現われてきた場所は分かります。それが存在していたであろう場所を碑文が告げています。この点に関しても多くの資料がありますが、いまはその要約を示します。

問題の碑文はパンジャブ州のソルトレインジの、五、六世紀時代のものです。それは大乗の古典的な寄進式文の偈を含んでいます。そこには「一切衆生が無上の菩提（仏性）に到達するように」という功徳の期待されていることが表明されており、僧院の寄進されたことが記されています。受領者の宛名は「化地部（Mahīśāsaka）の師匠たち」と復元されます。しかし、この名称は故意に消された文字の上に書かれています。また、この式文はそこに指示されている小乗学派（化地部）と関連しては決して現われず、常に大乗との関連において現われます。ゆえに、その記録はもともと化地部（Mahīśāsaka）ではなく大乗（Mahāyāna）と書かれていたものと思われます。大乗の師匠たち（ācāryas）に言及した最初期の碑文の一つであったかもしれないのに、それが故意に消されたと思われるのは皮肉なことであり、重要なことだと思われます。さて、確実に大乗の名称を記した最初期のものは、インドの正反対の二つの地方から出土していますが、両者は共に五世紀後半か六世紀前半の頃のものです。これらの内、一つはベンガル州のグナイガルのもので、数区画の土地の寄進が「大乗の信奉者にして不退転なる僧伽に対して」なされたことが記録されています。[16] 他の一つはオリッサ州のジャヤランプールのもので、一つの村を「大乗の僧伽」に寄付することが記録されています。[17] もう一つこれと同時代かあるいはおそらく多少遅いと思われるネパール出土の記録があります。それには「大乗を行ずる聖なる尼僧の四方僧伽」に寄付された基金のことが記録されています。[18] そしてさらにもう一つ、実際には大乗の名は記されていませんが、ラージャスタンの州境に近いグジャラート州のデヴニモリ出土の、おそらく五世紀のものと思われる記録があります。[19] これは二人の大乗の僧の宗教活動と寄付とについて述べたものと思われます。それらの僧たちはシャーキャビクシュスと呼ばれていますが、「シャーキャビクシュ」（Śākyabhikṣu）が、大乗の寄進式文を用いる僧たちが自分自身のことを表現するのに好んで用いた称号であることは明らかです。グジャラートでは、既に「大乗の」という形容語が「シャーキャビクシュ」と結合されて現われています。

インドの地理に詳しい方ならどなたでも、これらの場所のすべてに一つの事柄が共通していることに既に気づいておられるでしょう。つまり、これらの場所は、地理的にも文化的にも周辺に位置しています。当時なおさらそうであったことは間違いありません。さらに言えば、これらの遺跡はすべて、おそらくアイマン（A. Imam）が当時のベンガルを描写したその通りに描きさえすれば、かなり的確に描写したことになるようなそういう地域の中に存在しています[20]。彼は、ベンガルは当時「停滞した地域であり、絶望的なほど田舎であった」と述べています。その頃これらの地域は、すべてがそうだとは言いませんが、その大半が、生産や経済のために用いられる途上にあり、植民地化されつつあり、それ以前には政治組織はまったくなかったと言ってもよいほどの地域だったのです。そして、それ以前には、まったくと言ってもよいほど仏教の歴史の存在しなかったことはほぼ明らかなのです。それらは極めて「辺境」に位置していたと思われます。五、六世紀になって大乗が遂に公の場に姿を現わした場所には二つありますが、このような文化的周辺地域がその一つなのです。

五、六世紀になると大乗は、過去にまったくと言ってよいほど仏教の歴史を持たない前記のような周辺の「辺境」の地ではない、別の種類の遺跡でも出現し始めました。この第二の種類の遺跡は、確かにそれ以前に仏教の歴史を持っていたのですが、容易ならざる時代を迎えて没落したものと思われます。そしてそのいくつかが仏教徒によって放棄され、後に初めて大乗がその地を占拠したようです。

先に述べたもの以外に、碑文に大乗の名称が現われる最初期の一つは、例えばアジャンタで見られるものです。問題の碑文は「シャーキャビクシュ」と「大乗の信奉者」との両方の名称で呼ばれる、一人の僧の寄進のことを記録しています。その遺跡には「シャーキャビクシュ」の寄進の記録は他にも十二以上存在します。この種の記録は、よく計画され秩序正しく描かれた初期の構図を台なしにし混乱させてしまうような、後世の「割り込み的な」彫像に関して記されているものです。混沌としたとは言えないまでも、恣意的になされたこれらの彫像の配置は、その遺跡の秩序と統制が崩壊しつつあったことを示唆しているように思われます。シャーキャビクシュに関する記述はすべて、その遺跡が急速に没落していった時代か、あるいはそうでなければ、おそらくそれが見捨てられた後の時代に記されたものでしょう。デシュパンデ（M. N. Deshpande）が「かなり長期の放棄」と呼んだ時期の後に、「大乗が」あとから改めて占拠したことを証言する同種の証拠が、西部のかなりの数の洞窟に認められます。[21] ローゼンフィールド（J. M. Rosenfield）もサルナートに同種のことが認められると注記しています。[22] クシナーラーについても同様のことが言えます。伝統上重要なこれら二つの遺跡において、大乗の僧の存在が初めて言及されるのは、西部の洞窟と同様、五、六世紀になってからです。それは、まぎれもなく活動を停止してしまって、完全に放棄されてはいないものの荒廃してしまった、仏教組織の革新ということに関連して現われます。[23]

遂に「一切衆生が無上の菩提（仏性）に到達するように」という大乗の理想が寄進者の記録に表わされる時が来ました。そして遂に、大乗が五、六世紀のインドで自らの僧院を持ち、はっきりと識別し得る名称によって呼ばれる一つの集団として登場する時が来ました。それは、以前には仏教が皆無であったと言ってもよいような周辺もしくは辺境にある地域か、それとも、見捨てられたとは言わないまでも、没落しつつある、旧体制の崩壊した後の過去の仏教遺跡かの、いずれかの地域に出現したように思われます。旧体制の崩壊は別の並行記事によっても確認されます。このように、インドの碑文に「大乗」と「シャーキャビクシュ」とが現われるのは、僧院における旧体制への言及が碑文から姿を消すのとまったく同時期のことなのです(24)。

*

五、六世紀以前、大乗はどこに存在していたか、言い換えれば、大乗経典と呼ばれるものを作った個々の人々が、社会的にも制度的にもどこに存在していたかということは、われわれの手もとにある経典文献からはただ推測するしかありません。推測は必ずしも儲けの確実な賭けではありませんが、その文献でさえ、インドにおける初期大乗の根拠地が、辺境の二つの地方であったことを事実上示唆しているように思われます。この点に関しても資料は豊富にありますが、いまは極めて大雑把に要約することにします。

『ラトナーヴァリー』に述べられる説得術そのものが既に、インドにおける初期大乗が、より大きな支配的な諸集団の中で承認を勝ち得ようとして悪戦苦闘している、小さな、孤立した、戦闘的な小数派の集団であったことを示唆しています。大乗経典にはこの種の説得術が甚だ多く用いられていますが、それもこのような印象を増幅させます。例えば、『八千頌般若経』のみに限っても、それは明らかに大乗が小数派の位置にあることを認めています。そこには「この衆生世間において、この般若波羅蜜の道に入った菩薩はほとんどおらず」「はるかに多くの菩薩が無上正等覚から退転する(25)」と説かれています。またこの経は「北のほうには非常に多くの菩薩がいるであろう。しかしこの甚深なる般若波羅蜜を聞き、書写し、受持し、維持しようとする者は、彼らの中に僅かしかいないであろう[26]」と述べています。さらには帝釈天に「世尊は般若波羅蜜の信仰が大きな利益をもたらすと教えられたのに、インドの人々がそのことを知らないということがどうしてあり得るのであろうか。……しかし彼らはそれを知らない。彼らはそれに気づいていない。彼らはそれを信じないのだ[27]」と語らせています。また、経典は時には格闘の相手をもっとあからさまに「よく説かれた法と律を求めて世間を出た者で、この甚深なる般若波羅蜜を中傷し、退け、妨害しようと決意する人々、たぶらかされた人々が、まさしくここに存在するであろう[28]」と指摘しています。したがって、般若波羅蜜の敵対者とは「よく説かれた法と律」に入った僧であり、おそらく大乗が明らかにそれらの中に地盤を獲得することを絶望しつつも願望していた既成の僧院教団の僧たちだったでしょう。悪魔が僧を装って登場し、般若波羅蜜から人々を誘惑し、それから離れさせようと企てることを述べる多くの文章中に、最も精彩を放って描かれているのは、おそらくこの事なのです[29]。

インドにおける初期の大乗文献を通じて見られる少なくとも一つの話の脈絡から判断すれば、それは、制度的には、より大きく、支配的な、既成の僧院教団の中で、それらに認められ受け入れられようとして、悪戦苦闘している周辺の構成員として位置づけられます。しかし、大乗経文献に見られるもう一つ別の話の脈絡からすれば、別の位置づけをなし得ることが――さらにもっと周辺に位置づけることになるのですが――示唆されます。

最近まであまり注意されなかったことですが、初期の大乗経文献には、過激な苦行主義を物語る、口調の強い脈絡が見られます。この脈絡は、一定の住居に定住する、制度化された僧院生活を「罵倒」する耳ざわりな批判と、それに負けず劣らず声高に語られる、森林生活に対する信奉との、両方を含んでいます。定住の僧院生活を最も過激に罵倒した批判は、おそらく『護国所問経』に描かれるものでしょう。『護国所問経』は、『迦葉品』や『宝積経』やその他の類似経典と同様、「利益と名誉に余念のない」僧を常に批判していますが[30]、また、僧が牛や馬や奴隷を所有することを批判し、「農耕と商売に熱心で」妻子を持ち、僧院と僧院の用品に対する所有権を主張する僧をも批判しています。これらの内のかなり多数の行為は小乗の律においても言及されており、そこにはそれらの事柄に関する規則が公布されています[31]。

ところで、この種の批判はほとんどの場合、「森林と激しい苦行の実践に帰れ」という呼びかけと連係しています。小乗の律が最終的に構成される時までに、頭陀功徳(dhutaguṇa)すなわち苦行の実践は、形骸化した慣行か、せいぜいキャリサース(M. Carrithers)が「象徴的な事柄」と呼ぶようなものに過ぎなくなっていたことは明らかです[32]。しかし、初期の大乗経文献のいくつかの話の脈絡が、これらの極端な苦行の実践を再形成し、それに再び生命を与え、復活させようと試みていたということも、それと同程度に明らかです。そのような試みは『アクショーブャヴューハ』[33]や『ラトナラーシ』[34]や『三昧王経』[35]のような経典においてさえはっきりとしています。『八千頌般若経』も、頭陀功徳(苦行)が初期大乗において中心の位置を占めるかどうかに関する真摯な論議にその一章全体をさいています。けれども『八千頌般若経』は明らかにまだ位置の確立していないその流れを抑圧しようとしています[36]。

頭陀功徳がいくつかの経典において再評価されています。そしてその同じ経典の中にはそれに加えて、森林に帰ることが率直に推奨されています。この点に関しても『護国所問経』と『迦葉品』とはきわだっています。二つの経典は絶えず、「物を離れることあるいは隠遁を求めること」「森林生活を喜ぶこと」「あらゆる世間的な娯楽に関心を示さずに森で真摯に生活すること」[37]「犀のように」一人で暮らすこと、「森林生活を決して捨てないこと」「空き地で暮らすこと」、あるいは「山や谷間」など[38]に言及しています。『護国所問経』は、過去の仏陀はすべて「森林地区に住み」その後継者たちにそれを見習うように強く勧めたと述べています。そして実際に、森林に住むことによって彼らが悟りに到達したことをほのめかしています。[39]『護国所問経』と同様『三昧王経』も、「犀のように」一人で暮らす昔の理想に戻るべきことを説き、[40]家に住んで悟りに到達するような仏陀は過去にも未来にも現在にも存在しないと述べ、「隠遁を求めて森に住すべきである」と付け加えています。[41]『郁伽長者所問経』は「森に住むことが仏陀によって命ぜられたことを知って出発した菩薩は森に住まなければならない」と説きます。[42]

このような森林生活の奨励は、その大部分が見過ごされてきたのですが、驚くほど多くの初期の大乗経典に極めて普通に現われるものです。そのような奨励は、例えば現在『宝積経』中に収められているほとんどの仏典の特徴となっており、それらの仏典の多くが非常に成立の古いものであるということはかなり以前から知られています。しかしながらここではさしあたっていくつかのことに注意しておく必要があります。第一には、この激しい苦行主義を奨励する脈絡が、初期大乗文献における一つの要素であると思われるにもかかわらず、中国における大乗の理解とはまったく似つかわしいものでなく、初期の大乗が中国で示した展開の方向とは非常に背反するものであったがために、明確に認識されずに見過ごされて正しく評価されなかったということであります。第二には、もし文献に見られるこの苦行主義と森林生活の奨励とが実際に行なわれたとすれば、インドで初期大乗が出現した第二番目の場所が見つけられたことになるということです。もし初期大乗のいくつかの集団が、支配的な小乗の僧院組織の中に制度的にはめ込まれつつも、辺境に取り残された、戦闘的な、一部の組織であるとすれば、他の大乗の集団は、また別の意味で「辺境の」存在であったでしょう。つまり、彼らは、小乗の僧院とそりが合わず、必ずしも歓迎されず、支援者と既成仏教の僧院および聖地のどちらにも近づくことを制限されて森林に生活する、孤立した小集団であったでしょう。そのような場所は、その存在が知られて以来現在に至るまで研究されてきた、一世紀から五世紀の既成仏教の遺跡に、大乗への寄進や支援を記す碑文の記録の存在しないこととともよく符合しますし[43]、極めて多くの大乗経典の中に認められるように、仏教聖地の規定の仕直しがなされていることともよく符合します[44]。

われわれの手もとにあるすべての証拠、つまり、①『ラトナーヴァリー』の記述、②碑文の記録に大乗の思想と大乗への言及のないこと、③仏教美術に明確な大乗の要素がないこと、④法顕の証言、⑤最初の同定可能な大乗の僧院と及び明確な集団としての大乗に初めてはっきりと言及したものとが発掘された場所、⑥大乗経文献に見られる戦闘的な少数派集団に特有の説得術、⑦その同じ経典類に見られる画一化された僧院制度の官僚主義的な価値観や実践法に対するかまびすしい批判、⑧森林に生活し居住することへの絶えざる奨励、これらのすべてが、中国の初期においては大乗が主流であったとしても、インドではそれが種々さまざまな意味で「辺境」に位置する少数派集団であったことを示唆しているように思われます。

*

もしこれらの示唆がたとえおおよそであれ正しいとすれば、インドにおける初期の大乗の本質と特徴とをわれわれは甚だ誤解してきたことになります。つまりわれわれは、インド仏教中期における最も有力な存在を完全に見過ごしてきたわけです。主流が何であったかを完全に見失い、既成の僧院の宗教的ならびに社会的な重要性を甚だしく過小評価して、「小乗の僧院」と呼び慣わしてきたのは皮肉なことです。現在明らかになりつつありますが、これら僧院は、相互に連動し合う宗教的、経済的、社会的な責務を通じて、それらの地域社会の要求によく呼応して、非常によく成功した組織として発展していたものと思われます(45)。実際、それらが成功をおさめていた状況下では、大乗が提供しなければならないと考えたものに対して人々は何の必要性も感じませんでした。端的に言えば、小乗の僧というものは、主として余りにもしばしば大乗の議論というレンズを通して見られたことによって、完全に誤解されてしまったのです。

繰り返せば、もしここに示唆したことがたとえおおよそであれ正しいとすれば、大乗がインド国外へ移動したこととの主要な動機をも説明することになるでしょう。その社会環境の中にしっかりと定着している既成集団には、移動する動機はほとんどありません。移動することに強い誘惑を感ずるのは、経済資源や社会的な名声や政治的な権力に近づく方法をほとんど持たない、もしくはそれを制約された、これらの「辺境」の者たちであり、成功を手中にしていない者たちです。そう考えれば、大乗が国外へ移動した理由が明らかになります。そう考えれば、テーラヴァーダの移動の理由も明らかになるでしょう。つまり、それらはどちらもおそらく故郷でうまくいかなかったのです。インド側から見れば、最も重要でなく最も成功しなかったこれらの仏教集団が、今日最もよく知られているということは、皮肉の最たるものです。しかし少なくともそれはまったくあり得ないことではないのです。

第一章　根本説一切有部律の位置づけ

一　根本説一切有部律の成立年代

1　律への関心と釈尊のイメージ

この「怪物のような律」がインド仏教中期に編纂されたのはほぼ確実です。しかし、その編纂が中期の前半に行なわれたか、それとも終末近くであったかということは定かではありません。例えばその重要な一例を挙げますと、ラモットはそれを終末近くとしているようです。実際、近年の論文で何らかの理由でこの律の年代に言及する必要が生じた時には、決まったように彼の『インド仏教史』が引用されます。ラモットの論文には独特の明晰さがあり、それが彼以前のむしろ妥当と思われる他の研究者たちの考え方を影の薄いものとしてしまったのは残念なことです。しかし後には彼も一九五八年の時点で述べたことを変更したようです。

彼が一九五八年出版の『インド仏教史』で述べたことはしばしば言及されますので、それをしっかりと視野に入れておく必要があります。

この律の年代はおおよそにしか確定できない。それはカニシュカ王に関する予言を含んでいるが、それが王の功徳とペシャワールのストゥーパの偉容を称賛しているという事実は、それらが年代的に隔たっていることを既に前提としている。さらに、根本説一切有部律が描いているシャカムニは、もはや初期経典に見られるカピラヴァスツの聖者ではなく、アヴァダーナ文献や大乗で称賛される「神々を凌ぐ神」となっている。最後に、律を求めて四〇二年から四一一年の間にインドを訪れた法顕は、根本説一切有部律の存在を知らないように思われる。それは八世紀初頭の十年間に義浄によって初めて部分訳がなされている。これらの理由から、根本説一切有部律の年代を四、五世紀以前とすることはできない。(1)

彼の挙げる「これらの理由」は一見確実な論拠をなしているように見えます。しかし、それらはすべて議論の余地のあるものであり、かなり修正が必要であることを理解するのにさほど手間はかかりません。実際、そのいくつかには既に別な解釈がなされています。以下に彼の挙げた順番とは逆になりますが、それらを検討してみます。

法顕がインドで根本説一切有部律を見かけなかったのは確かです。しかし、彼が法蔵部と化地部の律をも見かけなかったのも確かなことです。つまり、彼が律を見かけたか否かということは、それらの成立年代とは関係がありません。また、根本説一切有部律が八世紀になるまで漢訳されなかったということは事実ですが、他の、説一切有部、法蔵部、化地部および大衆部の律も五世紀になるまで訳されなかったということも事実であり、この事実は通常、その原典の作成年代を反映するものとは考えられていません。実際、律の漢訳年代はすべてが遅く、殆ど四〇四年から四二四年の間に訳されているので、それに対応する原典の年代を物語るものではありません。律の漢訳年代が遅いのは、中国での必要性や評価を反映するものであって、インドでの展開とは関係がないのです。例えば、フォーク（T. G. Foulk）は次のように言います。

〔中国で〕解脱を求めて出家した僧や尼僧の教団がインド仏教を模範とするについて、中国人に最も縁遠いものと思われたのは、その（インド仏教の）社会組織や慣習という分野であった。多くの身のすくむほどの困難さが、中国に仏教の戒律制度を確立することを妨げたのである。(2)

ジャック・ジェルネ（Jacques Gernet）も、律は必要とされるようになって初めて漢訳されたことを、もっと早い時期に次のように指摘しています。

重要なのは、仏教の中国における後期の展開をまず初めに思い出すことである。相当規模の仏教教団がようやく形をとり始めたのは東晋（三一七〜四二〇）の時代になってからである。僧院制度の分野について言えば、ある状況が生じて、その教団の発展に似合った僧院制度の創設がもたらされた。当時、律に関心が向けられたことを示す証拠は、四大律典の翻訳が、四〇四年から四二四年にかけての期間に着手されたという事実の中に認められる。(3)

ジェルネは、後期の中国人に律に対して強い関心をいだかせる要因となったと考えられる事柄をも指摘しています。つまり、中国人は早くから大乗仏典に興味を持ち、思想的には自ら大乗仏教徒を名のっていたのですが、しかし「インドの律典には、大乗の影響によって生じたはずの仏教倫理の大変革といったものが何ら反映されていない」事実です。このように経典の記述が事実に適合しないということが、中国でも、のちには日本においても、ポール・グローナー（Paul Groner）がその緻密な最澄研究で示したように、問題として残りました。(4)

律の漢訳年代から、われわれは五世紀の中国で起こっていた事柄のいくぶんかを知ることができます。それらから、種々の律の漢訳が、四世紀末か五世紀初頭にかけて広い範囲にわたって点在していた地方で流布し入手し得た律のいくつかの版に基づいている、ということをも知ることができます。しかし、それらのことから、それらの律が初めて編集されたり編纂された年代とか、それらが当時どのようなものであったかということまで知ることはできません。他の律の漢訳年代から、それらの律の編集や編纂の年代が分からないとなれば、根本説一切有部律の漢訳から何らかの情報の得られることが期待されるのもゆえあることです。しかしシルヴァン・レヴィ（Sylvain Lévi）はずっと昔に「漢訳〔及びチベット訳〕の年代が遅いからといって、われわれはその著作を新しいと考えるべきだとは限らないのである」(5)と述べて、この漢訳の年代に過度な期待をかけることに警告を発しています。

ラモットの「根本説一切有部律に現われるシャカムニが大乗的に神格化されている」という第二の理由が的外れであることは言うまでもありません。そのシャカムニは極端に一般化され過ぎているために立証の可能性を妨げています。それは、高度に作り直されたイメージを、まったく分からないイメージと比較するというようなことになってしまっています。当のラモットでさえその比較に意味をもたせようとして困っているほどです。例えば、彼の言う「初期経典に見られるカピラヴァスツの聖者」という唯一のイメージに絞られるようなものは、根本説一切有部律中には存在しません。おまけに「初期経典に見られるシャカムニ」と言っても、それがどの経に説かれるものであるかさえ述べられていません。むしろラモットの指摘するシャカムニの姿が、彼の考えにあい反することを表現し構想している場合のほうが数多くあります。例えば、バローは彼より二十五年以上も前に「法蔵部の『大般涅槃経』における仏陀の超人的人間性とその象徴主義」(6)と題する興味深い論文を発表していま す。その中で彼は「カピラヴァスツのシャカムニ」が、『大般涅槃経』中に、容貌も声も顔色も神々を凌ぎ、三十二相を備えた「すばらしい金色の顔色をした」者として繰り返し描かれていることに注目しています。つまり、それはラモットがずっと後の時代に位置づけたいと願った「根本説一切有部律に説かれるシャカムニ」と同様に描かれているのです。法蔵部の『大般涅槃経』をどんなに複雑に計算しても「初期経典」の中に数えることが無理なのは言うまでもありません。また、ラモットは、根本説一切有部律の「シャカムニ」を、共に四〜五世紀を下らないとされる『ディヴィヤ・アヴァダーナ』と『アヴァダーナ・シャタカ』中のシャカムニと同じであるとしつつ、そこでは『ディヴィヤ・アヴァダーナ』と『アヴァダーナ・シャタカ』が根本説一切有部律そのものに由来するかあるいは依存するかであるということを注記していません。しかし別の所で、彼は、少なくとも『ディヴィヤ・アヴァダーナ』については、はっきりと「それは殆ど根本説一切有部律からの抜粋である」とか「それをもとにして文章を長々と作り直したものである」と述べています。これは奇妙な論理です。さらに奇妙なのは、彼が『ディヴィヤ・アヴァダーナ』と『アヴァダーナ・シャタカ』と根本説一切有部律のシャカムニはガンダーラの美術家たちがその彫刻術で描きたいと願った最上のイメージであると述べていることです。四、五世紀以前のものではありえない作品、あるいはそれに由来するいくつかの作品が、いったいどのようにしてそれより一世紀以上も前のガンダーラの美術家に影響を与えることができたのでしょう。それは説明されていません。

しかし最も奇妙なのは、ラモットが「根本説一切有部律に描かれるシャカムニのイメージ」について語り得たことです。私の知る限り、根本説一切有部律を形成している膨大な編集物における歴史上の仏陀の概念を研究するための系統だった企ては未だ着手すらされていないのです。しかも、私にそれほど間違いがないとすれば、そのような研究は本来どうしても方向を誤りがちなものなのです。というのは、根本説一切有部律全体を特長づけ得るただ一つの概念というようなものが存在しないのはほぼ確実なことだからです。根本説一切有部律には仏陀が「三十二相を備え、身体は八十種好で輝き、六尺の後光に囲まれ、千の日輪よりも明るく、動作は宝石の大山の如くであり、あらゆる仕方で人を魅する者」として描かれている文章の存することは確かです。しかしバローは既に、そのような描写の基本となる要素はさまざまな学派のすべてに共通しており、したがって仏陀のこのような徳性を極めて古い時代、つまりアショーカ時代にまで遡らせざるを得ないと、明らかに歴史家としての仕方で述べています。また、仏陀がある場所に入っただけで起こった「盲者が視力を回復し、聾者が聞こえ、唖者が話せるようになった」驚くべき出来事を描写する文章もあります。仏陀が出現した結果生じた「十八の吉祥事」つまり「火事や水難や獅子や虎への恐れがなく、……何度も美しい光景が見られ、甘美な音楽が聞こえ、明るい光が見られるなどのこと」を描写する文章もあります。しかし、これらの描写と共に、前世では彼の母であった老婦人が彼に抱きつくのをそのままにしている仏陀や、義母のマハープラジャーパティーの棺桶の台を右手でつかまえて側を歩く仏陀や、糞尿にまみれて誰にも看護されずに病に横たわる僧を自らの手で起こし、洗ったりこすったり沐浴させたりしている仏陀や、へたな冗談を言うことさえある仏陀を描いた文章もあります。そこでは、ある僧が元気すぎる男根に困り果てて二つの石の間にはさんで一物をつぶした時に、仏陀は「惑わされた男が打ち砕くべきものは一つなのだが、お前は別のものを打ち砕いてしまった」と言わせられたりしています。しかし最も一般的なケースとしては、律である以上なにも驚くべきことではないのですが、根本説一切有部律の中では、仏陀は慈悲深いけれども、人々に与える僧伽のイメージに注意をはらい、時には手におえない人々の集団を組織することに大きな関心をよせる、巧妙な管理者として表現されています。根本説一切有部律の中には複数のシャカムニが現われることは確かで、それらの誰一人として、その人物像がよく分かりませんから、それを他の文献に現われるシャカムニ像と比較するというわけにはいきません。まして歴史に係わる議論に役立たないことは言うまでもありません。さらにラモットの上記の第二の理由に関しては、もう一つ批評しなければならない点があります。

　繰り返しになりますが、ラモットは、根本説一切有部律中のものとして強調しようとしたシャカムニを、彼が「アヴァダーナ文献」に見たシャカムニだけでなく、「大乗によって称賛される」シャカムニとも同一視しますが、しかしそう考える論拠は提示しません。それがどういう大乗であるかを彼はまたもや明らかにしていません。この点に関しても「大乗」には多くのものがあるということは疑いようのないことです。しかしここで注意すべきは、もし根本説一切有部律がラモットの一九五八年の時点での主張のように後期のものだとすれば、そこに何らかの種類の大乗の影響の痕跡が明瞭に認められることが期待されるということです。この期待は、後の時代にはいくつかの仏教教団が、経典は圧倒的に大乗のものを用いながら、僧院規定としては根本説一切有部律を用いていたと思われる事実によってなお一層たかめられます。ギルギットはそのようなケースの一つであったと考えられます。インド東部の僧院でもおそらく同様であったと思われます。チベットはそれを手本にしたのです。したがって、大乗の影響の痕跡がこの巨大な律に発見されたとしても、その痕跡はさほどたいしたものではないだろうとか、目にとまらないようなものだろうなどと言うのは、驚くべき考え方です。『マハーヴァスツ』(*Mahāvastu*) 中には、そのある版は大乗経典と考えられるに至った *Avalokita* と *Lokānuvartanā Sūtras* とが存在しますが、それに匹敵するようなものは根本説一切有部律中にはまだ何も見つかっていません。また、私の知る限り、いわゆる「仏身論」と呼ばれる、大乗に結びつくようなものの要素は何も存在しません。仏陀の色身と法身の両者に言及し、したがって、大乗と関連していると受け取られてきたいくつかの文章も、実は部派仏教の、初期の大乗経典によっても共有される伝統に結びついているように思えます。このような結びつきからしても、あるいは少なくとも根本説一切有部律の一文中に「一方を見ることは他方を見ることと同様に重要である」と述べて、二つの仏身に価値の等級をまったく設けていないという事実からしても、もしそれらの記述が律の年代について何事かを示唆するものだとすれば、根本説一切有部律を四～五世紀よりかなり以前に位置づけるべきであるということを示唆しているように思われます。けれども、それらがこのことを示唆する唯一のものではありません。

2 「カニシュカの予言」の解釈

ラモットが、この律を四～五世紀以前には位置づけることのできない最初の理由として引用する、根本説一切有部律中の「カニシュカに関する予言」は、彼よりもっと前に注目され、年代的に彼とはかなり違う意味づけがなされています。レヴィは既に一九〇七年にそのことに注意しており、[7]ユベール(E. Huber)は一九一四年にさらに詳細に考察しています。[8]ユベールはそれについて「この小さな事実は、根本説一切有部律が世紀初頭のあたりで編纂を経たということを示す周知のいくつかの事実と結び付く。彼(カニシュカ)の名への言及がそれと同時代の出来事であることを示していると言える」と述べています。カニシュカへの言及に存する年代上の重要性に関する、ラモットとは異なるこのような考え方は、実際、さまざまな資料に関して示された支配的な考え方だったのです。レヴィもそのように考えていたように思えます。一九二一年にエリオット(C. Eliot)は、その予言に基づいて、予言の出てくる記述は「彼(カニシュカ)の治世の頃かあるいはその後に記されたであろう。その当時、ガンダーラでは仏教が繁栄しており、その繁栄ぶりが過去の出来事に金箔を貼り付けることをしかるべきことと思わせたのである」と言い、「クシャーナ王朝の時代にそれ(カニシュカの予言)をでっち上げたとすれば、その理由は容易に想像がつく」と言っています。[9]ローランド(B. Rowland)は一九四八年のガンダーラのあるレリーフを扱った論文でさらにそのことを強調しています。

根本説一切有部律もほぼ確実にクシャーナ朝に編集されたものである。というのは、それが仏陀のインド北西部へのでっち上げの旅の記述を含んでいるというだけでなく、カニシュカ治世の予言というさらに確かな証拠をも含んでいるからである。言い換えれば、文献と彫刻の両方の年代を二世紀以前に置かないのが妥当であろう[10]。

ラニエロ・ニョーリ（Raniero Gnoli）の見解が引合に出し得る最新のものですが、それが最もそのことを強く主張しています。彼は次のように言います。

しかし、根本説一切有部律の編集年代をカニシュカの時代に遡らせるべきだという一点は、私には確実なことのように思える。二つの事柄がそのように年代づけるべきことを明瞭に物語っているように私には思われる。第一にはカニシュカの予言である。この種のすべての予言がそうであるように、このカニシュカの予言も、それが言及している王と同時代である場合に初めてその予言が意味を持ち理由のあるものとなる。第二にはインド北西部と殊にカシュミールに関する叙述である[11]。

したがって、ラモットが第一の理由として引合に出した証拠に関しては、かなり異なった見解が存在し、それによれば根本説一切有部律はクシャーナ朝時代のものと確定されます。また、いく人かの学者が、仏陀の北西部への旅の記述を後世の挿入と見做していることにも注意すべきです。もしそうだとすれば、そしてもしそれを少なくともクシャーナ朝の時代に特定すべきであるとすれば、その記述が中に挿入されている編集物そのものはさらに早い時代のものでなければなりません。ラモットがそれらを入手し得たことは明らかですが、彼はそのどちらにも言及していません。予言に関するラモットの見解は、少なくともそのいくぶんかは、「それが王の功徳とペシャワールのストゥーパの偉容を称賛する様子」と彼が見たものによって大きく影響されているように思われます。ラモットのこの言葉を読んだ人は誰でも、予言の中に、王とストゥーパに対する仰々しい賛辞が記されていると思うでしょうが、実際にはそのような賛辞は見当たりません。例えば、根本説一切有部律中に見られる、パータリプトラの町に関する同種の予言と対照してみても、それはむしろ控えめに描かれておりこそすれ、ラモットが見たようなものをその中に認めることは困難です。ラモットが参照しているのも漢訳でしたが、ユベールはその予言を含む文章の漢訳を次のように訳しています。

その村に一人の少年がいた。「ストゥーパを作って遊んでいる小さな少年が見えるか」と。ヴァジュラパーニに言った。彼は遊びながらストゥーパを作っていた。世尊はそれを見てヴァジュラパーニは仏陀に「彼が見えます」と答えた。仏陀は言った。「私の涅槃の後、土のストゥーパを作って遊んでいるこの子供がカニシュカ王となり、カニシュカのストゥーパと呼ばれる大きなストゥーパを建立するであろう。そこで彼が仏陀の教えを広めるであろう」と。[12]

プシルスキー（J. Przyluski）はその同じ文章を次のように訳しています。

その村に一人の少年がいた。遊びながら土でチャイトヤを作っていた。それを見た世尊はヴァジュラパーニに言った。「遊びながら土でチャイトヤを作っている少年が見えるか」と。ヴァジュラパーニは「彼が見えます」と答えた。仏陀は言った。「私の涅槃の後、この少年がチャイトヤを建てて遊んでいる所に、カニシュカ王がカニシュカのチャイトヤと呼ばれる大きなストゥーパを建てるであろう。彼がすべての力で仏陀に奉仕するであろう」と。[13]

繰り返しになりますが、この文章がどうして「王の功徳とペシャワールのストゥーパの偉容を称賛する」と言えるでしょうか、理解に苦しみます。実際、『ディヴィヤ・アヴァダーナ』中のアショーカの予言と対照しても、予言に関する限り、カニシュカに関する記述はむしろ明らかに平凡なものであるということが示唆されているように思われます。もし漢訳について以上のことが言い得るとすれば、ギルギットのサンスクリット写本に見られる文章については、より一層そのように言うことができます。ダット(N. Dutt)の校訂本は、概してそうなのですが、無断でおびただしい修正が行なわれ、誤読や句読点の間違いの多いものです。公刊された複写本から分かる限り、その写本は次のように読めます。

> bhagavāṃ kharjūrikām anuprāptaḥ[.] kharjūrikāyāṃ vāladārakāḥ pāṃsustūpake krīḍanty[.] adrā(kṣī)[t bhaga]vāṃ vāladārako pāṃsustūpakaiḥ krīḍanto[,] dṛstvā ca punar vajrapāṇim ya(kṣa)m āmantrayate : paśyasi tvaṃ vajrapāṇe (vā)ladārako (pā)ṃ(s)[us]tūpakai krīḍanta[.] evaṃ bhadanta[.] ena caturvarṣaśataparinirvṛtasya mama vajrapāṇe kaniṣko nāma rājā bhaviṣyati[.] so 'smiṃ pradeśe stūpaṃ pratiṣṭhāpayiṣyati[.] tasya kaniṣkastūpa iti saṃj(ñ)ā bhaviṣyati / mayi ca parinirvṛte vu(ddhak)āryaṃ bhaviṣyati//

この写本にはよくあることですが、ここでも単数の格語尾と複数の格語尾が入れ替わっている箇所があります。しかし、優位にある数、あるいは意図されている数が複数であることはほぼ確実です。そのことはチベット訳からも確かめられます。別に驚くべきことではありませんが、漢訳とチベット訳の翻訳者はstūpakaを、本物のstūpaを述べたものと解しています。しかし、この語の意図するものは、もっと平凡で語義解釈的に理解されるもの、つまり「積み重ねた小さな塊」である、ということに注意しなければなりません。これらの点を考慮すると、この文章は次のように訳せます。

世尊はカルジューリカに着かれた。カルジューリカでは少年たちが小さな泥の塊で遊んでいた。世尊は小さな泥の塊で遊んでいる少年たちをご覧になった。それを見られて夜叉ヴァジュラパーニにお告げになった。「ヴァジュラパーニよ、お前に小さな泥の塊で遊んでいる少年たちが見えるか。」「はい、世尊。」「ヴァジュラパーニよ、あの者が、私の般涅槃後四〇〇年にカニシュカという名の王となるであろう。彼はこの地にストゥーパを建てるであろう。その名は『カニシュカのストゥーパ』となり、そして（ca）それは私の般涅槃の後に仏陀の仕事をなすであろう。」

ラモット自身は、私が最後の二つの文章と解した箇所に相当するダットのテキストの部分を、一つの長文にして訳しています。

この場所に彼はカニシュカのストゥーパの名で呼ばれるストゥーパを建て、私の涅槃の後、彼は仏陀として振る舞うであろう。

ここにはあいまいな要素があることに注意して下さい。サンスクリットの vu(ddhak)āryaṃ bhaviṣyati からは、その動詞の主語に関して、それを「彼」とするか「それ」とするかの、少なくとも二つの可能性があると考えられます。しかしフランス語ではそれらは共に il という同じ形で表わされます。けれども英語には制約があって、どちらかに決めることが要求されます。つまり、「彼、カニシュカが、仏陀の仕事をなすであろう」であるか「それ、ストゥーパが仏陀の仕事をなすであろう」かのどちらかになります。それに対応する漢訳を扱っているユベールとプシルスキーは前者を選択しているように思われます。そしてもしそれがサンスクリット・テキストの意図であれば、それはなるほど賛辞だということになるでしょう。他にこの文献に「彼が仏陀の仕事をなすであろう」と述べられていると解する人で私が知っている人といえば、僧伽の名目上の長に名を連ねる、「無相の仏陀」と明瞭に告げられているウパグプタをその一員とする僧たちがいます。またその二つの事柄はこの文章中の極めて近い位置に述べられています。しかし結局のところ、いくつかの要素が、カニシュカがそのサンスクリット・テキストの動詞の主語だとは考えられていないことを示していると思われます。まず、文章の構造上、カニシュカの位置が最後の動詞と離れていることが挙げられます。次に、第二の文章中に割り込むようにして用いられた動詞は、カニシュカではなく、ストゥーパの属性(「その名」)を受けるということが挙げられます。また、第三の文章における「そして」(ca)の語が挙げられます。また、次の頁に述べられる「予言」の一部をなす、同様の構造の文章のことがあります。そこには次のように述べられています。

atra mathurāyāṃ naṭo bhaṭaś ca dvau bhrātarau mama varṣa[śataparinirvṛta]sya vihāraṃ pratiṣṭhāpayataḥ / tatas tasya naṭabhaṭika iti saṃjñā bhaviṣyati / agraṃ ca bhaviṣyati śamathavipaśyanānukūlānāṃ śayanā[sa]nānāṃ /

こちらはより明瞭でただ次のことのみを意味するに違いありません。

マトゥーラのこの地の、ナタとバタという二人の兄弟が、私が般涅槃した一〇〇年後に、僧院を建てるであろう。そしてその名は「ナタバティカ」となり、そしてそれは止と観に資する床と座とを備えた僧院の中で最も優れたものとなるであろう。

この予言に照らし合わせて見ると、根本説一切有部律中のカニシュカの予言は、カニシュカの功徳やペシャワールのストゥーパの偉容を称賛するものという方向には殆どないように思えます。ラモットはもしかしたら、漢訳資料中に見られる、もっと仰々しい種類の予言を想定していたのかもしれません。根本説一切有部律中になされる予言においては、カニシュカは、特に有名な王としてでさえなく、ただストゥーパを建てた王として描かれています。「それは仏陀の仕事をなすであろう」というストゥーパに関する説明は確かに興味深いものですが、それはどんなストゥーパについても言われることであって、それ以上のことを述べるものではありません。バローがずいぶん前に注記したように、「紀元前の頃から……ストゥーパは仏陀の象徴以上のものであり、仏陀そのものであり、般涅槃後この世に留まる仏陀の一部」なのです。したがって、ストゥーパについて、その般涅槃後に「それは仏陀の仕事をなすであろう」と述べたのは、極めて陳腐な情緒に完全に合わせたまでのことであって、ペシャワールのストゥーパについて何か月並み以上のことを述べているわけではありません。

以上すべてのことから次のように言うことができます。もし、ラモットが第一の証拠を取り上げたのが、「一人の人物や出来事に対する称賛の仰々しさの程度と、その人物が住んでいたり、その出来事が起こった時から経過した時間の量との間には相関関係がある、言い換えれば、賛辞が大仰であればあるほど、経過した時間は長いのだ」ということを主張しようとするのであれば、根本説一切有部律に見られるカニシュカの予言は穏健であり抑制されているので、それはラモットの導こうとしている結論を支持することができないこととなります。彼自身の論旨に従えば、その予言は四、五世紀より相当早い時期になされたに違いないこととなります。

3 『大智度論』と編纂の痕跡

ラモットが『インド仏教史』にしばしば引用する彼の根本説一切有部律の年代算定にともなう問題は、その年代算定を証明するために援用されるいくつかの証拠が支持し難いという事実だけから生じたわけではありません。それらの問題は、彼がこの律について述べたのが『インド仏教史』の中だけでないという事実とも関係しており、さらには彼が他のところで語ったいくつかの事柄にも関係していて、後には彼自身その年代算定を認めたことが信じられなくなったほどです。例えば、一九六六年に刊行した「インドにおけるヴァジュラパーニ」と題する、彼らしく内容の豊富な論文の中で、根本説一切有部律に言及して、他の多くの人々と同様に、彼はそれをさまざまな律の中で「最も新しいもの」と述べています。しかしそれが何を意味するのかはまったく不明です。というのは、シルヴァン・レヴィもそうですが、殊にワッシリエフ（W. Wassilijew）はずっと以前に、現存の律がすべて後期のものであることを提示していますし、また彼らの主張を支持する証拠は山ほどもあるからです。しかるにラモットは「インドにおけるヴァジュラパーニ」において、根本説一切有部律に関する、より限定した時代を提示し、特にカニシュカの予言に言及しています。前者に関して彼は、根本説一切有部律の「編集は二世紀以前には完了していなかった」と明確に述べていますから、「この律を四～五世紀以前には位置づけられない」とするそれまでの見解から著しく後退していると思われます。同様に、予言そのものについて言及する際にも、彼は「最も一般的な見解に従えば、この最後の予言は、インド北西部に関する文章が紀元七八年か、一二八年か、一四四年に始まったとされるカニシュカ王の統治以前に書かれていた可能性のないことを立証している」と述べています。そしてその直後に「根本説一切有部律のおかげで、三つの点が西暦一世紀あるいは二世紀に起こったことが分かる」と付け加えて彼の考えた三点を列記しています。かくして、ラモットは、ユベール、レヴィ、エリオット、ローランド、ニョーリの見解に近いところまで後退しました。根本説一切有部律は今や一、二世紀における展開を証明するものとして引合に出されることになりました。この動きを支持して最も強力に論戦を展開したのもやはりラモットその人でした。

ラモットは、一九七〇年に記念すべき『大智度論』第三巻を出版するに際して、「『大智度論』そのものと、その著者と、著者が影響を受けた資料に関して、いくつか大切なことを提供すること」を意図する新たな序文を付け加えました。ニョーリは、根本説一切有部律の年代に関するこの議論の意味に既に注意をはらい、「『大智度論』でラモットが根本説一切有部律に対して行なった年代算定は、彼が『インド仏教史』で提起したものと明らかに異なっている」と述べています。

手短に言えば、ラモットは、『大智度論』の著者が大クシャーナ朝の時代に生存していたことは確かだということと、根本説一切有部律はカニシュカの予言を含んでいるので大クシャーナ朝の出現より遅いということとの二点を強く主張したのです。しかし、彼はまた、『大智度論』の著者は、律とアヴァダーナに関しては、何よりも根本説一切有部律に教唆を受けているとも述べています。彼は「根本説一切有部律からの直接的な引用のリストを作ることは不可能であろう」と言います。『大智度論』が根本説一切有部律に依存していることは、初めの二巻において既に極めて明白でしたから、ドゥミエヴィル（P. Demiéville）は第二巻に対する書評の中で「律の事柄においては、それ（『大智度論』）は根本説一切有部律に従っている」と言うことができたのです。

これらの点を考慮すれば明らかにいくつか重要なことが導き出されます。つまり、もし『大智度論』の著者が「大クシャーナ朝の時代に生きていたことが確かで」あり、そしてもし「律の事柄においては」彼が根本説一切有部律に従ったのであれば、その律はそれに従った著者より以前のものでなければなりません。そうすれば、それは根本説一切有部律をカニシュカの活動の開始より後、クシャーナ朝支配の時代の終末より前に位置づけることになるでしょう。さらには『大智度論』がいかなる分野においてどれほどの範囲で根本説一切有部律に依存しているかということのほうが、その律に含まれているカニシュカの予言よりももっとその年代を確定するのに役立つでしょう。つまり、大クシャーナ朝時代に生きていた著者は、既に根本説一切有部律を知っており、周知の如くその大部分から引用をしているのです。彼の引用は殆どその総ての部分からなされています。そういうことが可能であるには、そのかなりの分量が四、五世紀よりずっと以前の年代に位置づけられなければなりません。

最後に現在分かっている限りでは、ラモットの『インド仏教史』中で根本説一切有部律に帰せられている年代は、あまりにも遅すぎるために、ラモット自身がその大半を取り上げた多くの事実に合わず、一旦わきにのけておかなければならない、というのが比較的確実なところであると思われます。ところで、それらの事実は二点に集中しています。ラモットも含めて、この問題に取り組んだ誰もが、根本説一切有部律は地理的には北西部に位置づけられるという点では一致しています。しかしだからといって、それがさまざまな時代に他の場所に流布しなかったというわけではありません。例えば、五世紀にはアジャンタに、七世紀と九世紀にはインド東部に、それが存在したことを示す確かな証拠があります。初期のラモットを除けば誰もが、根本説一切有部律が、たとえそこに位置づけられる

「その場所」がどこであるかをはっきりと指し示すものが常に存在していなくても、年代的にはクシャーナ時代に位置づけられることでは同意しています。厳密に言えば、提起された議論と証拠の多くが、レヴィが「ガンダーラの仏教霊地記」と表現した、[14]仏陀の北西部地方の旅に関する根本説一切有部律中の記述のみを問題にしています。この「霊地記」(māhātmya)は、重要な証拠ではありますが「根本説一切有部の殆ど叙事詩的な律」の小さな部分を構成するにしか過ぎません。しかし、多くの人が指摘し示唆しているように、もしそれがクシャーナ朝時代に挿入されたものであるなら、それが挿入されたテキストはそれより古いということになります。『大智度論』の著者が根本説一切有部律から「多かれ少なかれ直接的に」借用した材料の分野が問題解明を助けるものとなるのは明らかです。それがわれわれに、いわゆる「霊地記」を越える証拠を与えるのです。しかし、その証拠がおそらく明らかにしているであろうことは、ユベールの言葉を借りれば、クシャーナ朝の時代に「根本説一切有部律は編纂されたのだ」という事実です。この編纂に用いられた資料のかなりの部分がより古い時代のものでしょうが、しかしそれはクシャーナ朝期の再処理を経てわれわれのもとに届いたのです。ユベールや他の研究者たちがカニシュカの予言をこの編纂あるいは再処理の痕跡と考えたのは勿論ですが、しかしこの種の文献における編纂や編集の過程を最も強く示すものは、そうしなければ本質的に異なったものとして浮遊してしまう叙事的な資料に、組織的な外見を装わせるために、式文や常套句やセットフレーズや規格化した叙述の枠組みを大規模に配置していることです。根本説一切有部律には、そのすべての部分において、そのような式文やセットフレーズの印がはっきりと刻まれています。もしそれらが重大な編纂過程を示すものであれば、根本説一切有部律は少なくともクシャーナ朝期に一度そのような編纂を経ていると思われます。また、この律は決して完結されなかったけれども再び組織的に編集されることもなかったので、それらの式文や常套句やセットフレーズや規格化した叙述の枠組みはクシャーナ朝期のものとしなければなりません。もちろん事が一度展開してしまえば、それらの式文も枠組みも次になされるあらゆる叙述を構築するブロックになります。この構築技術の行き着く先は『アヴァダーナ・シャタカ』中に窺えます。それは、ミハエル・ハーン（Michael Hahn）によれば、「サンスクリットで残されているアヴァダーナとして知られているものの中で最古のテキスト」[15]なのですが、同様の例が根本説一切有部律そのものの中にないわけではありません。また、『アヴァダーナ・シャタカ』中にそのようなセットフレーズや叙述上の工夫が大量に存在することも、それらが初めて配置された時代が少なくともクシャーナ朝期であることを示しています。そのようなフレーズや工夫は、それらが既にかなり古いものである場合にのみ、セットにしたり規格化することができたと考えられます。常套句は、その性質上、新たに造られたものではなく、長いあいだ繰り返し使われてきてそのようなものとなったのです。

二　根本説一切有部律と編纂の意図

1　編纂者の声

根本説一切有部律においては、編纂者の声が、明らかに他の編纂物よりもより頻繁に聞きとれます。編纂者の声をほとんど隠そうとしない印象的な文脈が存在します。さらにこれらの文脈は、思いがけない仕方で律の時代に関係していて、この律の編纂者が彼ら自身の行なっていたことをどのように考えていたかということに関して、意外な知識をわれわれに与えてくれます。それらは少なくとも、編纂者が、歴史的時間と、叙述上の時間と、現実の時間とを完全に区別することができたことを示しています。

そのような時間の区別がなされている特別な文脈を識別するためには、それらの時間の区別がその中の一部として組み込まれている、より一般的な編纂（redaction）あるいは編集（edition）の仕方を知っておくと便利です。根本説一切有部律では、編纂者や編集者の声は、直前に行なわれたか、あるいは直後に続く特定の行為を、説明したり正当化したり判定したりするために、既に述べられている物語の中にしばしば挿入されています。これらの声は、時には「以下のことが物事の道理である」とか「以下のことが世間で往々にして信じられていることである」というセットフレーズによって導入されます。あるいはまったくそのような導入句なしに挿入されることもあります。これらの声は、文章構成上、叙述の流れから孤立しています。例えば、「薬事」では、大迦葉が帝釈の変装に暫時だまされますが、大迦葉は阿羅漢ですから阿羅漢たるものがだまされた事を弁明する必要があります。そこでテキストには「以下のことが物事の道理である。すなわち、心を集中しなければ、阿羅漢には考えも洞察力も生じない」という説明が挿入されます。「雑事」においては、導入句はありませんが、基本的には同じ説明が、阿羅漢が犯した別の過失の前に置かれています。舎衛城の尼僧集団が一人の僧の遺物のためにストゥーパを建て、それを礼拝行の対象としました。別の僧が舎衛城に到着します。そしてテキストは「阿羅漢たちは心を集中させながら、考えにも洞察にも至らない」と述べます。その結果、彼は遠くからそのストゥーパを見た時、「これは世尊の髪と爪の新塔だから、行って礼拝しよう」と考えます。彼が自分の間違いに気づいた時に激怒したことは言うまでもありません。

「出家事」には、編集者の声が侵入していることを示す、特に印象深い例が見られます。母親を殺した者を僧として得度させることを禁ずる規則に関連する記述の中で、五つの別々の場面を説明する中に編集者の声が挿入されています。最初、その説明の冒頭で、その主要な登場人物の母親が、息子をいざこざから遠ざけるために、彼をその部屋に閉じ込めます。彼は繰り返し出してくれと頼みます。彼の最後の頼みに対する母親の答えから以下にそのテキストを訳出します。

「息子よ、私がお前の行きたがっている場所を知らないとでもお言いか。戸を開けるわけにはいかないよ。」

「母さん、殺すよ。」

「息子よ、わが子が身を滅ぼすのを見るより、私が死んだほうがましだよ」と彼女は言った。

――情熱に身を委ねる者には、なしてはならぬ悪行なぞ何も存在しない――

情容赦なく、来世をも思わず、鞘から刀を抜き、母親の首をはねると、首は地面に落ちた。母親を殺して彼は〔恋人の家へと〕赴いた。

――悪行をはたらく者は動揺する――

娘は彼に「ここには他に誰もいないのだから、あなたは恐れる必要はないのよ」などと言った。

その少し後にテキストは次のように続けています。

そして彼は母親のための葬儀を営んだ後に出かけた。

――悪行をはたらく者はいかなる満足をも見出さない――

彼は非仏教徒たちが苦行を行じている聖地や森へと行った。彼は「先生、悪行の果報に終止符を打つにはどういう行を行なえばよいのでしょうか」などと尋ねた。

さらに別の二つの場面にも同種のことが現われます。

棒線で囲んで示した部分はその文章から取り除いても、少しも話の流れが損なわれないことに注意しなければなりません。それらがあることがむしろ話の流れを妨げています。また、それらの内容は、構文上からしても文法的にも物語の中に統合されていません。それらはただ挿入されているに過ぎません。また、それらは一般的な説明あるいはどこにでも当てはまる説明であって、あたかも常識であるかのように述べられた道徳的な格言とも言うべきものであることにも注意をはらうべきです。それらには読者にその物語の読み方を指導する役割が担わされているように思われます。それらは話の中に登場するいかなる人物によって語られているのでもなく、またウパーリのような律の伝統的な語り手によって語られているのでもありません。伝統的な語り手とは「そして彼は母親のための葬儀を営んだ後に出かけた」というように述べる人物のことです。それとは別の誰かが「悪行をはたらく者はいかなる満足をも見出さない」と語っているように思えます。実際、信憑性を約束する保証人という役目がら、ウパーリには、起こった事実をただ描写し、語られた事柄をただ反復することだけが許されています。彼には解説したり判断を下すことはできないのです。それはアーナンダの場合も同じです。アーナンダ自身の行動が編集者によって説明されている興味深い場面があります。

「雑事」にはシャーリプトラの死と遺骨の分配に関する記述がありますが、そこでは初心者のチュンダがシャーリプトラの遺骨を舎衛城に運びアーナンダに手渡します。在家者のアナータピンダダがそのことを聞きつけ、アーナンダを訪れてそれを求めます。しかしアーナンダはそれを拒みます。アナータピンダダが仏陀の所に行くと、仏陀は取りなして次のように言います。

アーナンダよ、お前はシャーリプトラ僧の遺骨を在家者のアナータピンダダに与えるべきである。彼が供養をすべきである。その利益によってバラモンと在家者たちが信仰を持つようになるであろう。さらにアーナンダよ、それだけのこと（遺骨を供養すること）を行なうことによっては、お前は私の教えに資益しないし、お前自身のためにもならない。だから、お前は他の人々を教団に入れなければならず、得度させなければならず、僧院で必要なものを与えなければならず、僧の仕事に関心を払わなければならない。お前は彼らが唱誦すべき時に彼らに唱誦させなければならない。お前は彼らに身を守らせ訓練しなければならない。それだけのことを行なうことによって、お前は私の教えに資益し、お前自身のためにもなるのだ。

そこで尊者アーナンダは、師の命によって、シャーリプトラの遺骨を在家者のアナータピンダダに与えた。

――このことはその通りである。世尊は以前に菩薩であった時、彼の父母の、あるいは彼の指導者、あるいは師、あるいはそのような敬うべき人の言葉に決して背かなかったからである――在家者のアナータピンダダは尊者シャーリプトラの遺骨を持って自分の家に帰った。彼がそこに到着した時……。

ここに見られる形式は先に見たものと非常に似ています。ここに述べられている仏陀の過去の所行に関する説明は、その前後の話と本質的にも文章の構成上からも何の関連性もありません。それはどこにでも当てはまる説明であり、物語の登場人物の誰かによって語られているのでもなく、ウパーリに帰することもできません。ウパーリは説明しません。彼は起こったこと、あるいは語られたことをただ復唱するだけです。それを取り除けば完全によく整った物語のテキストが残ります。ここでも、その役割は、読者にある特定の方向へとテキストを解釈するように強いたり、それにむりやり特定の意味を持たせるように説明することです。このテキストが、特に微妙な問題、つまり「僧の仕事」の規定と聖なるものを管理するのは誰かという問題を扱った特殊なものであることは言うまでもありません。誰かある人が、僧たちの間で不人気であった事柄を僧たちに説得するには、仏陀の引合に出した理由も彼の直接の命令も不充分だと感じたのでしょう。しかし、それは誰なのか。ここに聞こえるのは誰の声なのか。もし、歴史上の時間と叙述の時間と現実の時間との区別を記したこれらの特異な文章に目を向けるなら、この誰とも述べられていない語り手を少しは明確にすることができるかもしれません。

現在入手し得る根本説一切有部律の中には、仏陀の生涯に起こった出来事を扱った多くのテキストがあります。それには誰かが奇妙なセットフレーズを付け加えています。例えば、「衣事」には、舎衛城の東部の苑にある有名な楼閣あるいは王宮が教団に寄付されたいきさつが記されています。その寄付はヴィシャーカー・ムリガーラマータル（鹿子母）によってなされました。その記述は厳密には「僧院が東部の苑に築かれた時、彼女はそれを四方僧伽に差し出した」と簡単に述べて終わっています。しかしそれには次のような文章がある段階で付け加えられました。

tathā sthavirair api sūtrānta upanibaddham / bhagavān śrāvastyāṃ viharati pūrvārāme mṛgāramātuḥ prāsāda iti (de bzhin du gnan brtan rnams kyis kyang mdo sde'i nang du / sangs rgyas bcom ldan 'das mnyan yod na ri dags 'dzin gyi ma sa ga ma'i sngon gyi kun dga' ra ba'i khang bzangs na bzhugs so zhes gdags pa byas so/)

シーフナー（Franz Anton von Schiefner）は彼の今なお注目すべき『チベット物語』（*Tibetan Tales*）の中でチベット訳から次のように訳しています。

それゆえ長老は経中に「仏陀世尊は舎衛城では、かつては苑であった所にある、ムリガーラの母ヴィシャーカーの王宮に留まられた」と述べた。

いくつかの固有名詞の復元のために小さな調整が必要であることを除けば、シーフナーの訳には重要な問題がただ一つあります。つまり gdags pa byas so を「述べた」（stated）と訳してよいかどうかという問題です。彼には見る機会がなかったことは言うまでもありませんが、サンスクリットをひと目見ればそう訳すことはさらに疑わしくなります。チベット語の gdags pa byas so は明らかに upanibaddha を訳したものですが、その正確な意味はともかくとして、upanibaddha は「述べた」ということ以上の何事かを意味しています。この語がこの種の文献にあまり出てこないことは確かです。『ディヴィヤ・アヴァダーナ』に一度現われますが、そこでも今と同じセットフレーズの一部として出ています。そこには tathā sthavirair api sūtrānta upanirbaddham と記されています。カウエル（E. B. Cowell）とネイル（R. A. Neil）は彼らの索引でやはりこの語を upanirbaddham として出し、その意味を「学んだ」（studied）としています。[16] エジャートン（F. Edgerton）は、upanirbaddham が「間違いなく upanibaddha の誤記」であることに既に気づいていますが、それ以外のことは記していません。upanibaddha の意味はこのセットフレーズの形式的な側面と関連しているように思われますが、それはシーフナーの訳では明らかになりません。例えば、彼の訳からは、このセットフレーズがテキストそのものの一部でないというようなことは明確になりません。ダットはこのことにはっきりと気づいていたようです。明らかに彼はそれを区別しなければならないと考えていたようです。彼は、編集者か編纂者かの挿入と思われるものに関して、私が行なったのと同じように、その校訂本の中でそのフレーズに長い棒線をつけて他の文章から切り離しています。このセットフレーズが挿入であることはその位置によっても示されます。つまり、それらは説明の最後に添えられるか、時としては叙述の中にただサンドイッチ状に挟み込まれているかです。「破僧事」中に見られる、ニャグローダ伽藍が教団に寄付されたことを述べる記述は後者を示すよい例です。

シュッドーダナ王は、仏陀を主とする僧伽が快く坐しているのに気づいて、手を洗い、彼らを固形と流動の両方の清らかなよい食物でもてなした。さまざまに自ら手を下して、彼らを固形と流動の両方の清らかなよい食物で元気を回復させてもてなし、世尊が食事を終わられたのを見て、手を洗い鉄鉢をどけてから、シュッドーダナは金の水さしを取り上げ、世尊にニャグローダ苑を寄進した。世尊は五つの徳を備えた声で福徳を宣せられた。

この寄進の功徳がシャーキャ族に届かんことを。

彼らが常にその祈願せる所に達せんことを。

世尊はカピラヴァスツのニャグローダ苑に留まられた。

――そのように長老たちは、経中に、「世尊はカピラヴァスツのニャグローダ苑に留まられた」と述べた――

世尊がカピラヴァスツに留まられた時、ある日には王の住居で、ある日には女たちの所で食事をされた。

編集上の事柄が挿入されたことを示す先の例の場合と同様、この場合も長老に関する記述は、話の展開にも文章構成の上にも何の影響も及ぼすことなく、簡単にそこから取り除くことができます。事実、それがあることが、かえってそのテキストをはなはだ不格好にしています。それによって、伝統的な語り手であるウパーリから、ウパーリのような長老たちのことを語っている誰かへと変わり、それから再びウパーリに戻るというように、語り手と時間とが二回突然交代したような印象を受けることにも注意すべきです。また、厳密に言えば、「世尊はカピラヴァスツのニャグローダ苑に留まられた」(bhagavān kapilavastuni〔viharati〕nyagrodhārāme iti) というフレーズは、先に上げた最初の例文中の「仏陀世尊は舎衛城では、かつては苑であった所にある、ムリガーラの母の王宮に留まられた」(bhagavān śrāvastyāṃ viharati pūrvārāme mṛgāramātuḥ prāsāda iti) というフレーズと同様、引用文であり、両者はともに「~と」(iti) という語で他の文から区別されているということにも注意すべきです。ある段階で仏教経典に当てはめられた形式的に規格化された構文においては、よく話題にされる必須のフレーズ「如是我聞、一時」の直後に、同じく必須の語である状況説明が来なければなりません。その文章構成も、世尊 (bhagavān)＋町や場所の名（於格）＋動詞「留まっておられた」(viharati)＋もしあれば、町や場所の中の特定の場所（於格）というセットになっています。したがって、

「世尊はカピラヴァスツのニャグローダ苑に留まられた」（bhagavān kapilavastuni［viharati］nyagrodhārāme）というフレーズは、どのような経典の中でもセットになっている、第二の必須の要素なのです。そして上記のセットフレーズは、その際にこの形式的な構文が、仏陀の言葉の上に当てはめられたと伝統的に考えられている段階、あるいは出来事を物語っているに相違ありません。つまり、このことは upanirbaddha がその際にその構文が当てはめられた過程あるいは出来事を表現するために用いられた語形である、ということを意味します。さらにこのセットフレーズは、その過程が「長老たち」によってなされたことを示しています。「長老たち」がどういう人であったか、したがって、どういう出来事が言及されているかということは、このセットフレーズが用いられている他の場合のほうがもっとよく分かります。

ジェータヴァナ僧院の形式的な説明および命名に関する記述は、上記のセットフレーズの変形で終わっていますが、それが重要な意味を持っています。それは、根本説一切有部律の「臥具事」と「破僧事」に現われる殆ど同文と思われる二つの文章です。最初のものには次のように言われています。

tathā saṅgītakārair api sthaviraiḥ sūtra-upanibaddham（de bzhin du sdud pa byed pa rnams kyis kyang / mdo sde'i nang du ..... zhes gdags pa byas so/）

第二のものでは次のように言われています。

tathā saṅgītakarair api sthavirais sūtrānta-upanibaddham（de bzhin du gnas brtan sdud pa byed pa rnams kyis kyang mdo sde'i nang du ..... zhes gdags pa byas so/）

ここに挙げたものの中にもある程度の違いがありますが、それがこの律中に見られるセットフレーズの特徴です。それらはたいてい完全に同一ではありません。いまの場合に顕著な違いは、「臥具事」ではsūtraが用いられている所で、「破僧事」ではsūtrāntaが用いられている点です。他の場所でもこの変化が見られますが、sūtrāntaという形が全体を通じて多く見られます。残念ながら、これら二つの形に、年代やその他のことに関して、例えば、VedaとVedāntaに違いがあるように、重大な違いがあるのか否かということはまったく分かりません。リチャード・ゴンブリッチ（Richard Gombrich）は、ためらいながらですが、パーリ語のsuttaはサンスクリット語のvedaに対応し、パーリ語のsuttāntaはサンスクリット語のvedāntaに対応すると述べています[17]。そうすると仏陀の説教という散文のテキスト(suttānta)は仏教聖典の結論であり、そして文字通りにはsuttānta/sūtrāntaは経（sūtra）の終局とか結論、あるいはそれらの最終的な形だということになります。ここでこのセットフレーズにおけるもう一つの変形について述べましょう。しかしそれは、ここに引合に出した例においては明らかでありませんでした。これら後者は、その大部分の場合、sūtrāntaあるいはsūtraが単数形で現われると読めます。しかし、少数ですが、いくつかの場合にsūtrāntaあるいはsūtraが複数形で現われます。

「臥具事」と「破僧事」のフレーズが示す最も興味深い変形は、それらの中に含まれている、長老たちに関する重要な特徴づけです。これらの場合には、長老たちは特にsaṅgītikāras, sdud pa byed pasと形容されています。ラモットは複数形のsaṅgītikārasを「編集者たち」と訳しています。それはまさしくチベット訳と同じです。しかしサンスクリットは、もう少し、唱誦者、歌い手という方向に傾いています。ともかくsaṅgītikāraは、伝統的な結集か、それに似た出来事の折に、仏陀の言葉を収めたテキストを編集したか、唱誦したか、あるいは歌った長老たちのことです。どの結集あるいは出来事のことが言われているかは、もちろんまた別の事です。注意すべき重要な事は、「編集者たち」あるいは唱誦者たちが、「経中に」(sūtrānta) 何か特別なことをしたと述べられていることです。ここで再び upanibaddha の意味が問題になります。

今まで引合に出したセットフレーズのチベット訳は、upanibaddha を常に gdags pa byas で訳していました。そしてイェーシュケ (H. A. Jäschke) は gdags pa byas を「結ぶ、固定する、縛る、すえる、くっつける」と定義し、文法書での用法として「つなぐ、付記する、添付する」という意味を特記していますが、しかしそれは普通、サンスクリットの prajñāpayati (知らしめる、告げる、指摘する、整える、準備する) の特定の形を訳す語です。これまでしばしば見過ごされてきたのですが、ここでは根本説一切有部律のチベット訳の特長が役にたちます。少なくとも可能な意味の領域を提示してくれます。サンスクリット語に対するチベット訳には一貫性があるとよく言われますが、律のチベット訳の場合は必ずしもそうではありません。同一のサンスクリットの語が、特殊用語の場合でさえ、いろいろなチベット語で訳されています。セットフレーズの場合も同様です。それは特に「雑事」の二巻になされている訳語を、他の「事」あるいは「律分別」中の訳語と比較してみれば明らかになります。この違いは「雑事」が、律の他の部分ほどには、継続して校訂されたり組織化されることがなかったことによるものと思われます。このことだけからしても、「雑事」のテキストには、言語的な価値、さらには歴史的な価値さえあるのです。

upanibaddha のチベット訳の第一番目として、「衣事」のものを取り出してみます。問題のセットフレーズは「衣事」には少なくとも二回現われます。一回は既に見たように、ヴィシャーカーが舎衛城の東部の苑の王宮を寄進したことに関連して現われ、もう一回は、ゴーパとシンハの兄弟が世尊の像と僧院をヴァイシャーリーの旧苑（jīrṇodyāna）に造らせた記述の中に現われます。後者は言うまでもなく、「ゴーパシンハシャーラヴァナ」のもとになる物語です。前者では、セットフレーズ中の upanibaddha の語は、既に見たように gdags pa byas so（編集する）と訳されています。しかし同じ語が、同じ「事」中の後者では brjod do（語る、発する、公表する、述べる）と訳されています。後者の訳がおそらくシーフナーの訳に影響を与えたのでしょう。彼はフレーズのどちらの訳も「述べた」とか「言う」と訳しています。しかし「雑事」のヴァリアントはそうなっていません。

これまでに私はこのセットフレーズが「雑事」中に二回出ていることを発見しました。その一つはそれに対応するサンスクリット・テキストが『ディヴィヤ・アヴァダーナ』中に残っています。このテキストは、ジョーティシュカが、どのようにして僧院を建てさせ、王舎城のムリディタククシカ森の教団のために整えさせたかを物語るものです。その最後にそのセットフレーズが現われます。この場合には、サンスクリット・テキストでは単数の sūtrānta の語がチベット訳では明らかに複数（mdo sde dag la）になっています。さらに重要なのは、このテキストでは、upanibaddha が gdags pa byas so でも brjod do でもなく、nye bar sbyar ro と訳されていることです。つまりそれはほぼ間違いなく「本を編集する」とか「書く」という意味で用いられているのです。「雑事」の第二のヴァリアントもこの方向を指示します。それはヴィルーダカのシャカ族の殺戮の物語に関連して出てきます。その一場面で、ヴィルーダカは大臣に、彼をからかった五百人のシャカ族の女の手足を切断することを命じます。ここでは問題のセットフレーズが、このテキストの中に多少スムーズに挿入されています。少なくともチベット訳ではそう見えます。そしてupanibaddhaはここでは「書く」ということのみを意味すると思われるbris soという語で訳されています。テキストはヴィルーダカの大臣たちが池の堤防の上で女たちの手足を切り落とすことを述べた後に、次のように言います。

それ（池）が「手の切断、手の切断」という名が付けられた時、長老たちも経の冒頭に次のように記した。「世尊は舎衛城の『手の切断』池の堤防に留まっておられた」と。

先に指摘したように、「雑事」のチベット訳は、律の他の部分とは異なって、継続的な修正や組織化の手を経なかったので、特殊な価値があります。それはチベット訳のなされた初期の層あるいは時期を表わしています。upanibaddhaがその中では「編集された、書かれた」とか「記された」というように訳されているということが、この語が本来どのように理解されていたかをよく示し、これらの訳に重要性を加えています。

2　四つの年代層

いままで述べたことをすべて考慮に入れれば、次のようなことになるでしょう。現在われわれの手もとにある根本説一切有部律のテキストは、読者に少なくとも四つの年代層を示します。①物語の時、仏陀の活動の時は、②長老たちが編集したり書いたり記したりした歴史上の時が間に挿入されることによって、④現在つまり読者の時と切り離されます。しかし、セットフレーズによって挿入される歴史上の出来事への言及それ自体が歴史上の過去の出来事であり、③編纂の時を示しているのです。したがって、読者は、彼が追及している叙述から、二度引き離されます。すなわち、まず編集（compilation）の時期によって、それからそのことを述べる編纂（redaction）の時期によって。言い換えれば、セットフレーズを挿入することによって、テキスト中の編集の部分は編纂の部分から否応なく切り離されるのです。編集に言及した部分が編集それ自体の一部であるはずはありません。それは編集の後で、かつ読者がテキストを入手する以前に、付け加えられたものに違いありません。セットフレーズの中で語っている声は、経を編集したか、あるいは書いた長老たちの声ではありません。また、第一結集に関する伝承に照らしてみても、常に複数形で扱われる「長老たち」の編集に言及した記述が、経の最初の編集のことを述べるものと解されているようには見えないという点にも注意すべきです。つまり、初めから複数の長老たちが経を編集したわけではなく、アーナンダという一人の僧が経を唱誦したのです。根本説一切有部律の編纂者たち、すなわちセットフレーズを付け加えた個々の人々は、自分もそのテキストも、自分や自分のテキストの描いている出来事から、ほぼ確定可能なある期間、隔たっているものと見ていたようです。しかも彼らは何らそれをつつみ隠そうとはしていません。彼らは何か重要な仕方で自分の持っているテキストが原初のものではないことを知っていたに違いありません。それを読む者たちがそう考えなかったこともほぼ確かです。

さらに言えば、編纂者は一つの事を承服させるために、彼らのテキストを用い、その事を論じ証明するために、長老たちによる編集とその権威を利用しているのです。しかし現在のわれわれの優位な立場から見れば、彼らの挿入は意味がないように思えます。どうしてそれを挿入する必要があると考えたのでしょうか。即座には分かりません。一体誰がジェータヴァナの僧院や東部の苑の王宮やヴェヌバナに仏陀が住したことを疑うでしょうか。それらは経典文献として確定したものを構成する主たる要素なのですから。しかし少なくとも、まさしくこの文献およびそれが基づいている仏陀の伝記が他からの攻撃にさらされていた可能性が考えられます。

3 仏陀の歴史的実在性への疑義と反論としてのセットフレーズ

インド仏教には、その年代は流動的にしか確定できませんが、歴史上の仏陀の究極的な価値や権威を脅かす一つの脈絡（strand）が存在します。この脈絡、つまりキリスト教におけるキリスト仮現論の異端説としばしば比較される出世間部の周知の教義は、長い間、本来『マハーヴァスツ』に関係するものとされてきました。しかし今日ではポール・ハリソン（Paul Harrison）のおかげで、その教義は『仏説内蔵百宝経』（*Lokānuvartanasūtra*）のある版と関連づけられるようになりました[18]。この脈絡も長い歴史を持っています。それは『法華経』のようなよく知られた経典に出てくるもの以外に、*Upāyakauśalyasūtra* や *Buddhabalādhānaprātihārya-vikurvaṇa-nirdeśa-sūtra* のような、あまり知られていない経典にもはっきりと出てきます。すべてではありませんがこれらの経典のほとんどは、時代的にはインド仏教中期に位置づけられ、その形成期の部分もおそらく中期前半に位置づけられると言うことができます。私たちもここで、やはりハリソンにならって『内蔵百宝経』に焦点を据えるのが得策だと思われます。

『内蔵百宝経』が出世間部の初期の系統を示すものであることはほぼ間違いないと思われます。この経は二世紀後半にインド・スキタイの僧支婁迦讖（Lokakṣema）によって漢訳されました。ハリソンは「クシャーナ朝の沙門 Lokakṣema が中国に向かって砂漠の旅に発つ前に、この地域（Bāmiyan/Wardak）で『内蔵百宝経』を入手したか、あるいは記憶した可能性がある」と言います。それは考えられないことではありません。この経典は、出世間部の仏身説と、根本説一切有部律の重要な改訂あるいは編纂とおぼしきものとを、年代的地理的に非常に密接に関係するものとして浮き上がらせます。この二つが年代的地理的に接近しているということは重要な意味を持っています。

根本説一切有部律が、おおげさに言えば原初的な形の二身説とも呼び得るものを有してはいるものの、キリスト仮現説に類するような仏身説はその痕跡すら見られない、ということは既に指摘されています。むしろそれは、仏陀をかなり賛美しているものの、断固として歴史上の仏陀のみをひたすら記述することに終始しています。それと同様に、クシャーナ朝のガンダーラ美術資料も、中央インドの伝統とは対照的に、断固として歴史上の仏陀の姿のみを描いています。長老たちの権威に訴える「長老たちがかくかくしかじかであると言った」というこの記述が、歴史上の場所に、歴史上の仏陀が、現に留まり活動したことを証言する出来事に対してのみ、なぜ付け加えられたのかという疑問は、クシャーナ朝の『内蔵百宝経』に見られるように、ガンダーラ美術資料と競合する仏身説の出現に直面して、歴史上の仏陀というものにひたすらこだわったからであると解すれば、最もよく説明がつきます。根本説一切有部律に見られるもう一つのセットフレーズの背後にも、まったく同じ関心がはたらいていています。それはほとんどの場合、特定の場所における歴史上の仏陀の活動への言及と関連しています。

根本説一切有部律にはチャイトヤ・ヴァンダカス（caityavaṃdakas）とかチャイトヤ・アビヴァン

ダカス（caityābhivandakas）と呼ばれる僧に言及する箇所がかなりあります。実際、そのような僧たちが、他の僧と区別される僧の範疇あるいは形態を形成していたようです。その語は文字通りには、「廟を敬う者とか、廟をあがめる者」を意味しますが、そのような僧たちは、英語のpilgrim（巡礼）という語のほうがむしろその特徴をよく表わしています。彼らはたいていの場合、地方からの来訪者、訪問者、乞食とも呼ばれています。彼らは、「世尊の足にぬかずいて礼拝する者」と結び付けられたり混同され、時には、南方から来る者とも言われたりしています。実際、少なくともアマラーヴァティー出土の二つの碑文がチャイトヤ・ヴァンダカ（caityavaṃdaka）もしくはチェーティア・ヴァダカ（cetiavadaka）と呼ばれる僧の寄付を記録しています。

そのような巡礼僧のことが根本説一切有部律の「破僧事」に説かれる仏陀の伝記の中では少なくとも四回言及されています。いずれも同一のセットフレーズで述べられ、いずれも重要な年代に関する記述を伴っています。デーヴァダッタが殺した象をものすごい力で投げ、七つの壁を越えて地面に落として大きな穴をあけさせたことを記した、仏陀の青年時代の不思議な物語の終わりに、ある者が『象の穴、象の穴』という名が起こった。そこに信心深いバラモンと在家者たちが廟を建てた。今でも廟を敬う僧たちがそれをあがめている」という語を付け加えています。同じ頁に、菩薩によって射られた矢が落ちて地中に非常に深くつき刺さり、そこから泉が吹き出たという場所に関して、ほとんど同じことが語られています。またその後に、菩薩が在家生活を放棄する一部として髻を切り落とした場所に関して、またその少し後には、彼が黄衣を着けた場所に関しても、ほとんど同じことが語られています。同じく現在はそのサンスクリット・テキストが『ディヴィヤ・アヴァダーナ』中に回収されている「薬事」においては、仏陀は、彼によって預流果に入れられ優婆塞として受け入れられることを求める五百人の寡婦の集団スールパーラカ（sūrpāraka）に出会ったことが記されています。そして次のように説かれています。

彼らは席から立ち上がり、世尊に手を碗状にして礼拝して言った。「世尊よ、私たちが礼拝すべき何かをお与え下さい。」

世尊は神通力で毛と爪を放った。彼らは世尊の毛と爪のためにストゥーパを築いた。その時、ジェータヴァナに住む神が、実は木の枝で身を隠して世尊の旅にずっと随行していたのだが、バクラ樹の所からその枝をそのストゥーパの中央の柱の上に挙げて言った。「世尊よ、私はこのストゥーパを礼拝しながらここに留まります。」彼はそこに留まった。

——当時、ある者はこれを寡婦のストゥーパであると理解した。ある者はバクラの柱であると理解した。今でも廟を敬う僧たちがそれをあがめている——

これは短いですが極めて内容の多いテキストです。例えば、何か礼拝するものを求められた時、仏陀は彼自身の肉体の部分を「放ち」ます。別の所で同じように求められて、その場合は毛と爪だけでなく歯も放ちますが、ともかく彼はまったく同じことをします。つまり「放つ」という同じ動詞で表現され語られている事を行ないます。また、他の記述においては、彼は彼の影や輝きを布に「放ち」、それが染められたと述べられています。これら「放たれたもの」はすべて同じ範疇に属するものです。それらは「死後の遺品」を意味する「遺骨」ではなく、仏陀の生きた身体を投影したもの、もしくはそれを引き伸ばしたものです。これは人々の興味を引き起こす光線の中に仏陀の肖像を置くという働きをします。また、前者（肉体の一部を放つ仏陀）に関連して、旅をする仏陀と動かないストゥーパとを明らかに同一のものとして述べる物語があります。ジェータヴァナに住む神は仏陀とストゥーパの両方にまったく同じ態度で対応していますが、物語の終わりではストゥーパのほうを選んでいます。新たなストゥーパと古都のジェータヴァナとを結び付けている点にも興味が惹かれます。ジェータヴァナに住む神が結果的には新たなストゥーパの守護者になります。これは一方（古都のジェータヴァナ）の影響を他方（新たなストゥーパ）にまで及ぼそうという企てのようですが、この背後にどういう歴史的状況が潜んでいるかは分かりません。ここで最も興味深いのは、「当時」つまり叙述の時、すなわち仏陀の時代と、「今」あるいは現在とを明確に区別する、問題のセットフレーズが再び出ていることです。

長老たちによる編集あるいは編纂に言及するセットフレーズの場合においてと同様、いま取り上げた第二のセットフレーズは、ある特定の場所における歴史上の仏陀や菩薩の行動に関するテキストに、圧倒的に数多く付け加えられており、それらの信憑性を証明するために用いられていると思われます。しかし、これらの出来事を証明するのは、長老たちがそう語ったということではありません。この場合に証拠となるものは、「今でも」それらの出来事の起こった場所が、廟を敬う僧たちによってあがめられているという事実です。言い換えれば、同時代にそれが実際に行なわれているということが、歴史上の真実性を裏付けるのです。決まり文句を付け加えたことも、その歴史上の真実性が現に脅かされていたり、あるいは誰かが「それらの出来事はまったく真実ではない」と主張していたのだと解してこそ、初めて意味をなすでしょう。もしそのような主張がクシャーナ朝のインド北部に、『内蔵百宝経』の中に説かれるような仕方で流布していたとすれば、先に取り上げたセットフレーズと同様、いま問題にしている決まり文句も、根本説一切有部律に仏陀のガンダーラへの旅の記述が挿入されたように、かなり大掛かりな編纂の一部として、そのあちこちに付け加えられたのであると言うことができます。浄土の仏陀に関する最初期の、そしてほとんど唯一の、碑文の記述が、この同じ時代にインド北部においてなされたことをも心に留めておくべきでしょう。これは言うまでもなく「世尊、阿弥陀仏」と記されたマトゥーラ出土のクシャーナ朝の彫像碑文のことです。同じ時期に多くのことが起こっていました。仏典に記されているのと同様の事柄が碑文にも記されています。それらは両者とも重要なのです。

三　根本説一切有部律と僧院を取り巻く物的例証

1　ガンダーラ美術との一致

a　歴史と美術の接点

インド仏教史を学ぼうとする仏典研究者が「百聞は一見にしかず」という昔ながらの格言にほとんど注意を払わず、歴史家と美術史家とが連絡をとりそこねたり時にはぜんぜん連絡を取らないできたのはまったく残念なことです。その結果、誰もが不必要に不利益を被ってきました。それは仏教僧院が、仏典を作ると共に美術作品をも作ったのがほぼ間違いないことを考えてみれば、それほど理解し難いことではありません。われわれの手もとにある仏典の圧倒的多数が僧院で作られたことを否定する人は極めて稀です。それらは僧によって作られ、流布され、所蔵され、読まれ、注釈がつけられ、唱誦されました。他方、現在残っているインドの事実上すべての仏教美術が僧院で作られた作品であることも、まったく疑いようのない事実です。出所の確かなインド仏教美術はすべて僧院で発見されています。それらはすべて僧院の監督のもとに作られ僧院に設置されたようです。最初期の僧院の管理者は建築指導監督者（navakarmika）という地位を与えられました。そのことを示す碑文証拠が残っています。また律には、絵画を僧院のどこに設置すべきかを詳細に記した規定があります。僧や尼僧たちが絵画を設置するために不釣り合いなほど多くの支払いをしたり援助をしていたようです。最初期のストゥーパの欄干や礼拝像の場合に彼らが多くの寄付をしたことは紛れもなく明らかです。それに何よりも、仏教美術と必然的に最も親密に生活を共にしなければならなかったのは僧や尼僧たちなのです。パーリ律の少なくとも一つの規定からは、時として親密さがすぎた様子さえ窺えます。

もし仏典と仏教美術が共に僧院のものであり、仏教僧院が仏典を作ると同時に仏教美術をも作っていたのであれば、そしてもし根本説一切有部律がクシャーナ朝期にインド北西部で作られたか改訂されたのであれば、少なくとも二つのことが可能になります。すなわち、仏典中に見られる物事を、同じ時代の同じ場所から発見された美術作品の中に見つけ、その美術作品の時代から仏典の時代を裏付けることができるようになります。また、美術作品に描かれた事柄を仏典に説かれた事柄によって一層よく理解することができるようになります。もしそれを何か堂々巡りのように思われるとすれば、その事実がそうなのです。それはそうならざるを得ないのです。同時に起こっている物事は直線状に結び合わせることのできないものです。いま必要なのは、それらを直線状に結び合わせることではなく、その例をいくつか具体的に示すことです。

根本説一切有部律をクシャーナ朝期インド北西部に位置づけたために、われわれは必然的にガンダーラ美術の複雑さに直面しました。その複雑さのゆえに、われわれは、将来の研究の模範にならないかもしれませんが、例証的な方法を取るという選択を余儀なくされます。特定の個人や場面を描いた実例をいくつか示すこととしましょう。ガンダーラの資料群の中から、ガンダーラ美術に共通しており、しかもある特定の心理状態を表現していると思われる彫像を取り上げることにします。

インド美術史家にとっては図像を研究し鑑定するということが、強迫観念とまでは言わないとしても、その特殊な技能でした。このことは、インド美術においては、個人や出来事の描写に比べて、思想の表現がかなり等閑視されてきたということを意味します。また、図像学的な方法は重要な成果を生み出してはきたものの、一種の似非精密科学になりはてました。文献には、同一の姿が、異なった時に、時には同時に、異なった研究者によって、非常に異なった個人を表現したものとして受け止められるような場面がいくらでもあります。それにはその時代の流行も影響します。あちこちの岩の下に弥勒の彫像が見られたかと思えば、次には観音が、そしてすぐ文殊がというように移り変わるのはいつものことです。マウリッツィオ・タッデイ（Maurizio Taddei）の簡潔な文章がその問題の困難さをよく表現しています。「ガンダーラから新たに発掘された初期のシバ神像」と題した論文の終わりに彼は次のように言います。

次のことを指摘するに留めよう。筆者はシバの初期の肖像がいかに弥勒と深い関係にあるかをここに示してきたのであるが、アグラワラ（V. S. Agrawala）は、ヴィシュヌの最初期の形が弥勒菩薩に酷似しており、両者は同じ式文に基づいて造られたものと見做すべきだと言うであろう。そして他の学者にとっては、シヴァ神と最も顕著な類似性を示すものは観音菩薩なのである。このように、どんなものでも、おかまいなしに、別のどんなものにでもなるというのは、方法に何か間違いがあるに違いない。

このようなことを考慮すれば、最初に取り上げる例としては、何らかの点で同意の成立している姿を描いた肖像を取り上げるべきでしょう。ガンダーラの資料群中には、この要求に応えるいくつかの肖像がありますが、もしその一つが、根本説一切有部律における重要な登場人物でもあるということになれば、それはわれわれの研究にとって幸運にも条件が一致した証拠物件となります。この点に関しても、ラモットが必要なデータはほとんど全部提供してくれます。彼は次のように言っています。

もしヴァジュラパーニが、民話や物語や説話という、聖典以降の文学作品の中に引用されるような力を備えていたとすれば、ガンダーラ派の彫刻の中で仏陀に影の如くに従う者として描かれているヴァジュラパーニは、もっと重要な位置を占めていたことであろう。『ギリシャの影響を受けた仏教美術』（*Art grèco-bouddhique*）の上巻においてフーシェ（A. Foucher）が再現した仏陀の生涯の多くの情景において、世尊はこの侍者を常に従えて側に立たせており、そうでない世尊を描いた図はほとんど存在しない。

さらにラモットは「ガンダーラ美術の年代に関する近年の業績からも、ヴァジュラパーニはガンダーラ派のあらゆる局面を通じて現われ続けると言い得る」、つまり、最初期から最後期までどこにでも、現われるはずのない所にまでヴァジュラパーニは現われると注記しています。

ガンダーラ美術のあらゆる所にヴァジュラパーニが存在していることは、マトゥーラ美術におけるその存在の希薄性と好対照をなしていますが、仏典中のその存在の特異性とも対照的です。ラモットは「パーリ律はヴァジュラパーニに関して一言も発しない。根本説一切有部律を除けば、他の律もほとんど沈黙していることが判明する」と注記しています。ラモットの注記した根本説一切有部律が例外だという事実は、彼の思っている以上に重要です。彼は「パーリニカーヤとサンスクリット阿含に跡付けられ得るものとしては、二つの経のみがヴァジュラパーニについて述べている」と言います。しかし、少なくともそれらの一つである『アンバッタスッタ』(*Ambaṭṭhasutta*) は、根本説一切有部律に二度現われます。すなわち、ハルトマン (J. U. Hartmann) が既に指摘しているように[19]、いくつかの版で『アンバッタスッタ』が「薬事」中にも「雑事」中にもはめ込まれているのが認められます。他方、ラモットも、ヴァジュラパーニが、根本説一切有部律の「舎衛城の大奇跡」の記事や、デーヴァダッタの悪行の記事など、さまざまな出来事の記事の中に挿入されていることを示唆しています。彼は結論の部分で「ヴァジュラパーニの本国はインドの北西部である。それは『仏説観仏三昧海経』(*Buddhānusmṛtisamādhi*) や、彼の善行を述べる根本説一切有部律と同様、北方起源の仏典である」と言います。しかし『仏説観仏三昧海経』はおそらく五世紀初頭の中央アジアか中国の偽経であると考えられています。そうであれば、根本説一切有部律は、その頃既にクシャーナ朝のガンダーラ美術における重要な影像「北西部の英雄」となっていたヴァジュラパーニにとっては、最も重要な唯一の文献資料として残ることになります。

かくしてわれわれの手にしたものが、ガンダーラの資料群と根本説一切有部律という、共通の様式をとる二つの大きな資料群なのです。つまりそのどちらにおいても、ヴァジュラパーニの像が主要な役割を果たすという同一の様式をとっているのです。ヴァジュラパーニは、これら以外の美術作品や仏典の記述においては、仏陀の生涯にまつわる一連の出来事の中でまったくと言ってよいほど登場しないのに、これらの中ではその生涯の全体にわたって挿入されています。ヴァジュラパーニの像も、あるいはヴァジュラパーニが登場する記述も、ガンダーラ以外の場所では現われません。ガンダーラ資料群の初期のものは、クシャーナ朝期に属します。このことが現存の根本説一切有部律を同時期のものとする議論に重みを加えます。しかし次のことを付け加えておくのが重要だと思われます。つまり、それは、一方の資料が他方に隷従したり、直接的に依存しているというわけではないということです。それは、両者が、それぞれの仕方で、クシャーナ朝のガンダーラで営まれていた広範な活動に参加していたことを反映しているのです。このようにそれらが共通の活動に参加していたことは、さらに特殊な事例の中にも認められます。二つの資料群が同一の物語を語っている場合がしばしば認められるのです。

b 「仏陀と頭蓋骨たたき」

ガンダーラ美術と根本説一切有部律とが、共に同一の物語を語っているよい例は、タッデイが「仏陀と頭蓋骨たたきの物語」と呼ぶものです。この物語は、根本説一切有部律が五世紀パーリ注釈文献に与えている影響を示す一例でもありますが、美術史家と文献学者との間の連絡の希薄さを示す一例でもあります。

タッデイは一九七九年の論文において、十のレリーフ、あるいはレリーフの断片を提示しています。[20]その一つはタクシラのダルマラージカ・ストゥーパから、二つは北西の辺境の地域から、三つは伝えられる所によればサリバロールから、二つはハッダから、そしてあとの二つもおそらくハッダから出土したものです。そして、彼はそれらを「仏陀と頭蓋骨たたきの物語」の絵図であると鑑定していますす。タッデイは『増支部』と『ダンマパダ』と『テーラガーター』とに対するパーリ注釈中のいくつかの版でこの物語を知りました。彼は『ダンマパダ』の注釈に基づいて次のように要約しています。

王舎城に住む、頭蓋骨を指でたたいて死者の再生を予言すると称する、ヴァンギーサという名のバラモンが、仏陀にその術を示すために、仏陀が当時住んでおられたジェータヴァナの僧院に連れてこられた。仏陀は四つの頭蓋骨を調達させた。それらはそれぞれ四つの生涯（人間と神と畜生と地獄）に再生している人々の頭蓋骨であった。ヴァンギーサは四つの頭蓋骨のそれぞれの主たちの再生の仕方を言い当てることに成功した。しかし仏陀が、死んだ阿羅漢の頭蓋骨にその術を用いることを求めた時、彼は正解することができなかった。

そこでヴァンギーサは、第五の頭蓋骨の主がどのように再生したか、あるいはむしろ、どのようにして再生しなかったかを教えてもらうことを条件にして、教団に加わるように勧められた。彼はそうした。そしてついにヴァンギーサ長老と呼ばれるようになった。

タッデイの指摘したレリーフと仏典との関連性には、主として二つの問題があります。その一つは彼自身が明らかにしています。すなわち、彼はパーリの注釈の時代を考慮して「そうすると最初期のレリーフと文献との間に広いギャップが埋められずに残ることになる」と注記しています。というのは、彼はこれらのレリーフの時代を紀元一、二世紀としているので、パーリの注釈との間に二、三世紀のギャップがあることになるからです。彼は地理的なギャップについては何も言っていません。第二の問題のほうがむしろ重要です。より完全なレリーフには、坐している仏陀の他に、二人の主要な登場人物がいます。タッデイがヴァンギーサであるとする像と、もう一人の僧です。二人とも頭蓋骨を抱えています。『ダンマパダ』の注釈の中には、その僧を特定し得るような説明はありません。

つまりいまわれわれに分かっていることは、紀元五世紀を遡らない文献に説かれる「仏陀と頭蓋骨たたきの物語」が、実際には少なくとも二世紀には既に語られていたということであり、そしてその二世紀の物語は二人の僧に重要な位置を与えているということです。もう少し別の物語を見てみる必要があると思われます。

ラモットが『大智度論』の第二巻を一九四九年に出版する以前に、タッデイのガンダーラ資料の少なくともいくつかは既に出版されていました。しかしラモットは、それらの資料がおそらく描いているであろう物語を自ら訳して活用できるようにしながら、ことさら驚くべきことでもありませんが、このタッデイの資料に気づかなかったか、あるいはその重要性が分からなかったようです。そこではそれは、ヴァンギーサというバラモンの物語ではなく、ムリガシラスという名の仙人の息子と鹿の物語になっています。その息子も仙人と呼ばれ、頭蓋骨たたきの術を学んだとされています。しかし、ラモットはそのレリーフを見過ごし、タッデイはこの物語を見過ごしてしまったのです。

ラモットが訳したムリガシラスの物語は、先ほど指摘した問題を解決してくれるように思われます。まず第一に、その物語は、クシャーナ朝の時代にインド北西部で大規模な編纂を経たと思われる根本説一切有部律の中に見つけられます。したがって、タッデイが注記したレリーフと仏典とのギャップは消滅します。つまりわれわれは、クシャーナ朝の北西部の美術作品と仏典とが同じ資料を共有しているもう一つの例、年代が確定したか確定可能な美術史上の並行資料によって仏典の時代を確定し得るもう一つの例を入手することができるわけです。その上、根本説一切有部律中のムリガシラスの物語からは、ガンダーラ朝のレリーフに描かれていたもう一人の僧の存在をも説明することができます。根本説一切有部律によれば、それは、仏陀の命令でムリガシラス仙人に骸骨を渡し、彼を試す役目をしたアーナンダです。ほとんどすべてのレリーフに何とも奇妙に思われる着衣や髪形が見られますが、その理由もムリガシラスが予言を専門にする仙人として説明されているという事実が解明してくれます。最後に、ほとんどのレリーフで仏陀が「草をまき散らしたずっしりとした座席」に座っているように見えるという不可解さも、根本説一切有部律に説かれるすべてのことが仙人の庵で起こった事柄だと解すれば、納得がいきます。しかしここで私は直ちに、そういうことが一方の資料群が他方に従属したり依存した結果だと主張することは最も無益なものの見方である、ということを言い添えておきたいと思います。むしろ両者は、共通の資料が同時代に表現された結果であると考えるべきなのです。

実は、共通の資料が同時代に美術作品と文献とによって表現されたものであることがほぼ確実であるにもかかわらず、上記のものよりもっと誤解され、もっと広範にわたる、もっと重要な資料があります。このケースは、作品の性質上、描かれている人物の感情や心理状態を明らかにする必要があるので特に微妙な性質を含んでいます。またこのケースは、特に大乗的な「この世のものとは思えない菩薩」と便宜的に呼ばれる菩薩が、クシャーナ朝ガンダーラ、あるいはガンダーラ美術全般に存在するか否かという問題をもはらんでいるので特に重要でもあります。

c　蓮華手のポーズ？

一九九四年に、四十年以上も一時貸し出しになっていた小さなガンダーラ像（二二×一一×六・二五インチ）が、ロスアンジェルス・カウンティー博物館に最終的に寄贈されることとなりました。その事を祝して、インド東南アジア美術の副館長ステファン・マーケル（Stephen Markel）が、少なくとも二回、短い論文を書いています。彼の解説は、問題の彫像の種類に関しての、一般に流布している美術史上の見解を、見事に明瞭に表現しているという点で非常に重要です。マーケルはまず初めに、この「三世紀の」彫像は「仏教の蓮華手菩薩」を表わしており、その蓮華手は「仏教のすべての神々の中で最も古く、最も広く敬われた、慈悲の菩薩である観音の特殊な一つの形だ」と言います。彼は問題の彫像を説明して次のように述べています。

> パドマパーニ（蓮華手）は、その名の通り、手に蓮華を持ち、右脚が左脚の膝の上に来るように脚を組んだ特有の姿勢で座っている。右手を上げ、人指し指を伸ばして頬につけ、困惑もしくは熟考のさまを示すしぐさをしている。菩薩の内観的な表情は、彼が存在の本質の思考に専心していることを表現している。[21]

彼の説明は美術史からする一般的な見解を明瞭に示していますが、歴史家をかなり苛立たせるものがあります。まず第一に、既にいく人かの美術史家が、そのように豊かに盛装し宝石を身にまとったり、しばしばロスアンジェルスのもののように「御守り箱」を身に付けていたりする像は絶対に菩薩ではなく、金持ちの寄進者や支援者を理想化した「肖像」だということを論証しています。彼らの中では、説得力という点からすればローランドの説が今なおその分野では有力です。彼に従えば、「パドマパーニ（蓮華手）」という名前が問題です。通常美術史家たちは固有名詞であるかのように用いていますが、「残念ながら蓮華手という名前は固有名詞ではない」のです。厳密に言えば、そのような人物は存在しません。たとえ形容詞と考えるとしても、エジャートンの辞書（*Buddhist Hybrid Sanskrit Dictionary*）には記されていません。モニエル・ウィリアムズ（M. Monier-Williams）は彼の辞書（*Sanskrit-English Dictionary*）に、レキシコグラフィーからそれをバラモンの名として挙げ、目録からヴィシュヌ神の名として挙げているだけです。観音の名に適用される場合としては、彼は自分自身のごまかしの多い仏教書を挙げているだけです。私の知る限りでは、定かではありませんが、オルデンブルク（S. F. Oldenburg）が、ガンダーラ美術に関連して初めてその名前を用いました。それが間違いのもとでした。さらに、そのポーズが問題です。

もちろん、ロスアンジェルスの像の取っているそのポーズは他でも見られます。例えば、マンガラ・サウー（Mangala Sawoo）は、インド博物館で発見された一断片を公刊していますが、そこには仏陀が法輪印をむすび、そのそばに、基本的にはまさしくそのロスアンジェルスの像と同じポーズをした、豪華に盛装した「菩薩」がひかえています。[22] 右手の像は文殊菩薩とされています。アンナ・マリア・クアグリオッティ（Anna Maria Quagliotti）は、別の場所から出た類似の像を同様に鑑定しています。[23] 他方、彼女は、一連の個々の人物が同一のポーズをとっている例を収集しています。シッダールタが仏陀になるまでこの世に留まって利益を授かることができないことに気づいた時のアシタ、耕作が引き起こす殺生を閻浮樹の下で観察しているシッダールタ、世間を捨てる時点におけるシッダールタ、愛しい妻を捨て出家せざるを得なくなった時のナンダなどです。ところで、この種のもので最も印象深い像は、フリーア（Freer）画廊にある二世紀のガンダーラ・レリーフ中のものです。ホックフィールド・マランドラ（G. Hockfield Malandra）はそれをマーラ（悪魔）の撃退を描いたものだと言います。[24] そうとすると、ロスアンジェルスの彫像と同一のポーズをしているものが、実はマーラだということになります。このような従来の美術史的見解に従って、ロスアンジェルスの彫像をフリーア画廊の類似品に基づいて、撃退されたマーラを表現したものと同定するとしたら、カウンティー博物館の理事はあまり喜ばないでしょうが、強く反対する人もいないでしょう。実際、それら二つの像はほとんど同じなのです。

しかし、何か非常に奇妙な思いが残ることは確かです。そこでマーケルがそのポーズに与えた「意味」に改めて注意してみましょう。彼は、それが「困惑かあるいは熟考」を示していると言います。しかし、「熟考」という語が仏教本来の専門用語として用いられている文脈において、もし「困惑かあるいは熟考」と言うとすれば、後者は少なくとも理想的に鍛練された明晰さと精神統一の状態を指しますから、ほとんど両極端の事柄を併記したことになります。しかし、この点に関しても、マーケルだけがそう解しているわけではありません。クアグリオッティは、このポーズに関して近年では最も多く発表している一人ですが、彼女も、このポーズにとまどうほど多くの意味を与えています。[25] 他の人々と同様、彼女も、それを「もの思いに沈んだ様子」と呼んでいますが、それが「苦痛を示す」

とも言っていますし、「重大な決意に直面している」「慈悲ぶかい」「定まらない」「深く思いにふける」「瞑想している」「悲しみの」「嘆いて」さえいる状態を、そのポーズから連想しています。人は時が経てば事はよい方向に変わっていくと考えがちですが、しかし実際はそうでもありません。彼女はそのポーズの最も早く描かれたのがバールフトであるということを認めていたのですが、しかしそのポーズを取ったタイプのものを「おそらくガンダーラで生まれた、古典的な羊飼いの哲学者をその原型とするものである」と主張するに至ったからです。バールフトでそのポーズが現われるカウンティー博物館とフリーア画廊のどちらの場合も、そのポーズをとっている像はひどく落胆したマーラなのです。

ここで、およそこの世の者とは思えないほど偉大な観音や文殊のような菩薩たちが、どうして、決定的に撃退されてひどく落胆したマーラと同じポーズで、つまりマーラと同じ精神状態にある者として、繰り返し描かれたのであろうかという疑問が生じます。最も率直に考えれば、解答は簡単です。すなわち、ガンダーラ美術に満ちあふれている、このポーズで描かれる未確認の像は、菩薩ではないのです。彼らは激しく苦悩して世尊に教えを聞きに来た、概して言えば、金持ちの身分の高い人々なのです。

いま問題にしている、バールフトの例が示すようなポーズとか姿勢とか身振りは、その例は少ないけれども、インド美術の他の場所で、しかももっと早い時期に出現します。それはもっと後期にも出現することもあります。時には個人の立像が、そういうポーズを取っていることもあります。ナーガールジュナコンダ出土のレリーフの中では、出家を余儀なくされたナンダに向かって立つ三人の人物がそのポーズを取っています。アジャンタでは、メーガとディーパンカラが出会う場面でプラクリティがそのポーズを取っています。ボドゥガヤでは、大奇跡によって撃破された異端者の一人がそのポーズを取り、また、パーラ期のいくつかの飾り額の基部に彫刻された不特定の嘆き悲しむ人々がそのポーズを取っています。このすべての場合において、そのポーズは、敗北、意気消沈、喪失、あるいは嘆きを表わしているように思われます。しかしそのような問題のポーズが他の場所で見られる例は、それを含む資料群の中では極めて散発的であって、それらに典型的なものではありません。他方、ガンダーラ美術の状況はそれとは異なると思われます。ガンダーラ美術においては、そのポーズは極めて一般的であり、数多くの例が挙げられます。したがって、そのポーズは本質的にクシャーナ朝ガンダーラのポーズだと考えられます。このポーズは、根本説一切有部律の年代を特定するために非常に重要です。というのは、同一のポーズを述べた記述が、この律の特徴にもなっていることはほぼ確実だからです。このポーズの記述は「律事」中の「臥具事」「滅諍事」「破僧事」「薬事」「衣事」、さらに「律分別」「比丘尼律分別」「雑事」にも現われ、事実上この律のすべての部分に出てくると言えます。グナプラバ（Guṇaprabha 徳光）の『律経』（*Vinaya-sūtra*）の中にさえ見られ、『アヴァダーナ・シャタカ』や『ディヴィヤ・アヴァダーナ』のような根本説一切有部律関連の仏典にも出ます。その例を収集し始めましたが、既に三十六例を越えたので止めてしまったほどです。パドマパーニの場合と同様、ガンダーラの資料群と根本説一切有部律は、同一の言葉を共有しているのです。こちらの場合は、美術作品と文献とが共に、同一のポーズによって、ある特定の感情あるいは情緒の領域を表現しています。ここではその領域が特に興味を引きます。

ガンダーラ美術の最も一般的な彫像の姿勢として、その頭や頬を手や指にもたせかけて座っている人々の姿を挙げることができます。これは正確にはサンスクリット語で kare kapolaṃ dattvā vyavasthitaḥ（彼はその手に頬を置いてたたずんだ、あるいは、そこに座った）と言われるものです。この言葉は律中にほとんどこの形のままでしばしば現われるフレーズです。そこでは一語だけ付け加えられて、kare kapolaṃ dattvā cintāparo vyavasthita となっており、チベット訳では ʼgram pa la lag pa gtad de sems khangs su chud cing ʼdug pa となっています。付け加えられた cintāpara という語が、いろいろな意味で最も重要で最も微妙な要素であり、その意味は文脈によって変化します。しかしもちろん、このフレーズのどの要素にもしかるべき解釈の幅が残されています。

kara は基本的には「手」を意味します。しかし合成語の kara-kacchapika は「特定の指の位置」という意味になります。kara-kaṇṭaka（手の角）と kara-ja（手から生じたもの）はどちらも「指の爪」を意味し、kara-bhūṣaṇa（手の飾り）はブレスレットのことです。それゆえ、kara は指から手首までの手のすべての部分を含みます。同様に、kapola は基本的には頬を意味しますが、額や顎をも意味します。そうすると、フレーズの最初の部分は、「その手に頬を置いて」の他に、「その指に額を当てて」とか「その手のひらに顎を置いて」をも意味することになります。これらのどれかが、あるいはすべてが、同一のフレーズによって表わされるのです。これは興味深いことです。というのは、クアグリオッティは、少なくともいくつかの姿が「それらが菩薩である」とする彼女の予想に当てはまるように、ガンダーラの資料群の中からあい異なる二つの姿勢を見つけようとしているからです。彼女は、菩薩が悲しみや落胆や意気消沈の状態で描かれていたのでは説明がつかないことに気づいていたのです。しかしそのように区別しようとする試みはあまりにも物事を決定し過ぎることになるのです。実際、ガンダーラの資料は、この語彙上の可能性の領域にほとんど完全に対応しています。つまりいくつかの像はその指に額を当てているし、いくつかはその手に頰を置いており、他のものはその手のひらに顎を置いているのです。

それよりは狭いように思われますが、cintāpara にもそれが意味し得る領域があります。合成語の最後の要素としての -para は、普通「～にふける、～で頭がいっぱい、～に没頭する、～に夢中になる」を意味します。他方、モニエル・ウィリアムズが cintā に与えている第一の、そしてほとんどただ一つの意味は、「考え、心配、不安、気遣い」です。それは、如意宝珠と訳される、よく知られた語 cintāmani という場合のそれです。この語は「不安を除去する宝珠」と解するとよく理解できるからです。最終的に彼は cintāpara に対しては「考えに当惑する」という訳しか与えていません。しかしそれは彼自身の挙げている資料に従って「心配に当惑している」とか「不安で頭がいっぱい」と訳すほうがよいかもしれません。「考えに当惑する」が間違っているわけではありませんが、平板で、おもしろみがない訳ではないでしょうか。つまり、ここでは文脈が問題になるのです。根本説一切有部律にはその文脈が豊富に存在します。クアグリオッティは、もう少しのところでそれを見のがしてしまったのです。

文献学者と美術史家の間での伝達不備という残念な事例が、ここにもう一つ存在したことに注意する必要があります。もし、彼女が一九五八年のラモットに迷わされず、そしてシーフナーの『チベット物語』（*Tibetan Tales*）にもっと正確な題名がつけられていたら、きっと間違いなくクアグリオッティは、研究中のレリーフの「姿勢」にとって根本説一切有部律が重要な意味を持つことを完全に察知したでしょう。実際、彼女は、この律から、ツッチ（G. Tucci）がイタリア語訳した一文を引用しており、その文章には、kare kapolaṃ dattvā cintāparo vyavasthitaḥ のフレーズが含まれていました。それをツッチは poggita la guancia sulla maro, stava assorto nei propri pensieri と訳しています。[26] しかし彼女はそのすぐ後に「このことは、ラモットが四、五世紀にその年代を位置づけた、根本説一切有部律中に述べられている。……この律は後期の作品であり、それゆえ、いま問題にしている事柄を決定するものではないといって反論されることは確実であろう」と付け加えています。さらに、この律中の多くの物語文学を収集したものが、既に一八八二年に英訳されており、英訳では必ずしも明瞭でないことは認めなければなりませんが、そこには、「意気消沈した」「憂鬱な」「しょげている」「不快げ」であることと関係のあるフレーズが少なくとも十六回現われます。この収集は、もとは「インドの物語」という題で独訳されましたが、そののち不幸なことに「経部のチベット訳から翻訳されたインド起源のチベット物語」（*Tibetan Tales derived from Indian Souces translated from the Tibetan of the Kaḥ-gyur*）として英訳され、以来、常にただ『チベット物語』と呼ばれます。もちろんそれらの物語はチベットの物語ではなく、そのほとんどが根本説一切有部律から取られたものです。したがって略して示すに際しても、そのことが分かるように表示すればもっと活用されたことでしょう。また、そのように表示されておれば、クアグリオッティにしろ他の人々にしろ、問題のフレーズにすぐに気づいたことでしょう。

根本説一切有部文献における kare kapolaṃ dattvā cintāparo vyavasthitaḥ というフレーズを二

度ばかりざっと検討してみることが最も役に立つでしょう。今まで述べてきたごく僅かなことからも、それがセットフレーズあるいは決まり文句であることは明らかです。また、そのセットフレーズは、ガンダーラの資料群におけるレリーフに描かれたセットフレーズとまったく同様に、さまざまな状況や出来事によってひき起こされた心理状態を情緒的に色づけるために、さまざまな種類の物語や出来事の叙述の中に挿入されていた、ということも明らかです。美術作品と仏典は、それらが描いているそれぞれの出来事が常に同一でないにもかかわらず、一つ一つのセットフレーズをまったく同じ仕方で配置しています。フレーズで示される言葉の内容が、相応しくない、みっともない、品の悪いことと考えられていることも、少なくとも文献に関しては明らかです。実際、グナプラバは、「訓練の小規定」という条項の箇所で、僧はそのように「手に頬を置く」などというような座り方をすべきでないと指摘しています。彼はそのような姿勢を、踝をもう一方の踝の上に乗せたり、足を揺り動かしたり、局部をさらしたりして座るというような他の姿勢と並べて提示しています。私が彼自身の注釈から理解したところでは、彼は、この規定を権威づけるために、そのような規定を含む『比丘尼律』と、私には未確認の経とを引用しています。美術作品と仏典の両方に、僧たちが時にこのような姿勢を取ることが描かれているという事実は、興味深いことです。そこには、彼らの経験している、正しい振る舞いの領域を越えてしまった、ある強い感情を表現することが意図されています。しかし、美術作品においても仏典においても、その姿勢で描かれるのは、圧倒的に在家者が多いという事実も、規定の存在を考えればよく納得がいきます。つまり、そのような姿勢は、僧に相応しくないものと一般に考えられていたのです。その理由も容易に理解できます。

あまり良い僧とは認められていない一人の僧について述べる仏典を参考にして、問題のセットフレーズをおおまかに検討してみたいと思います。この仏典は、教団における仏陀のライバルであり、邪悪で不謹慎で、聡明でない者として描かれる、デーヴァダッタについて説かれたものです。「六比丘衆」の長であるウパナンダと同様、デーヴァダッタもしばしば僧院のブラック・ユーモアの対象になっています。仏陀が「金色の身体」(suvarṇavarṇaḥ kāyaḥ) をしておられたので、デーヴァダッタも鍛冶屋に行き、自分の体を金色に塗ります。また仏陀の足には法輪が印されていたので、デーヴァダッタも鍛冶屋に命じて足に焼き印を押させます。悪戦苦闘の末、彼が得たものが激痛のみであったことは言うまでもありません。しかし仏典では、彼が別種の苦悩に直面していたことが分かります。

> そこでデーヴァダッタには次のような思いが起こった。「私は繰り返し世尊に背き、三種の無間業を犯した。世尊に石を投げつけて血を流させ、教団を乱し、尼僧のウトパラヴァルナを殺した。遍智を体得しそこない、何も成就できなかった。もう地獄に生まれるしかない。」そう考えて、その手に頬を置いて、彼は不安げにもの思いにふけり続けた。(kare kapolaṃ dattvā cintāparo vyavasthitaḥ; lag pa la 'gram pa gtad de sems khongs su chud cing 'dug go.)

デーヴァダッタは深刻な問題の中にいます。彼は、うちひしがれ、宣告を下され、落胆しています。それは彼の姿勢に反映しています。その姿勢は、ガンダーラの彫像の中にしばしば見られる、「菩薩たち」と呼ばれていた者の姿勢とまったく同じものです。外道のプーラナがそういう状態の彼を見て、「行為者も行為も存在しない」と論じ、それによって業の果報の可能性を否定する場面で、彼はデーヴァダッタに「決して絶望すべきじゃない」(sarvathā mā kāhalo bhava) と言います。この場合に、問題の姿勢を取っている人を見た人物の反応がcintāparaという語に関して興味深い一つの解釈を提供します。つまりcintāparaと表現されるもの思いにふけっている姿勢をとっている人に「絶望すべきではない」という言葉をかけているということが、そのcintāparaの姿勢が絶望した精神状態を表わすものと解釈されることを示しているということです。ここではデーヴァダッタはkāhala（絶望）すべきでない、と言われています。エジャートンは、『ヘーマチャンドラ』（*Hemacandra*）を引用して、kāhalaは「意気消沈している、意気地がない」ということを意味し、サンスクリットのkātaraと同義であると言います。後者（kātara）は「臆病な、おどおどしている、絶望的な、勇気をそがれた、がっかりした、困惑した、驚いた」ということをも意味し、通常は偉大な菩薩たちの性質とされるものではなく、根本説一切有部律が、頬に手をあてがったり、額を指で支えて座っている姿勢と関連づけているあらゆる心理状態を指します。

美術作品と仏典ではそれが要求することや必要性が異なります。そのため、問題のフレーズの諸要素中の別の要素にそれぞれ強調点が置かれる、ということにここでは注意しなければなりません。美術作品においては「手に顔を置く」という身体の姿勢が必須の要素であり、それが作品のすべての意味を担います。心理状態を表現するものはそれだけです。仏典では美術作品のような制約は受けずに状況が描けます。そこにおいては、同じ効果を出すのに、フレーズ全体が用いられることもありますし、その一部が用いられることもあります。また、フレーズ中の身体の姿勢を示す部分は、仏典では取り替えがききますが、美術作品においては不可欠の要素となります。多くの仏典に説かれる事柄が、デーヴァダッタに関して述べた今の文章中にも充分に表現されています。彼が自分の苦境をさとった時、仏典は彼が「その手に頬を置いて、不安げにもの思いにふけり続けた」(kare kapolaṃ dattvā cintāparo vyavasthitaḥ)と述べます。プーラナは彼に出会った時に、「デーヴァダッタよ、どうして手に頬を置いて、不安げにもの思いにふけり続けているのか」と、フレーズ全体を用いて尋ねます。デーヴァダッタはおおげさな表現で問い返すことでそれに答えますが、その場合には身体の姿勢はまったく触れられずに、「どうして私が不安げにもの思いにふけらないでおれましょうか」(katham aham na cintāparas tiṣṭhāmīti)とだけ述べられています。「もの思いにふける」(cintāpara)という語はさらに二度用いられていますが、その姿勢についてはまったく触れられていません。つまり「もの思いにふける」という語がフレーズ全体を省略した形になっているのです。それが言葉の経済性によるものであることは明らかですが、もっと一般的に言えば、それは、このフレーズが極めて一般的に用いられていたために、合成名詞の省略形と同様、一つの主たる要素だけでフレーズ全体の意味を表わすものと思われるに至ったという事実に関係しているに違いありません。テキストを見ているうちに気づいたのですが、私の知る限り、「その手に頬を置いて」という語は単独では現われず、常に「不安げにもの思いにふけり続けた」という語を伴って現われます。また、「不安げにもの思いにふけり続けた」という語は単独でも現われますが、「その手に頬を置いて」という以外の情景描写の要素を伴っては現われません。したがって前者は、たとえ後者が表面上は表現されていなくても、常に後者を含意するものと思われます。要するに、「不安げにもの思いにふけり続けた」という語(cintāpara)はフレーズ全体の省略形として用いることができるのです。

そのような省略形が用いられる例として、今度は邪悪な僧ではなく、「新参の、年少の、歳わかい僧たち」に関する話を取り上げてみます。彼らはうかつにも彼らの仲間の一人を死に至らしめ、そして直ちに悔やみ（mya ngan bya ba）始めます。他の僧たちがその理由を尋ねると、彼らは「以前、私たちは十七名の仲間だったが、今は十六名の仲間になってしまった。私たちは愉快な友人の僧を一人奪われた。私たちは追放を求める罪を犯してしまった」と言います。歳わかい僧たちは、「一方に行き、そこで不安げにもの思いにふけりながら座った」とその仏典は述べます。「不安げにもの思いにふけりながら」というのは cintāparo vyavasthitaḥ の標準的なチベット訳の一つ sems khong du chud cing 'khod pa を訳したものです。ここでも「不安げにもの思いにふけりながら」という語は、気づかいとか、規則違反とか、後悔ということと関係しており、仏典が言うように、「後悔の火にさいなまれている心」と関係しています。

これまで見てきた二つの場合は、いくつかの点で変則的です。それらは「不安げにもの思いにふける」僧を表現しており、その不安は深刻な倫理規定違反を犯した結果への予感から生じたものです。二つの場合は共に、形は異なりますが、殺人ということを含んでいます。しかし、根本説一切有部律で上記のような姿勢と心理状態との両者とも述べる場面の数は、在家者の場合が圧倒的に多いのです。これらの在家者は、ほとんどの場合、豊かな王族の人々であり、問題のポーズをしたガンダーラの彫像が表わしているまさしくそのタイプの人物です。さらに言えば、これらの人々は、彼らの行ないの道徳的な結果には決して興味がなく、自分の誇りとか、財産とか、そして圧倒的に子孫にかかづらわっています。一言で言えば、彼らは世俗的な事柄に常に関心をもつ人々なのです。

初めにプラセーナジット王の矜持に関する場面を取り上げます。王は仏陀と僧たちを七日間彼と共に食事をするように招待します。彼はすべてを整え、最初の日には「自ら手配して彼らを元気づけ奉仕」します。しかし側に立っていた乞食が、そこで行なわれていることを見て、いたく興をおぼえて「この王は、その福徳を現に身に証している人物であるに相違ない。だから自らの福徳の果報は既に叶えられているのに、なおもその福徳では満足せずに、施しをしては福徳を積み続けている」と言います。仏陀は食事を終わり、仏典は次のように述べます。

　そして世尊は言われた。「王よ、この果報を誰の名のもとに委ねましょう。貴方にでしょうか、それとも貴方より大きな福徳を積んだ人にでしょうか。」

　王は考えた。「世尊は私の施しを受けられたのである。一体誰が私より多くの福徳を積んだと言われるのであろうか。」こう考えて、彼は言った。「世尊、私より大きな福徳を積んだ人がおれば、その人の名のもとにその果報を委ねてください。」

　そこで世尊は乞食にその果報を委ねられた。同様のことが七日間行なわれた。

　六日目に、王は、その手に頬を乗せて、「世尊は私の施しを受けられたのに、その果報を乞食に委ねられた」と考えて、打ちひしがれた思いにふけった。(kare kapolaṃ dattvā cintāparo vyavasthitaḥ.)

王の大臣たちは彼を見て「どうして、手に頬を乗せて、打ちひしがれた思いにふけっておられるのですか」と尋ねます。王は答えて「どうして打ちひしがれた思いにふけらずにいられようか」と述べて説明します。問題の解決案を示すに際して、大臣たちはまず、「王よ、貴方は何も心配されることはありません」(alpotsuko deva bhavatu) と確信を表明します。つまり、ここでは「思いにふける」

(cintāpara) という語は「残念、切望、不安、心配」(utsuka) という語で注釈されているのです。

次に、「薬事」と『ディヴィヤ・アヴァダーナ』の両方に現われるもう一つのテキストには次のように説かれています。

まさしくその夜、ダナ王は、夢に、ハゲタカがやって来て彼の腹を引き裂き、内臓をひきずり出し、それをもって町を一巡するのを見た。そうして、王は七つの宝が家に持ち込まれるのを見た。王は、驚き恐れ、髪は逆立ち、直ちに起き上がって、巨大なベッドに座り、その額を指に乗せて、不安げにもの思いにふけり、「この夢のおかげで王位か命を失うであろう」と考えた。

ここでは問題の姿勢と心理状態は、恐怖及び命か生活のいずれかを失う不安に関連しています。後者に関連する例としては、あまり劇的なものではありませんが、例えば「雑事」の中にいくつか見られます。その例の場合には、一人の人物が自分の泥棒であることが世間に知れわたったがために、彼の選んだ職業では生活できなくなってしまいます。彼は逃走しますが、僧ウパナンダが路傍に「その頬を手に置いて不安げにもの思いにふけって」座っている男を見つけます。その泥棒は彼の姿勢を自ら「尊者よ、私は途方に暮れております。何もないのです」と述べることによって説明しています。同様に、「律分別」には珍しい場面が見られます。そこでは豊かな家族に近づくことを拒否された六比丘衆と結託する一人の僧が登場します。

問題の姿勢と心理状態が登場する状況は広範にわたっています。それらは、王が酒を飲むことを延期された場合とか、在家者が仏陀に食物を布施する機会を失ったと思った場合とか、医者が治療の効果を上げられない場合とか、ビンビサーラ王の妃がなくなった場合とか、王がみごもった妻の、毎日彼の背中の肉を食べたいという病的な願いに反応する場合とか、在家者の娘が一族の娼婦とならねばならず、彼が娘を嫁がせることができない場合等々です。すべて挙げれば長くなります。それは愛する者を失ったり、機会を失ったり、失敗することを含んでいます。また、それは、ダナ王の夢のように、かなりの数の、不自然で不気味な出来事の状況をも含んでいます。けれども、問題の姿勢と心理状態の登場する最も一般的な状況は、子供に恵まれなかったり、財産を失ったりすることを取り扱っており、いつも決まって非常な金持ちや王たちに関連しています。いくつか例を挙げてみましょう。

その時、ベナレスに莫大な財産を所有し、資産を持ち、広大な小作地があり、毘沙門天の財産を持つ、つまり財産においては毘沙門天に匹敵する商人がいた。彼は同格の家庭から妻を迎えた。彼女と遊び楽しみ、そして愛した。彼女と遊び楽しみ愛したが、息子にも娘にも恵まれなかった。彼は、頬を手に置いて、打ちひしがれてもの思いにふけった。そして「家は極めて豊かなのに、私には息子も娘もない」と考えた。私が逝ってしまえば、すべての財産は、息子なきものと宣告されて、王の所有に帰してしまうであろう。

「比丘尼律分別」の冒頭では、結果的には同じ心理状態を生み出す同様の状況が、偉大なバラモンに関して述べられています。こちらのほうがより手の込んだ言葉で描かれています。彼も「財産家であり、大きな財産を持ち、多くの資産を持ち、広大な小作地があり云々」と言われていますが、もっと詳しく描写されています。彼は十六の奴隷村(bran grong)と、三十の労働者の村(las kyi mtha' ba)と、収益をあげる六十の村(skyed sgyur ba'i grong)と、九百九十九の牛の軛と、六千の金などを所有していたと言われていますが、そのすべてが危機に瀕しています。彼には今なお子供がなかったのです。彼は家の屋根に上がって、頬を手に置いて「大きな財産のあるわが家も、私に息子がないために、将来は差し押さえられてしまうであろう」と言います。彼は打ちひしがれてもの思いにふけります。

さらに同様のことが、子供のいない転輪聖王や、子供のいないダナ王の場合にも述べられています。これらの場合には、彼らの家系は絶え、彼らの資産は他の王のものになったと語られています。子供のないことや資産を失う恐れを扱ったこの種の文章は、根本説一切有部律と『ディヴィヤ・アヴァダーナ』だけでなく、『アヴァダーナ・シャタカ』にも繰り返し現われます。とは言っても、子を持つことも苦悩の源です。シュッドーダナは頭を手に置き、息子の仏陀について不安げにもの思いにふけり、ヴィシュヴァンタラは子供と別れなければならなくなってもの思いにふけり、アナータピンダダは自分の七番目の息子に嫁を見つけることができない時にもの思いにふけり等々というように述べられます。

その他、実にいろいろな文章があります。しかし、もうすでに充分過ぎるほど述べました。「頬を手に置いて」というフレーズ、つまり、ガンダーラ彫刻に見られる「もの思いにふけった」姿勢の領域にほぼ正確に対応する姿勢の領域を示すフレーズが、根本説一切有部の文献における物語の決まり文句、心理状態の一つの領域に関連して用いられる決まり文句であり、その心理状態は慈悲と何ら関係するものでなく、まして「大慈悲」とか「積極的な意味での熟考とか、もの思い」と何の関係もないのは言うまでもないことが証明されたことと思います。それはこの文献の中では、個々の人物が、彼らが喪失感を味わったり、困ったり、恐れたり、がっかりしたり、落胆したり、意気消沈したり、なかんずく不安な場合に取る、頬を手に置いたり、額を指に休めるという、一定の姿を描いているのです。さらに言えばそれは、この文献の中ではほとんどいつでも、その資産を失うことを恐れ不安を抱いている、危機に瀕した金持ちや王家の人々が取っている姿勢なのです。ここにも、「菩薩たち」と解されたガンダーラの人物との驚くべき類似性があります。彼らは常に、豊かそうにあるいは王家の人らしく着飾り、立派な装いをしています。現在通用している定説に基づけば、それら美術作品と仏典の両方が同じ決まり文句を用いているということ、つまり、それが両方とも同じことを意味しているということ、そして、それが両方とも同じ種類の人々のことを述べているということはほぼ確実です。仏陀の側に「不安げにもの思いにふけって」坐しているのは、偉大なる菩薩たちではなく、仏陀を信じて聴聞に訪れた、金持ちや王族の非常に悩んでいる人々です。ガンダーラ美術におけるメッセージとして伝えられていると思われるのは、この着想、つまり、悩む金持ちの王族たちが、その失意や困難にあって、法に帰依するという着想なのです。これらは特定の出来事や特定の人々を描いたものではなく、おそらく伝導を推進するための着想を表現しているのです。

美術作品の場合でも仏典の場合でも、手に頭を置いて座っているポーズあるいは姿勢は、失望や心痛、落胆や不安を表現しています。そのことは、悪魔が撃退される場面や、宮殿での享楽の反動として行なわれるシッダールタの最初の瞑想などの場面にその姿勢が現われますが、それらの物語のいくつもの文脈からさらに明らかになります。

最後に、ユニークでかついささか衝撃的なレリーフについて述べましょう。実は、それがこれまで述べてきたことを裏付けることになると思われますので、最後にとっておいたのです。そのレリーフは、スワート出土のもので、おそらく正等覚者となってからの生涯に一度だけ認められる不安あるいは落胆の瞬間を描いたものと思われます。つまり、正覚直後に説法する気になれなかったその折の仏陀です。その瞬間を視覚的に表現しようとして特殊な問題にぶつかったのでしょう。このむつかしい局面にいるその仏陀の心理状態はどうすれば表現できるでしょうか。その状況は、根本説一切有部律では、例えば、「その折の仏陀の心は、法を説かずに、憂いなく住することへと向かっていた」と説かれています。「憂いなく」ということは、「手に頬を置いて不安げにもの思いにふける」というのとは反対の状態です。そのようにもの思いにふけっている人が見られた場合に、その人を見かけ、その人の心の状態を変えたいと思った人の反応が、一度ならず四回もこの語を用いて述べられています。すなわち、「憂いなくあれ」「憂いなく住し給え」「神が憂いなくあられんことを」と。これらはすべて「憂いなくあれ」ということを意味します。そして、たとえもし、芸術家が仏陀をこのような心理状態に傾いている者として描こうとしても、仏陀はそれを表情に出さずいつも通りにしているでしょうから、その光景はそういう心理状態に陥っている人として明瞭に識別されるものにはならないことでしょう。つまり、私が大きく間違っていないなら、芸術家はこの特別な状況下の問題を、周知の決まり文句を大胆に視覚的に用いることによって解決したのです。彼はその仏陀を、心配や不安を伝え得る姿勢として自分の知っている唯一の姿勢で表現したのです。根本説一切有部律がその時に仏陀がそうしたと述べているように、彼は仏陀が「もし私がこれを他の者たちに述べても、彼らはそれを理解しないであろう。そうすれば私は悩み憂えることになろう」と考えている姿を描いているのです。言い換えれば、彼は、慈悲の心理状態の仏陀ではなく、その反対に、世間を救おうとは思っていない心理状態の仏陀を描いているのです。それを仏陀に問題の姿勢をとらせることによって行なったのです。少なくともその姿勢の意味が通じる間は、大菩薩たちをその同じ姿勢で描くということは考えられないことでした。インドの文化的な文脈を一旦はずれてほどなく、大菩薩たちをもその同じ姿勢で描くということが生じたのです。

ここでなおも最も気になるのは年代的地理的なことです。われわれは既に、クシャーナ朝のガンダーラ美術と根本説一切有部律とが共に、パドマパーニに焦点を当てていることを見てきました。両者は、そうでなければほとんど知られることのなかった、後世になって漸く知られるようになった、同一のムリガシラス仙人の物語を扱っていました。今ではわれわれには、両者が同一のものであることを述べる決まり文句を大規模に配していることが分かります。それらが同時代に起こったものであることをあらゆることが指示しているように思われます。とは言え、今われわれが見てきたのは美術史の資料から分かる事柄のほんの一例に過ぎません。

2　クシャーナ朝期北部インドの碑文との一致

a　安居に優先される義務の記述

ガンダーラ美術史資料の集積と根本説一切有部律とに見られる事柄は、それらが共に同一の資料を取り扱っていること、つまり同一の登場人物や同一の物語を取り扱い、さらに精神状態を示すポーズを表現するために同一の基本的な用語を取り扱っていることを示唆していました。それはクシャーナ朝期以後のインド北部の仏教碑文に記されていることを観察してみても同様です。つまり、根本説一切有部律中に見られるいろいろな活動や基本的な考え方、さらにはその特殊な用語にしても、それらの多くがクシャーナ朝の北部の碑文中にも現われています。この場合も、例えばいろいろな活動を記した碑文のほうが、それらの活動について述べたテキストよりも、より精確に時代を固定させ得る堅固な錨になります。

例えば、根本説一切有部律の「安居事」には、僧が雨安居を抜け出して最大七日まで僧の義務もしくは勤めを遂行するために僧院から外出を認められることが一度ならず記されています。これらの義務は友人の比丘、比丘尼、新参者、優婆塞、優婆夷に対するものです。これらの勤めの一つは次のような仕方で述べられています。

優婆塞が、僧院に如来の舎利塔を建てる場合や、その塔に旗竿を建てたり傘蓋や幟や旗を建てる場合、白檀の練り粉やサフランの粉を塗る場合でさえ、優婆塞は「おいでいただき、私の法の手助けとなって下さい」と言って比丘のもとに使いを送る。比丘は七日間の許可を受けたのちに、優婆塞への勤めのために出かけなければならない。これが優婆塞への勤めである。

テキストはそれに続いて優婆夷にもまったく同じ義務を負うことを述べています。

もちろんこのテキストの年代を正確に確定することはできません。しかしバハーワルプル（Bahā-walpur）付近から出土したカローシュティー碑文に基づけば、義務として描かれる活動の一実例の年月日が確定できます。

神々の息子であり、王の中の王である大王カニシュカの一一年、ダイシオスの月の一八日に、ダルマトラータ阿闍梨の弟子、バヴァ阿闍梨の孫弟子、説法師ナーガダッタ比丘がここダマに旗竿を建てた。僧院の所有者優婆夷バラーナンディと既婚の女と彼女の母のバラジャヤーは、旗竿のほかに、囲いを寄進した。これが一切衆生の利益と安養のためにならんことを。

一般に「スイヴィハーラ（Sui Vihāra）の赤銅板碑文」とも呼ばれるこのカローシュティー碑文は、明らかに地方の有力な一族出身の学僧が、仏塔の所属僧院の所有者である在家の女性が行なった仏塔への「旗竿立て」に列席するか、あるいはそれを挙行するために招かれた出来事を記録しています。この碑文は、北西部の比丘が、紀元八九年のダイシオスの月の一一日に、根本説一切有部律中に「僧がなさねばならないこと」として説かれることを、実際に行なったことを証明します。僧ナーガダッタは説法師（dharmakathi）と呼ばれていますが、この語は根本説一切有部律では学僧に普通に与えられる称号です。「律分別」「出家事」「薬事」「臥具事」に出ます。テキストと碑文とを結び付ける言語学的な証拠はほかにもあります。後者の言語に「サンスクリットの影響」を明らかに示す証拠が見られるのです。事実コノー（S. Konow）はそれを「サンスクリット化された記録」と呼び、「その言語はサンスクリット化された方言である」と言います。

カローシュティー碑文と根本説一切有部律とが、同じ種類の事柄を語り、同一の言葉を用いている例は、もちろんスイヴィハーラの赤銅板碑文だけには限りません。もう一つ他の例を挙げましょう。「破僧事」には次のように説かれます。

世尊は言われた。シャーリプトラ（舎利弗）とマウドガルヤーヤナ（目連）よ、これら四者はブラフマンの功徳を生ずる。四者とは何か。〔舎利塔が〕以前に建てられたことのない地に如来の舎利塔を建てた者。これがブラフマンの功徳を生ずる第一の者である。彼は一カルパ天界を享受する。

以前に建てられたことのない地に僧院を建てる者と、分裂した僧伽を統合する者と、諸方を慈愛の思いで満たす者とについても同様のことが述べられます。

列挙の順番にも興味を惹かれますが、最も注意を払うべきは、文中に見られる少なくとも二つの特種な表現でしょう。「ブラフマンの功徳を生ずる」という言い方と「〔舎利塔が〕以前に建てられたことのない地に建てる」という成句はどこにでもあるというものではありません。にもかかわらず、その両方が根本説一切有部律と北西部出土の現存のカローシュティー碑文集成の両者に見られるのです。少なくとも五つの碑文にそれぞれどちらか一つあるいは両方の言葉が記されています。例えばインドラヴァルマン・キャスケット（Indravarman Casket）碑文に両方の語が出ます。それは部分的に「この吉祥なる時に際して、王子インドラヴァルマンが、王者シャーキャムニのご遺骨〔の塔〕を、安全な奥深い、以前に建てられたことのない地に建てる。彼はブラフマンの功徳を生ずる」と読めます。また別の箇所には、ただ「ウタラがこの仏塔を以前に建てられたことのない地に建てる」とか「トゥラシャカがこの仏塔を以前に建てられたことのない地に建てる」とのみ記されています。これらの碑文はすべて現在ではかなり確実に一世紀に位置づけることができます。ゆえに、根本説一切有部律中に賞揚されているある特定の活動がクシャーナ朝以前のインド北西部出土の記録に記されていることが分かります。しかも碑文の記録と律典とは共に同じ語を用いています。両者は時代も場所も互いにあまり隔たっていないと考えられます。

b　友人の僧の健康祈願についての碑文

律典と碑文との結び付きはクシャーナ朝には特別強固ですが、その関連性はこの時代だけに限られません。それは時にはもっと早い時期にも認められます。またガンダーラにのみ限定されるわけでもありません。美術史の資料の場合にも言えることですが、ガンダーラ碑文とマトゥーラ碑文には関連があり、その結果、ガンダーラ碑文とマトゥーラ碑文と根本説一切有部律のすべてが同一の事柄を述べている例があります。

例えばママーネデーリー（Mamāṇe Dherī）の碑文には次のように記されています。

八五年のマールガシラスの月の第五〔日〕。その折にこの為法の寄進が沙門ダルマプリヤによって寄贈された。彼の師ブッダプリヤへの供養のため、またその兄弟弟子たちに健康が恵まれんがために。

シャフリナープルサーン（Shahr-i-Nāpursān）出土の第二の彫像碑文には簡潔に次のように記されています。

沙門サンガミトラの寄進。……ブッダヴァルマに健康が恵まれんがために。

これら二つのガンダーラ碑文は明らかにクシャーナ朝期のものです。それらは共に、具体的な状況は詳述されていませんが、健康を願う友人の僧のために一人の僧の行なった徳行を記録するという点は共通しています。ブッダヴァルマが僧であることは、その称号が明言されていなくとも、彼の名前からまがうかたなく確実です。これと非常によく似た記録がマトゥーラでも見つかっています。どちらもクシャーナ朝期のものであり、二つも挙げれば充分でしょう。

マトゥーラのジャマールプール土塁出土の石柱基礎には、記録の保存状態はよくありませんが、その石柱が僧の寄付によるものであることが記されています。その寄付は二つの目的のためになされています。一つはのちに述べます（二〇頁）。もう一つは「〔私の〕共に住む弟子ダルマデーヴァに健康が恵まれますように」と述べられています。ここには、一人の僧が、彼にとって弟子という教会法上認められた関係にあり、明らかに「健康が恵まれる」ことを必要としている他の僧のために行なった寄付のことが碑文の一部として記録されています。彼はおそらく重病であったと思われます。

同じ場所から出土した同様の石柱基礎にも次のように記されています。

この石柱は厭離者なる（prāhāṇika）比丘シュリーヤとブッダラクシタの寄進である。この宗教的寄進物の喜捨という寄進によってすべての厭離者なる比丘たちに健康が恵まれますよう。

これらガンダーラとマトゥーラの記録はすべて、明らかに僧たちが、健康を必要とするたぶん重病と思われる他の僧たちのために行なった宗教的行為を述べています。こういう点でそれらもやはり明らかに、クシャーナ朝のインド北部の僧たちが根本説一切有部律中に高く評価されている活動を実際に行なっていたことを示す記録です。それがどれほど高く評価されていたかは、「衣事」の次の文章が最も明瞭に述べています。

その頃、一人の僧が病に侵されて重病に苦しんでいた。彼は世にあまり知られておらず（alpajñāta）、薬も持っていなかった。病状をよく察知して彼は看病の僧に「私はもう手の施しようがありません。私のために供養をして下さい」と言う。看病の僧は約束するが、病気の僧は死んで地獄に生まれ変わる。そこで世尊は僧たちに「僧たちよ、死んだ僧は看病の僧にどう言ったか」と言う。彼らはありのままに状況を告げる。「僧たちよ、あの死んだ僧は悪趣に落ちている。もし彼の友人の僧たちが三宝に供養をすれば、彼は喜ぶことであろう。ゆえに僧は病気の友人の僧をなおざりにしてはならない。」

テキストはそれに続いて、この場合には病気の僧が世にあまり知られず貧しく、自分自身では三宝供養の資金を調達することができないので、いかにして資金を整えるべきかをいろいろと説明します。この辺りからこの種の活動が重視されていることが感じられるようになるのですが、寄進者を求めたり、あるいは僧伽に属する財産が用いられたりします。こういう場合以外に一人の僧のために僧伽の財産を用いることは厳しく禁じられています。もしそのどちらもうまく行かなければ、仏陀のための永久寄付金（buddhākṣayanīvisantaka）が用いられるか、あるいはもっと極端な場合は如来の塔や廟あるいは如来の香室（gandhakuṭī）所属の装飾品が売却され、「それを売却してから、看病の僧は彼の世話をし師への供養をなすべき」だとされています。この最後の方法はこのような場合でなければ、極めてゆゆしい僧院規則放棄であり一種の冒瀆でもあります。このことは重病の友人の僧たちのために僧たちが行なった宗教的な行為がいかに重要なものと考えられていたかということを明瞭に示しています。唯一そのことだけが、そうでなければ犯すことのできない規則を破っても、規則違反を正当化できるのです。ところで、テキストの結末からしてその病気の僧の回復がはっきりと予見されますから、行なわれる供養が「最後の儀式」の一種と考えられていないことは明らかです。結末には「回復した僧には、次のように告げなければならない。すなわち、仏陀に属するものがあなたのために用いられたと。もしその僧に何らかの方法があれば、彼はあらゆる努力をしてそれを行使し、支払いをしなければならない。もし彼に方法がなければ、彼のために用いられたものに関して次のように言われる。すなわち、父に属するものは息子のためでもあると（arhati putraḥ paitṛkasya）。そうすれば後悔の原因になるものはなくなる」と述べられています。したがって僧たちが他の僧たちのために行なう供養は、その結果によって、最後の儀式としても治療の儀式としても機能し得るように思われます。どちらの場合でも、病気の友人の僧のために行なわれる僧の活動が、根本説一切有部律において非常に高く評価されていることは明らかです。ここでもわれわれは、クシャーナ朝インド北部の僧院で現実に行なわれていた活動を記した碑文の記録にはっきりと描かれていた事柄が、根本説一切有部律の中にも明らかに描かれていることに気づきます。いま取り上げた二つの資料もやはり同じ種類の事柄を語っているのです。ここでは少なくとも二つの用語が碑文と律に共有されています。

上記のマトゥーラ出土の第二の碑文には、寄進物に関して deyadharmaparityāga（宗教的寄進物の棄捨）という語の一変形である deryadharmmaparityāga という語が用いられています。このいささか奇妙な言葉はマトゥーラ出土の他の多くの碑文にも現われますが、根本説一切有部律においても仏陀に対して直接なされた寄進に関する文脈に現われます。「薬事」では医者のジーヴァカが仏陀の足の傷を治療するために非常に珍稀なゴーシールシャの香油を調合し、一人の商人が仏陀にそれを差し出します。その時、仏陀は阿難に「阿難よ、この商人はこの善根により、この信仰より生じたものにより、およびこの宗教的寄進の喜捨によって、チャンダナという独覚になるであろう」と言います。

次の頁にも同じ目的のために自分の乳を差し出した若い婦人に関して同様のことが述べられます。

「この善根により、この信仰より生じたものにより、およびこの宗教的寄進の喜捨によって、〜という独覚になるであろう」というこの表現は『アヴァダーナ・シャタカ』には繰り返し現われます。

c 「プラーハーニカ」という僧の冠称

さらに特殊なのは同じ碑文に見られる、二人の寄進者である僧と受益者たちに冠せられている称号です。寄進者である僧たちは「厭離者なる僧」(prāhāṇika)と呼ばれたり、あるいは自らそう称しています。そして寄進の目的を「すべての厭離者なる僧たちに健康が恵まれますよう」と記しています。リューダース(H. Lüders)はプラーハーニカを「静慮の実践者」と訳しています。(27) エジャートンは根本説一切有部律中にこの語が用いられる例を二つ引用して苦行に携わる者と訳しています。二人はそれをある特定の種類の僧に対する呼び名として一般に認められた称号とは見ていません。しかし、このような僧は根本説一切有部律ではやや批判的に、あるいはためらいがちにしばしば言及されています。例えばエジャートンの引用する文章には、自己の静慮を読誦僧に妨げられたために彼らを非難して「カーシャパのこの僧たちときたら、蛙の集団のように一晩中ガーガーと鳴きたてやがる」と言ったために、五百回の生涯に蛙に生まれ変わるプラーハーニカ僧が取り上げられています。「雑事」には、静慮の姿勢に入ってもペニスが活動し続けるために二つの石でそれを打ち砕くプラーハーニカ僧の話が出ています。仏陀自身はその腹を立てている僧にいくぶん皮肉を込めて「惑わされた男が打ち砕くべきものは一つなのだが、お前は別のものを打ち砕いてしまった」と言います。また同じく「雑事」に、静慮のために森に入った時に、彼を誘惑するために好色な女神が言い寄って来るのを退けたために事件に巻き込まれる別のプラーハーニカ僧のことが説かれています。その結果、仏陀は僧たちに森に住することを禁じます。しかし根本説一切有部律では、プラーハーニカ僧たちは単にこのように性的な過ちを犯し易い僧としてだけでなく、例えば、若い僧を訓練しない、僧院制度に無責任な者としても描かれています。

彼らはしばしば登場しますが、あまりよい印象を与えません。しかし当面の問題にとって重要なことは、根本説一切有部律においてプラーハーニカ僧が一般によく知られ認められていた僧の一つの範疇を構成しているということです。これと同じ僧の範疇がマトゥーラの碑文中にも知られ認められています。このことは、根本説一切有部律と北部インドのクシャーナ朝碑文という二つの資料群が、僧院に、同種の関心事や活動が存在したことを述べているだけでなく、同種の僧の集団あるいは範疇が存在したことを述べるものでもあります。同様のことが、さらにもう一つの例によっても認められます。

d トゥロープ（trope 修辞の語句、典礼文中の語句）

根本説一切有部律全体とそれに関連する僧院文献を通じて現われるものに、強力なトゥロープ（修辞の語句、典礼文中の語句）というべきものがあります。一見しただけでその配置の奇妙なことが分かる一つのトゥロープがあります。それは出家したために家系を継ぐことができなくなった独身の男子の僧に関して述べられています。そのトゥロープは息子に対する父親の期待を表わしています。子供の生まれることが告げられた時の彼について、テキストは次のように述べます。

彼は非常に歓喜して感興の声を発した。こんなに長く待ち望んでいた息子の顔が早く見られますように。できそこないでない良い子が授かりますように。すべきことをしてくれますように。恩を受ければそれに報いますように。あとを継いでくれますように。私の家系が長く続きますように。そしてわれわれが死んで行った時、彼が多少のいかんに拘わらず寄進を行ない福徳を積み、「両親が生まれ変わる時、どこに行こうとも、これが彼らのもとに届きますように」と唱えて、われわれの名で布施をするであろう（dakṣiṇām ādekṣyate）。

仏教経典に馴染みのある人なら、この注目すべきトゥロープのいくつかの用語に強い共感を覚えるでしょう。例えば、父親の喜びは、仏陀の説法の終わりに聴衆の喜びを表わすためにしばしば用いられる「歓喜」（āttamana）の語によって表現されています。父親は、経典では宗教的な事柄が達成された喜びに深く関わる喜びを表現する「感興」（udāna）の声を発しています。udāna は経典では通常、宗教的に重要な意味のある場合にのみ用いられます。このようなほのめかしはなかなか人々に目を逸らさせず、父親の期待に重みを加えたことでしょう。

またこの父親の期待の言葉の中には動詞の法（mood）と時制（tense）とに変化があります。彼は息子の顔を見ることを期待し、彼の息子がなすべき事をしてくれることを期待し、彼の家系が長く続くことを期待します。それはすべて願望法（optative ～であるように）の動詞によって表わされています。しかし最後の箇所では時制が変わっています。そこはもはや願望法でなく未来形になっています。つまり「われわれが逝去した時には、われわれに福徳を布施してくれますように」ではなく「彼は福徳を布施するであろう」となっています。この最後の箇所はもはや希望や期待ではなく、未来に関する断定なのです。未来に関する断定として表現された父親の言明の一部、つまり自分の逝去した両親のために寄進をし福徳を積むことが、仏教僧になった息子が確実になし得ることでもあったということは、単なる偶然の一致ではありません。

このトゥロープが明確に僧たちに向けられたものでないことは明らかであり、正式な僧院規則にも関連していません。しかしそれは僧院文献に繰り返し現われます。それはしばしば著名な僧たちの父親の口から発せられていきます。後にマウドガルヤーヤナという僧になる少年が生まれる時、その父親は「彼が寄進をし福徳を積む時には、彼は、逝去したわれわれに、われわれの名で供養をするであろう」というように息子について言明しています。将来コーティーカルナという僧になる少年が生まれる時、その父親も同じことを述べます。言い換えれば、これらの希望や期待や将来への確信が、仏教僧の父親たちが抱く希望や期待や確信として物語風に述べられ、これらのテキストを読んだり聞いたりした僧たちは、そのことを繰り返し思い出させられたのです。そのような行動に関しては、おそらく規則を正式に制定する必要がなかったのでしょう。クシャーナ朝のインド北部の僧たちが根本説一切有部律のこのトゥロープを知っておれば、そのトゥロープによって彼らが行なうのを期待されているることをほぼその通りに行なったことを示す例を挙げることはそれほど困難ではありません。ここに二つほど挙げておきましょう。

その一つはフスマン（G. Fussman）が一世紀末のものとするカローシュティー碑文です。それは基部の浮き彫りの台座に見られます。

五年の、パルグナの月の第五日。三蔵に通じたブッダナンダの寄進。これが死せる母と父のための供養とならんことを。

二つ目の例はマトゥーラ出土のものです。これは、友人の僧に健康が恵まれるように念じて僧が宗教的な行動を行なった例として、その一部を既に引用したものです。ここではこの記録の二つ目の目的として記されているものを取り上げます。

僧B…… mitra の寄進。ヴォージュヤヴァシカ。これが死せる（[abhyat]itakalaga[tā]nam）母と父のための供養とならんことを。

どちらの碑文においても、一人の僧が宗教的な行為あるいは宗教的な寄進を行なっています。そしてどちらの場合においても、彼は逝去した両親のための礼拝の行為としてそれを行なうということを明瞭に言明しています。この二つの記録は、根本説一切有部律のトゥロープに、よい息子つまり父親の期待にそう息子の行なうべきこととして説かれていたことを、クシャーナ朝のインド北部の僧たちが、実際に行なっていたことを示すものです。そしてこの場合も、律典と碑文とが単にその同じ行為に言及しているだけでなく、用いられている用語まで同じです。

マトゥーラ碑文に関してリューダースは既に「abhyatītakālagata（死せる）という語は仏典の用語から取られたものである」と述べ、長部（ii 200ff）、中部（i 464ff）、相応部（iv 398ff）、『テーラガーター』二四二偈を引用しています。しかしこの説は妥当とは言えないようです。そこでは「死せる」は abbhatītakālagata というように合成語にはなっておらず、それと似た abbhatītā kālakatā となっています。また kāla-gata は常に kāla-kata となっています。そして実際上そのすべての場合において、その二語からなるパーリ語の形容詞は、いま問題にしている碑文の記録とは、ほとんどあるいはまったく、共通点のない文脈中に現われます。一つを除きすべての場合において、このパーリ語は、逝去した一人の人（両親ではありません）が、どこに、あるいはどういう状態に生まれ変わるかを告げることのできる理由を、仏陀が聴衆に説明する文脈中に現われます。それは宗教的な儀式の利益をこうむる者とはまったく関係していません。

パーリ語資料にも、根本説一切有部律のトゥロープに似たものが極めて稀に現われます。一度は、在家者の息子が両親の世話をする五つの方法について説明する場合（長部 iii 189）に、そしてもう一度は、両親が息子をほしがる五つの理由を説明する場合（増支部 iii 43）に現われます。どちらの場合も言葉づかいは、目下われわれが最も関心を抱いている場面を除けば、根本説一切有部律のサンスクリットのトゥロープに非常によく似ています。例えば増支部では両親の考えたことが次のように述べられます。

世話をしてもらったのだから、彼はきっとわれわれの世話をしてくれるであろう。われわれのためにしなければならないことはきっとするであろう。家系はずっと続くであろう。彼は相続していくことであろう。

一見しただけでここまでは、節の順序を別にすれば、パーリ文とサンスクリット文とは語彙的にもぴったりと一致します。しかし目下われわれに最も関心のある最後の節は、パーリ語版は根本説一切有部律やマトゥーラ碑文には見当たらない考えを述べる要素を持ち込んでいます。パーリ語版には peta（亡霊、祖霊、父親、餓鬼）という新しい要素が用いられていて、それをどう訳すかによるのですが、おそらく、「息子は逝去した父親たちに供養をするであろう」と訳せます。マトゥーラ碑文では「逝去した」（abhyatītakālagata）両親となっていましたが、パーリ文では「逝去した父親たち（亡霊、餓鬼)」(petānaṃ kālakatānaṃ)となっています。したがって碑文の言葉の重要な要素は「仏典の用語から取られたものである」のですが、パーリ文がマトゥーラ碑文の言い回しの元になったということはあり得ません。実際、パーリ語のテキストはかなり異なった観念的な世界を導入しようとしているように思われます。

パーリ語のテキストとマトゥーラ出土の碑文とが同一の言語を共有していないとすれば、このことは驚くべきことではありません。クシャーナ朝インド北部でパーリ資料が知られていたり用いられていたことを示す証拠はほとんどありません。先に見たように、われわれの手元にある証拠は、むしろそこには根本説一切有部の文献資料が存在したことを指示しています。この場合も例外ではありません。例えば、マトゥーラ碑文に見られるabhyatītakālagata(逝去した)という合成語が、根本説一切有部の文献資料に強く根付いて汎用される語であることを示す証拠はいくらでもあります。この合成語は、根本説一切有部律の「薬事」や「皮革事」、及び「出家事」のトゥロープの中でも、『ディヴィヤ・アヴァダーナ』や『アヴァダーナ・シャタカ』の中にも頻繁に現われます。そのうえ根本説一切有部の僧院資料では、この合成語はすべて、マトゥーラ碑文とまったく同様に、息子が逝去した両親に供養をすることを述べる常套句の中で用いられます。このように用語も文脈も共通しているのです。しかしこの合成語は、根本説一切有部律では、これに密接に関係する他の文脈においても用いられます。

e 「三蔵を解する者」という冠称

死んだ寄進者に偈頌を唱え供養すること(dakṣiṇā ādiś)は、根本説一切有部の僧院の日常の行事であったと思われます。例えば、「死んだ」という意味を表わすために、マトゥーラ出土の記録では「世尊は、逝去した寄進者の名前で供養がなされるべきであると言われた」(uktaṃ bhagavatā; abhyatītakālagatānāṃ dānapatīnāṃ nāmnā dakṣiṇā ādeṣṭavyā iti) というように、やはり abhyatītakālagata の合成語が用いられています。ここでもこの合成語は死者のために営まれる宗教的な活動と関係して現われます。

しかし、死んだ両親の供養のために宗教的な活動を営む僧の最初の例として最初に引用したカローシュティー碑文では、両親に言及する折にはこの合成語を用いていません。その代わりにそれに似た adhvadita (Skt. adhva-atīta) という語を用いています。この語を少なくともフスマンは「仏教に典型的である」と言います[28]。カローシュティー碑文は、根本説一切有部律と abhyatītakālagata という合成語を共有しませんが、「三蔵を解する」(trepidaka) という語を共有しています。これは他の仏教碑文にも出る称号ですが、クシャーナ朝インド北部に特有の語です。それは、第五年のカローシュティー碑文以外に、カウシャンビー、サルナート、シュラーヴァスティ、マトゥーラ出土の、第二〜三三年にかけての六つ以上の碑文の中に、バラとブッダミトラに冠せられた称号として現われます。これらの記録の刻まれている彫像はいろいろな地方に建てられていますが、マトゥーラ産の石で造られています。バラという僧は、ブッダナンダという僧と同様、「三蔵を解する」者であり、やはりブッダナンダと同様、死んだことがほぼ確実と思われる両親のために宗教的な活動を行なっています。例えば、サルナートの碑文では、彼は寄進に際して多くの個人や集団の名を記していますが、最初に挙げられているのは両親の名です。彼はまず初めに仏像と傘蓋とを「両親と共に」(sahā māt[ā]pitihi)

建立すると述べます。sahā māt[ā]pitihi というこの言い回しにはかなり多くの意味が含まれています。

この言い回しについては、寄進者が行為を他の人と共にすることによってその功徳をその人と分かちあうことを寄進者に許すために、この言い回しが碑文に用いられたことが他の箇所に示唆されています。この場合には、その結果として生じる功徳が名指しされた受益者のためであることは明言されず、その代わりに寄進者は受益者とその行為を共にするという形を取ることによってその行為を受益者と分かちあう、あるいはその行為を彼らにふり向けます。このように暗示することは人々に受け入れられたばかりか、それはさらに強化されたとフヌマンは言います。息子が一人前の大人として、両親の名であるいは両親のために財産を供養することを記したインドの碑文におけるこの「sahā 云々」という文章には、一つ大きな問題があります。

インドの法典では、あるいは根本説一切有部律でさえも、そのような行為もしくは供養は両親が死んでいる場合にのみ有効とされます。例えば『ナーラダスムリティ』(*Nāradasmṛti*)には「八歳までは子供は胎児と同様と見做され、十六歳までは青年と見做され、それ以後は、その両親が死んでいる場合に彼は商行為を許容され独立した者と見做される。両親が生きている場合は息子は何歳になっていても一人前ではない」と述べられています。そしてこのテキストはその数偈後に「未成年者もしくは一人前でない者によってなされたことはどんなことでも価値がない」と述べます。しかし、根本説一切有部の僧院文献における成年の原則への明確な言及のほうが、仏教碑文にとってはより直接的で適切です。例えば「臥具事」は、息子が生きている父親と共に寄進をするという問題を引き起こしたアナータピンダダの青年時代に関連する文章の中で「息子はその父が生きている限り身分が確立したものではないということが決まりとして定められている」と述べています。別の箇所では、息子が独立して活動するという文脈の中で「父親が生きている限り息子の名は独立のものとして区別されないという、このことが世間の決まりである」(Divy 274.7) と言います。実際、後者の場合には、問題の息子は彼の父親が死んで彼が自分自身の家に身を定めてから、ようやく僧伽に僧院を寄進することができるのです。したがって、先ほどのバラが両親とその行為を共にするには、彼が一人前の大人であり、それゆえ両親が死んでいる必要があったことはほぼ確実なことと思われます。

インド北部のクシャーナ朝碑文には、死んだ両親のために仏教僧たちが宗教的な活動を行なったことの確実なケースが二つあります。そう推測されるものは極めて多数にのぼります。根本説一切有部の僧院文献には、善良な息子に期待されているなすべきことを示した、繰り返し述べられるセットフレーズがあります。僧の優婆夷への努めや、ブラフマンの功徳のことや、未開教の地に宗教的基盤を築くことや、病気の友人の僧のために宗教的な活動をすることに関してもそうでしたが、今の問題に関しても、根本説一切有部の資料とインド北部のクシャーナ朝碑文資料は、地理的にも年代的にも同一の世界を互いに並行して表現しているように思われます。また、既に見たように、僧の称号として用いられる「説法師」(dharmakathi)、「厭離者」(prāhāṇika) もそうでしたが、「三蔵を解する者」(tripiṭaka, tripiṭa) に関しても同様のことが言えます。

自分自身のことを「三蔵を解する者」と呼ばれる僧の弟子であると称する一人の僧の寄進を記録したカンヘリ (Kanheri) 出土の四、五世紀の碑文を除けば、この称号が現われるのは、実質的にはすべてクシャーナ朝期のインド北部の碑文です。この称号が碑文に頻出することも、根本説一切有部律中にある特定の僧の範疇を指示するために同じ称号が頻繁に用いられているということと、並行現象を見せています。根本説一切有部律の中では「三蔵を解する者」は僧の通例の経歴の一つと見做されています。例えば「律分別」には次のような興味深い記述が見られます。詳しくは後に述べます。

その僧は若者に僧伽に入ることを許し得度させた後に「僧には、静慮と読誦という二つの仕事がある。私は静慮者であるが、お前はどちらを行なうかね」と尋ねた。

「お師匠さま、読誦をお願いします。」

「よろしい。お前は三蔵を読誦しなければならない。」

彼は「それには多くの典籍を持っている師匠が必要だ。この師匠は私に読誦を教えることができないから、別の所に行かなければならない」と考えた。そう考えて彼は別の所に行った。そこで彼は三蔵を読誦し、よく訓練された自在な弁舌を備えた、三蔵を解する者、法を唱える者となった。

ここで若い僧の達成した事柄を述べる語は、実は根本説一切有部律中にもう一つのセットフレーズとして現われます。それは、母親殺し父親殺しの得度をそれぞれ取り扱う、「出家事」中のほぼ同内容の二つのテキストに登場する若者を描く際に用いられています。どちらの場合にも、問題の若者は自分の行為の結果を恐れるあまり僧伽に入ります。テキストは「彼は非常な努力をして読誦に打ち込んだ。彼は読み始めた。読書によって彼は三蔵を学んだ。彼はよく訓練された自在な弁舌を備えた、三蔵を解する者、法を唱える者となった」(tena paṭhatā trīṇi piṭakāni adhītāni / tripiṭaḥ saṃvṛtto dhārmakathiko yuktamuktapratibhāṇaḥ）と述べます。「厭離者」なる僧と同様、根本説一切有部律には、はっきりと述べられてはいませんが、「三蔵を解する」僧に関してもある種のためらいが見られます。「三蔵を解する」僧たちはいくつかの場面で決して肯定的とは言えない姿で描かれています。彼らは、時には頑固で学ぶことに抜け目がない者とされたり、時には決して模範的とは言えないような振る舞いをしたりします。そのような特徴を持つ者として描かれているのは、根本説一切有部の資料が単に観念上の一つのタイプとしてそのような僧たちを描いているのではなく、実際にそういうタイプの僧がいたことを示唆していると思われます。そのような僧たちを多少ぼやかしつつ批判的に描いているのは、根本説一切有部律の編纂者たちがこの範疇に属する僧たちと実際に付き合わざるを得ず、おそらく彼らの翼を切りこまなければならない何らかの理由があったことを意味しています。根本説一切有部の僧院資料が、クシャーナ朝碑文とまったく同様に、「三蔵を解する者」の称号を持つ尼僧について述べているのはさらに重要ではないかと思われます。これらの宗教的な活動や動機や僧院での称号から僧院の物質的な文化事象へと目を転じても、同一のものを共有するという同じ形態が繰り返し現われることが見られます。そうである限り、碑文と根本説一切有部律とが同一のものを共有している事実は、偶然の一致ということでは充分に説明がつきません。

3　クシャーナ朝期北部インドの僧院遺跡との一致

a　文字の刻まれた日用品

これまで必ずしも強調されてはきませんでしたが、インド北部の仏教僧院遺跡から文字の刻まれた日用品が大量に発見されたのが真実であることに変わりはありません。これらの文字の刻まれたものの大半がクシャーナ朝期のものです。コノーが出版したカローシュティー碑文の収集だけに限ってもそれをリストにすれば相当数にのぼります。文字の刻まれた壺や陶器の破片が、タクティバーヒー(Takht-i-Bāhī, no. XXII)やパーラートゥーデライ(Pālāṭū Dherai, no. LV. a,b,c)やサリバロール(Sahr-i-Bahlol, no. LVI)やモヘンジョダロ(Mohenjo Daro, no. XCI)やトルデリ(Tor Dheri, no. XCII)で発見されています。文字の刻まれた杓がタクシラ(Taxila, no.XXXIII)とベダディ(Bedadi, no. XXIV)で、文字の刻まれたランプがタクシラ(Taxila, no. XXXV.1)で発見されています。フスマンとルベール(M. Le Berre)の出版したシャイカンデリ(Shaikhan Dheri)出土の文字の刻まれたおびただしい数の土器片と、クンドゥズ(Qunduz)出土の文字の刻まれた花瓶と、ハッダ(Haḍḍa)出土の文字の刻まれた壺と、グルダラ(Gul Dara)出土の文字の刻まれたおびただしい数の破片とを加えれば、あるいはペシャワール出土の陶器の破片や、モヘンジョダロとカラテペ(Kara-Tepe)出土のブラーフミー文字の刻まれた土器片とを加えれば、ずいぶん長いリストになるでしょうが、それでも完全なリストでないことは確かです。しかし、ほぼ同時期に属する他のインドの仏教遺跡から出土した、同じように文字の刻まれた品物のリストを作るとすれば、それはこれと比べればちっぽけなものとなるでしょう。確かにサリフンドゥン(Salihuṇḍun)出土の土器片があり、ナンドゥル(Naṇḍuru)出土の壺があり、カンヘリ出土の土器片が一枚あるにはありますが、しかし他にはほとんどありません。文字の刻まれた日常品の分布がこのように極端に片寄っているということは、もちろん少なくとも部分的には、適切な発掘が歴史的に偶然に行なわれたりその地で特によく進んだという事実にもよっていることでしょう。しかしこれらの要因を考慮してもなお、クシャーナ朝期のインド北部の僧や僧伽には他の地域の僧や僧伽よりもはるかに多く、僧院の財産に記銘したり印をつける傾向のあったことが窺えます。この場合もやはり、根本説一切有部律が彼らに命じたことを僧たちが実行していたことが示されているのです。「律分別」には僧院の財産に記銘することに関する指示もしくは規則が出ています。

昔、一人の在家者が森の僧院と村の僧院との二つの僧院を持っていた。その村の僧院にはたくさんの寝具やシーツがあったが、森の僧院には非常に少なかった。ある時、森の僧院で祭りが行なわれた。森の僧院の僧は村の僧院に寝具やシーツを借りに行ったが、村の僧院の僧たちは貸さなかった。

世尊が「それらを貸さなければならない」と言われた。……祭りが終わった時、〔森の〕僧たちは「この僧院もあの在家者に属するものだ」と考えてそれらを返さなかった。

世尊は「それらは力ずくでも取り返さねばならない」と言われた。僧たちはどの品物がどちらの物かが分からなかった。世尊は「それらに『この寝具とシーツは在家者某の森の僧院に属する』『これは僧伽に属する』というように記せ。寝具とシーツをはっきりと区別できるようにして使用すべきである」と言われた。

グナプラバはこれを「これは某の寄進である。これはしかじかという名の僧院のものである」ということを意味するものと解しているようです。インド北部の遺跡で発見されたものの最もよい例はトルデリの記銘破片です。

b　水利家屋

五十以上の水入れの壺の記銘破片がトルデリで発見されました。それには、ブラーフミー文字とカローシュティー文字の両方で記された碑文が一つ、もしくはそれの変形したものがいくつか付けられており、その記録によればそれらはプラパ（prapa）と呼ばれる場所に所属するものとされています。コノーは「プラパは明らかにサンスクリットの prapā であり、水を供給する場所もしくは広間のことである。したがってそれらの破片は水入れ壺か水飲みのコップであろう」と言っています。基本的な碑文は部分的に次のように読めます。

この水利のための広間は、僧院の所有者ヨーラミーラ〔村〕のシャーヒが、自分自身のヨーラミーラ〔村〕のシャーヒ僧院の説一切有部の僧伽の師たちを受納者として〔行なった〕四方僧伽に対する宗教的寄進である。

この場合のプラパが広間とその備品とを含むに違いないこと、つまり壺とコップをその一部として必ず備えておかねばならない水飲みの施設を基本的に意味することを念頭に置けば、碑文は、寄進の記録でもあり、その施設に所属する備品に付けられた品目標もしくは標識でもあります。トルデリの壺は、それらが僧院財産に標識を付けることに関する「律分別」の文章を例証しているというだけでなく、それらがプラパそのもの、つまり根本説一切有部律が他の箇所で特別に詳細な規則を設けている僧院の施設を例証しているという理由からしても、極めて興味深いものです。例えば「薬事」にはその一部分に次のように述べるテキストがあります。

もう一人のバラモンがのどの渇きに苦しんでジェータヴァナを訪れた。彼は一人の僧に近づいて「僧よ、私はのどが渇いています。水をいただけないでしょうか」と言った。

僧は彼に壺と布を渡した。バラモンは「尊者よこれはどうしたことですか。私は水が欲しいのです」と言った。

その僧は「バラモンよ、ここには水は引かれていないのです」と言った。「尊者よ、あなたがたは、一切衆生を利益しようとなさっておられるのですから、身近に水を備えておかれても不都合はないでしょうに。」

僧は「世尊はそれをお認めになっていません」と言った。

僧たちはこのことを世尊に報告した。世尊は「僧伽は水を身近に備えておくべきである」と言われた。

僧たちはそれを広間や、各自の独房や、僧院や、ポーチや階段のあちこちに置いた。そこで世尊は「広間や独房や僧院の内部とか、ポーチや階段のあちこちに置いてはならない。水利家屋(chu'i khang pa＝prapā)をこしらえるべきである」と言われた。

世尊は水利家屋をこしらえるべきだと言われたが、僧たちはどこにそれを建てればよいのかが分からなかった。

世尊は「水利家屋は僧院の内部の南西側に建てるべきである」と言われた。そこが暗かったので世尊は「窓を掘るべきである」と言われた。地面がぬかるんだ時、世尊は「煉瓦層を敷いて下水溝を掘るべきである」と言われた。
水が床の上に置かれた時、世尊は「木製の枠の上に置くべきだ」と言われた。木のない時、世尊は「煉瓦で台をこしらえ、その上に支柱を立て、そこに瓶を置くべきだ」と言われた。瓶の水が悪くなった時、世尊は「時々瓶を洗わなければならない」と言われた。

ここに見られる詳細さは注目すべきものですが、それはこの根本説一切有部律の特徴でもあります。しかしここで当面最も重要なことは、根本説一切有部律中に、僧院の品物に標識を付けることと僧院に水利家屋を築くことという二つの事柄に関する規則が設けられており、しかもインド北部のクシャーナ朝の僧院遺跡にその二つを共に証明するものが存在することです。だからといって、このことは、例えば、発見された文字の刻まれた品物のすべてが説一切有部や根本説一切有部と何らかの関係を有しているということを意味するわけではありません。そうではなくて、それは、インド北部のクシャーナ朝の僧伽が現に行なったり作ったり用いたりしていたものに関して、根本説一切有部律が説明したり規則を設けたりしていることを述べているのです。それだけが、例えばパーリ律と著しく異なる点です。パーリ律はこの時代にはこの地域では全く知られていなかったようです。他の漢訳の多くの律がこのことに触れているか否かはまだ確認されていません。現時点で確実に言えることは、それだけでもかなり重要なことなのですが、根本説一切有部律がしばしば極めて詳細に僧院の活動やその動機や称号を明瞭に説明しているということ、そして碑文や考古学的な資料から知られる物質文化を示す要素がクシャーナ朝インド北部に流布していたということです。根本説一切有部律とクシャーナ朝インド北部とを結び付けるものはいろいろな様式をとっていますから、物質文化を示す要素も根本説一切有部律の思想の広がりと影響について何らかのことを教えてくれる可能性があります。ここではその様式をもう二つ取り上げることとします。

c　印章と印影

仏教僧院の印章（seal）、もしくはより一般的にはその印章を押印した印影が、広く各地に散在する遺跡から時に大量に発見されたことがあります。印章をざっと研究するだけでも直ちに一つの際立った様式が明るみに出されますし、その様式はインドの仏教僧院の制度史における非常に重要な出来事や契機に照明を当てることになるでしょうから、それらが未だに系統立って研究されていないのは残念なことです。

これらの印章や印影は、単に地理的に広く散在する地域から出土するだけでなく、年代的にもさまざまな時代のものが出土しています。初期のものには驚くほどいろいろな図案（cihna）が見られます。例えば、ラワルピンディ（Rawalpindi）出土のクシャーナ朝の印章は「菩提樹下の台上で足を組み、膝の上で手を握って座り、側に立って礼拝かあるいは崇敬の姿勢で合掌している人物のほうに顔を向けている」僧院長を描いています。文字（legend）は「Vhumi-aga-majhi の僧院の教団の印章(mudra)」と読めます。シュリングロフ（D. Schlingloff）はペシャワール出土と言われる、同時代に属する別の同種の印章に関する書物を出版しています(29)。図案はまったく同じではありませんがほぼ同様で、文字は「テタクラ（Thetakula）の僧院の僧伽の印章」と読めます。ラジュガト（Rajghat）からは初期クシャーナ朝のものと思われる印影が出土しており、「ビシャカの僧院における長老の比丘僧伽のもの」という文字が記されています。サウラーシュトラ（Saurāshtra）のイントワ（Intwa）からは、図案は廟の記号で、「偉大なる王ルドラセーナ（Rudrasena）の僧院の比丘僧伽のもの」という文字の刻まれたものが出土しています。これは二、三世紀のものとされています。同時期のものとしては他にもクムラハル（Kumrahar）出土の印章があります。それには上半分におそらく僧院であろうと思われるものの設計図が、下半分には「僧院の僧伽の〔印章〕という文字」が刻まれています。最後に、カシア（Kasia）あるいはクシナーラー（Kusinārā）出土の四、五世紀のものと思われる印章が三つあります。その一つには「沙羅双樹の間に置かれた棺」が図案として描かれ「大般涅槃〔の地〕の比丘の四方僧伽」という文字が刻まれています。二つ目のものには「火葬の薪とその側に跪く人」が描かれ「シュリーマクタバンダ（Śrī-Makuṭabandha）の僧伽」の文字が刻まれています。三つ目のものには「平らな土に立てられた囲いの中の木」が描かれ「シュリーヴィシュヌドゥヴィーパ（Śrī-Viṣṇudvīpa）の僧院の比丘僧伽のもの」の文字が刻まれています。

このすべてから二つのことが明らかになります。一つは、地理的に広範に散在する僧院がインド仏教中期を通じて僧院の印章を用いていたということです。先に挙げた例はクシャーナ朝初期から四、五世紀にまでまたがっていました。これらの印章の図像は多様性がその特徴であり、この時期を通じて規格化される兆しは見られません。ラワルピンディ、ペシャワール、イントワ出土のものは、図案のほとんどが説明困難ですが、カシア、クムラハル出土のいくつかのものは、単なる地域的な連想ということで説明がつくように思われます。もう一つは、極めて広い意味で、この分野でも根本説一切有部律が、インド北部で実際に行なわれていた事柄に対応していると思われることです。今のところ、そのような印章の使用を許可する規則を持つことが見られるのは根本説一切有部律だけです。その規則を取り扱ったテキストはなかなか興味深いものです。その一部分には次のように述べられています。仏陀世尊は舎衛城のジェータヴァナに滞在しておられた。泥棒が僧院の貴重品保管室と個人の独房から品物を盗んだ。その上、他の僧の所属品が間違って置かれており、彼らの所属品を置き直している内に、どれが自分が受け取ったものか分からなくなってしまった。僧たちはそのことを世尊に告げた。そこで世尊は「以後は許可するので印章を付けよ」と言われた。

しかしこの規則は定められるや否やいくつもの問題を引き起こします。

世尊が印章を付けなければならないと言われたので、六比丘衆は金や銀や瑠璃や水晶で印章を作らせ、あらゆる飾りで飾った印章付きの指輪をはめた。彼らはバラモンや在家者を見かけると、飾り立てた手を見せては「皆さんごきげんよう」と言った。バラモンや在家者は「尊者よ、それは何ですか」と尋ねた。「おお、皆さんがた、世尊がこの印章を認可されたのです。」

バラモンや在家者は軽蔑し非難し「仏教の苦行者たちの苦行生活は堕落した。彼らの宗教生活は堕落した。彼らは今や印章に自分の名前を記し、身を飾り立てている」と苦言を述べた。そこで世尊は「僧は金、銀、瑠璃、水晶でできた印章を持ってはならない。彼らは印章付きの指輪をはめてもならない。彼らは真鍮、銅、青銅、象牙、角で作られた五種類の印章を持たねばならない」と言われた。

僧伽の印章についてはまだよく分かっていませんが、以上のことから印章の使用が許可されたことが分かります。そのような印章の使用が引き起こすであろう問題に関しても説明がなされており、そのような印章の図案が「あらゆる飾り」でなされていることもよく示されています。広い意味では、この根本説一切有部律中に見られる印章の認可とそれが使用されたことに関する記述は、インド北部の僧院遺跡で実際に発見された品物の種類によく対応します。テキストは主として個々の僧の印章のことを取り上げていますが、そもそも印章を作って解決しようとしたその問題が、貴重品保管室から盗まれた僧伽の財産にも関連していたことに注意しなければなりません。実際に、その財産のことが先に述べられています。したがってその認可の中に僧伽の印章も含まれていることは明らかです。テキストではこのことが最後の条項においてはっきりと語られます。しかしクシャーナ朝初期の、ラワルピンディとペシャワールから出土した二つの印章が、規則では禁じられている水晶で作られていることに注意しなければなりません。しかしこれでこのテキストが終わっているわけではありません。また、仏教僧院の印章の図像の発展が終わったわけでもありません。根本説一切有部律も印章の図像も、それぞれ規格化の完成へと向かって次の段階へと踏み出しています。

僧院の印章は、インド北部全般にわたって五、六世紀に突然新たな展開を遂げます。この新たな展開はカシアで最も顕著に現われます。そこにはその重要な例が数多く存在し、その展開の連続性もかなりよく確認されています。初期の頃に属するカシアの印章の図案は、既に見たように「沙羅双樹の間に置かれた棺」や「火葬の薪とその側に跪く人」などとそれぞれまちまちでした。しかし、五、六世紀以後には図案の多様性が消えます。例えば、カシアからは六〇〇年、七五〇年、九〇〇年に作られたおびただしい数の印影が出土しています。それに刻まれた文字は「シュリーバンダナ（Śrī-Bandhana）の大僧院の聖なる比丘僧伽もの」とか「シュリーマハーパリニルヴァーナ（Śrī-Mahāparinirvāṇa）の大僧院の聖なる比丘僧伽のもの」とか「シュリーマッドエランダ（Śrīmad-Eraṇḍa）の大僧院に属する聖なる比丘僧伽のもの」などというようにまだ多様です。しかし文字の多様性と時代の変化にも拘わらず、どの場合もその図案は一様に「一つの車輪とその側にひかえた二頭の鹿」です。つまり突然、さまざまな僧院が印章に同じ図案を用い始めたのです。そしてそれはカシアだけのことではありません。

われわれは先に、二、三世紀のクムラハル出土の、僧院の基本計画と思われるものを描いた独特な印章を見ました。しかしそれに続く次のグプタ朝期のものと思われるものには、タプリアル（K. K. Thaplyal）が言うように「車輪と鹿という典型的な仏教の図案」が描かれています。[30] カウシャンビー出土の印章にはグプタ文字で「カウシャンビーのゴーシタアーラーマの大僧院の比丘僧伽のもの」と記されていますが、その図案はやはり「一つの車輪とその側にひかえた二頭の鹿」です。現在われわれの手もとには、六、七世紀をその始まりとするサルナート出土の一連の印章があり、同時期から始まるナーランダ出土の一連の印章があり、ラクノウ（Lucknow）博物館にはグプタ期の印章があり、ベンガルのラジュバディダンガ（Rajbadidanga）出土の七、八世紀の印章などがあります。そしてそれらのすべてがやはり同一の図案なのです。きっと例外はいくつか見つかるでしょうが、その様式はもはや圧倒的に単純化されています。つまり、五世紀以前は、仏教僧院の印章にさまざまな図案が用いられていたのに、五世紀以後は、地理的に広く散在する僧院の実質上すべての印章に「一つの車輪とその側にひかえた二頭の鹿」の図案が用いられるようになったのです。距離の隔たりをものともせず、地理的に広範囲にわたって規格化が取り入れられ推し進められたのです。このような印章が、財産に目印を付けるためだけでなく、通信や事務文書に押印するためにも用いられたことがほぼ確実であることを考慮に入れれば、図案の変化は単に美学的なものではなく、中期初頭のインド北部における僧院仏教の制度上の組織の重大な変化を指し示しているということも充分にあり得ることと思われます。個々の僧院はそれぞれ個々の名称を維持していましたが、実際は同一のロゴを用いて活動し始めていたのです。この変化は孤立した現象ではありませんでした。それは序章で既に指摘したことですが、同じく突然に生じ同時に出現した、多くの変化と関連して起こったのです。ところで、ここで少なくとも強調しておいたほうがよいと思われるのは、インド北部で印章の図案や僧院のロゴが規格化されてきたことが、説一切有部や大衆部などの個々の僧院名がインドの碑文から完全に姿を消すのと同時期だということです。それはまたシャーキャビクシュを自称する新たな種類の僧たちがインド北部の碑文全体に突然現われ始めるのとも軌を一にしています。大乗のことが碑文に初めて言及されるのもこの頃です。それゆえ五世紀以後の印章に刻まれた文字の言葉使いの、小さいが重要な変化を検討することは、かなり興味を惹かれることです。注意深い読者は、初期の印章の文字が、僧院についてはは何も説明せずに、ただヴィハーラとのみ述べていたことに気づかれたことでしょう。それに対して、五世紀以後の印章の文字はマハーヴィハーラという語を用いています。マハーヴィハーラは文字通り大きなヴィハーラ（僧院）を意味するのではなく、ある種の僧院、つまり新たに形成された集団に属する僧院を意味します。これは別の機会に考察すべきかと思います。さしあたり、これが新たに形成された集団であれば、彼らはまだ新たな律を制定しておらず、従来の古い律を用いていたでしょうし、その古い律は根本説一切有部律だったであろうということだけを注意しておきたいと思います。

根本説一切有部律中の僧院の印章に関する結論部には、この事柄に関する最終的な規則と思われるものが述べられています。

六比丘衆は彼らの印章に性器のついた男女を刻んだ。バラモンや在家者は「尊者らよ、あなたがたはそんなに性的なことに執着していて沙門なのですか」と言った。僧たちはその有様を世尊に報告した。世尊は「印章には僧伽の印章と個人の印章との二種がある。僧伽の印章には、中央に車輪を刻み、両側に鹿を描き、その下にヴィハーラの所有者の名を刻まなければならない。個人の印章には、骸骨か頭蓋骨を刻まなければならない」と言われた。

ここに語られている問題は、いささかけばけばしく描かれていますが、つまりは次のようなことです。それぞれの僧院のグループが印章に好みの図案を用いていたが、中には粗野なものがあった。その結果、その種のものを防ぐために、僧院と個人の両方の印章に、標準的な図案を強制的に付けさせる規則が作られた。もしこの規格化を要求する規定が、インド北部の僧院遺跡で発見された印章とは関連性がないと考えるとすれば、それはやはり行き過ぎのように思われます。というのは、現実の印章や証印に刻まれている五世紀以後の標準的な図案が、根本説一切有部律に説かれる図案とぴったりと一致しているからです。つまりどちらの場合もその図案は「一つの車輪とその側にひかえた二頭の鹿」とされています。しかし、印章と根本説一切有部律との関係がいかなるものであれ、それは根本説一切有部律とインド北部との年代的な関係がこれまで見てきたものとは必ず異なっていることを暗示しています。

これまで見てきた所では、根本説一切有部律が、クシャーナ朝のインド北部碑文に記されているのと同種の宗教的な動機や行為と関係のあることは明らかです。二つの資料群は専門用語を共有し、取り上げる僧の範疇も同じでした。要するに、テキストと碑文は同時代のものと考えられました。そういう様式がテキストと碑文との間で共有される諸要素に見られたのでした。そして両者に共有される諸要素は、しようと思えばさらに大規模にその証拠文書を挙げて証明することもできます。けれどもこの様式は、印章や印影に関しては、年代的にその一部分しか適応しないのです。根本説一切有部律中の印章を許可した当初の規則は現存の律中に現在までに見つけられた唯一のその種の認可ですが、この規則及び暗示されている図案の多様性は、クシャーナ朝インド北部の僧院で実際に行なわれていたことによく対応しています。しかし図案の規格化に関する最後の決定的な規則はそれに対応しません。図案の規格化の規定は、クシャーナ朝の僧院の活動ではなく、五世紀以後、あるいはグプタ朝のクシナーラー、カウシャンビー、クムラハル、ナーランダでの僧院の活動に対応します。つまり印章や印影に関しては、根本説一切有部律は中期全般にわたって展開していったその全体を取り扱っているわけです。

根本説一切有部律は、仏塔のない地にそれを建立することに関しては、それがクシャーナ朝以前に起こった出来事を記録しています。僧院の印章に関しては、それがクシャーナ朝以後のインド北部に起こった出来事を記録しています。そしてもし根本説一切有部律が「一つの車輪とその側にひかえた二頭の鹿」の図案を僧院の印章と規定した、唯一のあるいはその主たる律であるとすれば、この律がグプタ朝以降インド北部全域にわたって最も有力な律であったと言うことができるでしょう。既に他にもその方向を指示する証拠が挙げられていますが、次に挙げる最後の例もそのことを指示するものです。

d　香室

ここで最後に取り上げる僧院の物質文化を示すまた別の要素は、壺の破片のような小さなものではありません。それは仏教僧院の空間の組織化、簡単に言えば、そのレイアウトとか基本計画に関連するものです。それは広くは僧院建築の発展にも関連します。この問題に系統立った関心が払われてこなかったのは驚くべきことです。しかしこれは必ずや多くのことをわれわれに教える問題なのです。例えば、現存の律をすべて比較的後期に位置づけようとする最も強力な主張の論拠となっているのは、すべての律が、高度に発展した設計を知っていたり当然のことと見做しているという事実であり、また、すべての律が、洗練された浴場や洗面場の設備が整い、煉瓦や石で作られた囲いのある僧院や、鍵や錠の付いたよく組織され整備された僧院、一世紀になるまでは建築記録にはどこにも見当たらないような種類の僧院を、既に知っていたり当然のことと見做しているという事実なのです。このような考えは言うまでもなく、これら現存の律がそれらが当然のことと見做している建築物より以前のものではあり得ず、したがって一世紀を大幅に遡ることはあり得ず、ある場合には、あるいは部分的には、それより余程後のものだということを言わんとするものです。しかしここでは僧院建築に特有の一つの要素に焦点を絞ることとします。それに焦点を絞ることにはしかるべき正当性があります。というのは、根本説一切有部律そのものが、それを文字通りにも譬喩的にも、根本説一切有部の理想的な僧院の要点たるべきものとしているからです。この焦点となるものは静慮部屋ではなく、テキストが香室（gandhakuṭi）と呼んでいるものです。それに関する記述は豊富にあります。

例えば、われわれは、仏陀自身香室に住しておられ、その存在と働きとが強い作用を引き起こしたことを知っています。そのことはいろいろな仕方で物語風に語られています。そういう文章の雰囲気を紹介するにはむしろ単純な例のほうがよいでしょう。次に取り上げる文章は「薬事」と『ディヴィヤ・アヴァダーナ』に現存します。

世尊は僧院の外で足を洗われて入られた。室内で世尊は支度された席に座られ、背筋を伸ばし、直前の一点に注意を注がれた。

世尊が香室で注意を傾注して足を下ろされた時に、大地が六種に振動した。大地は動きわななき振動した。うねり、揺れ、動いた。東で隆起し、西で沈下した。西で隆起し、東で沈下した。南で隆起し、北で沈下した。そしてその逆のことが起こった。周辺が隆起し、中央が沈下した。中央が隆起し、周辺が沈下した。

王は尊者プールナに「尊者プールナよ、これはどうしたことですか」と尋ねた。僧プールナは「大王よ、世尊が香室で注意を傾注して足を下ろされた。それゆえ大地が六種に振動するのです」と答えた。

その時、世尊は金色に輝く光線を放った。閻浮洲全体が金泥のように輝いた。王は驚きで目を飛び出させて再度「尊者プールナよ、これはどうしたことですか」と尋ねた。彼は「大王よ、世尊が金色に輝く光線を放たれたのです」と答えた。

この物語の要点ははっきりしています。つまり仏陀が香室で行なうことは宇宙にまでその反響を呼び起こすほどのものだということです。仏陀はいろいろな姿を取って常にそこに存在していたものと思われます。またすべての僧院は香室を持っていたものと思われます。そのことは次のテキストから推論することができます。

「衣事」にはこれから繰り返し参照することと思われる一つのテキストが納められています。それには、ある在家者の遺言で僧院に帰することとなったさまざまな遺品の分配に関する規定があります。この規定にはすべての僧院が想定されています。その中に特にわれわれの興味を引く条項が二つあります。まず第一に、そこには、もし遺産の中に顔料（ramga この種の物質は明らかに相当高価なものです）が含まれておれば、「黄色や朱色や青などの大きな顔料は、仏像に用いるために香室に納めなければならない」と規定されています。この条項は、すべての僧院に対して拘束力を持つものとして制定されています。したがってこの条項には、すべての僧院が香室を備えているということと、そこには仏像（pratimā）が安置され生活しているかのように扱われたという、二つのことが前提とされていなければなりません。事実この仏像は仏陀そのものと考えられており、香室は彼に実際に所属していたということが第二の条項から分かります。この条項はこのテキストの中でも注意すべきものです。つまり僧伽のものとなる遺産の最後のおそらく最も重要な部分について規定したものなのです。その条項には「金と金貨、及び他の加工されたものも未加工のものも、仏陀と法と僧伽のために三等分すべきである。仏陀に属するもので香室や仏陀の髪や爪の塔のひびや破損を修理しなければならない」と記されています。他の箇所にも同様の条項が見られます。死んだ僧の遺産に関するいわゆる

「複合分配」(sambhinnakārin) という出来事を説明する中で、「衣事」はその遺産が三つに分配されなければならないことを述べます。そして「仏陀に所属するものによって、仏陀への礼拝や、香室や仏塔への新たな作業を行なわなければならない」と述べます。「諍事」には、スリランカの王妃が多数の真珠を寄進し、一部は仏陀に一部は法に一部は僧伽にと明記したことが述べられていますが、その時に世尊自ら「仏陀の分配分で香室に漆喰塗りを施すべきである」と命じています。

これらの文章から、根本説一切有部律において、仏陀は、高価な財産に関して所有権を持ち、それを受けとり所有する法制上の人格、法律上の一個人だということが明らかです。例えば、僧院のものとなる在家者の遺産のうち、最も貴重な部分の三分の一は仏陀のものとなります。そして仏陀に所属する財産は、極めて例外的な場合を除けば、特定の非常に制限された目的にのみ使用が許可されます。それは仏陀自身への供養や、僧院における彼の住居、つまり仏塔と香室の維持や改装や装飾のためにのみ用いられます。これらの制約の厳しい規則を、僧伽に指定された分配分を規定する規則と連動させて履行した結果、いろいろなややこしいことが生じました。僧伽への分配分である金や財産や真珠はどんな場合でも僧たちの間で分配されました。言い換えれば、財産は、浪費されたとは言わないまでも、配布されまき散らかされたのです。しかし仏陀の財産にはそういうことは起こりませんでした。それはもとのままであり続けました。そして規則がその使用を制約している限り、蓄積していったことはほぼ間違いありません。仏塔や香室には次第に多くの財産が集められたことでしょう。したがって、香室と仏塔は共に、強力な宗教的存在を内に収容するだけでなく、おそらく根本説一切有部の理想的な僧院におけるかなりの経済力を象徴するものでもあったでしょう。このことは香室というものが後に述べるある段階に至って、根本説一切有部独自の規則に書き込まれたという事実によって、ほぼ確認されます。

われわれは既に、根本説一切有部律の財産に関する規則が、すべての僧院に香室が備わっていること、あるいは理論的にはそうであるべきことを前提としていることに留意しました。根本説一切有部律の財産規定に香室の存在が前提とされていることは、香室に蓄えられる非流通資産の種類に関してある種の示唆を与えるいくつかの文章からも窺えます。そのような文章の特徴を示すよい例が「衣事」には見られます。それはおもしろいことに中世西洋における僧院の財産に関して知られていることとよく似ています。例えば、中世西洋では、相当量の資産が流通資産で得られた時、それは祭壇の荘厳品や燭台や壁掛けや法衣などの形で僧院に蓄えられたことがよく知られています。それに似たことが「衣事」の文章にも既に述べられています。その文章は先に一度取り上げたものです。重病の僧に代わって供養をするための資金を調達する方法に言及したものがそれです。チベット訳にはその最後の調達法が「如来の塔あるいは香室に属する傘蓋や幟や荘厳具が僧伽によって取り外されて与えられる。看病人はそれを売却してその僧を看病し、〔彼のために〕世尊への礼拝を行なう」と述べられています。つまり香室には、傘蓋や幟や荘厳具などの貴重品があり、それらはテキストがはっきりと述べているように、仏陀に所属します。それらは仏陀のもの（sangs rgyas kyi）、仏陀に属するもの（buddhasantaka）なのです。仏陀の資産は香室に蓄積されました。先に見た規則と同様、これらの規則もあらゆる僧伽や僧院に適用されるものとして述べられています。したがってすべての僧伽がこの換金可能な資産を蓄積しており、それを蓄える香室を備えていたことにも注意しなければなりません。

そのことは他の一連の規則からも確認されます。例えば、「雑事」には僧院内に絵を描くことを認可し、描くべき対象と場所を特に指示したテキストがあります。それを指示する文章から、このテキストの編纂者たちがすべての僧院に見られるものとしてどういうものを思い描いていたかが分かります。彼らは、僧院には、外の扉あるいは門、ポーチ、回廊、講堂、食堂、貴重品保管室が備わっており、そしてヨーラミーラの僧院のように水利家屋が備わっているものと考えていました。彼らはまた、僧院には、沐浴家屋、スチームバス、施薬所、屋外便所、個人の住居房が備わっているものとも考えていました。彼らはすべての僧院に香室が備わっているものとも考えていました。実際それが屋内の施設として最初に言及されるものなのです。門とポーチと回廊とを説明したあとで、テキストは「香室の扉に手に花輪を持つ夜叉［の絵を描くべきである］」と述べています。

根本説一切有部律中で香室の存在が想定されているのはその規則の中だけではありません。それは規則に付随する物語風の解説の中でもそれが存在するものと考えられています。例えば、「雑事」中の二つのテキストは、その間に二百頁以上もの隔たりがありますが非常によく似ています。どちらの場合も、物語はほぼ同じで、一方は僧に香が贈られた話であり、他方は花輪が贈られた話です。初め僧たちはどちらもそれを断ります。しかし仏陀に諭されて受け取りますが、寄進者の目の前で投げ捨てます。寄進者は当然不平を言います。そこで仏陀は僧たちに、如来の塔に香を薫じ、指紋を押すために その香を用いよと教えます。花輪に関しては、僧たちは教えられなくても自らそれらを仏塔に掛けます。しかしどちらの場合も僧たちはまたもや寄進者から非難されます。つまり寄進者たちは自分たちが仏塔に寄進したいのであれば自分自身でそうすると言うのです。そこで仏陀は改めて、前者に関しては、僧たちに各自の部屋の内部を香で塗るように教えます。しかし僧たちはドアに香を塗ります。後者の場合は、ドアに花輪を掛けます。その結果どちらの場合も同様の、予期せぬ、好ましからざる、しかしいささか滑稽な事が起こります。僧の部屋のドアがそのように飾り立てられているのを見て、バラモンや在家者たちが「これらは香室であると考えて、僧の部屋を礼拝した」のです。この奇妙な取り違えはこのままでは終わらず、どちらの場合も仏陀はさらに僧たちに指示を与えて香や花輪を公衆の目に触れないようにさせています。

ここでは香室は単に付随的に触れられるに過ぎませんが、先に引用したのと同様、この二つの物語も、根本説一切有部律の編纂者たちがすべての僧院に香室が備わっているものと考えていたことを示しています。さらにこれらの香室に関する記述は、編纂者たちが香室を僧院に来た在家者たちの礼拝の対象と考えていたこと、そしてその香室が僧たちの住居房と同じ区域に位置していて容易に取り間違えられたということをも指示します。さらには、編纂者たちが他の住居房と建築上あるいは構造上区別された香室というものをまだ知っていなかったであろうということをも示唆しています。香室は他の部屋から香と花輪だけで区別されます。それが取り違えのもとであり、仏陀の指示はそれを避けんがためになされたのです。パーリ律の編集者たちがこの種の取り違えの可能性に気づいていないことは注目に値します。彼らは香と花輪に関して同様の規則を定めていますが、香室には言及していません。この種の取り違えのことも言及されていません。そこにはその規則が次のように簡単に述べられているだけです。

その時、人々が香と花輪をもって僧院に来た。僧たちは慎重でそれらを受け取らなかった。彼らはそのことを世尊に告げた。世尊は「僧たちよ、私はあなたたちが香を受け取って、それでドアに五本の指の指紋を押すこと、花輪を受け取って、僧院の片隅に置くことを許可する」と言われた。

それ以上には何も問題は予想されず法的規制も設けられていません。

根本説一切有部律中に香室が物語風に言及される例として、最後に「律分別」に説かれるものを取り上げます。それは、すべての僧院が必ず香室を備えていただけでなく、香室の存在とその位置が僧院の建築に先だって決定されたということをも当然のこととして想定しています。「律分別」のそのテキストには、六比丘衆が、いかがわしい手段で樹の生えているバラモンの土地を手に入れ、それを取り除いてから、「実地見聞」に行くことが述べられています。そのように前もって実地見聞することが、その場所が相応しいことを決定するための僧院規定によって必要とされています。

六比丘衆は実地見聞を開始し、「なんとうれしいことか。ここに世尊の香室を建てよう。ここにはポーチ、ここには消防詰所を、ここには〔僧院に〕置いてもよいもの〔を収容する〕広間を、そこには集会場を」と言いつつ目印を付けた。

これらの記述は、香室が、根本説一切有部の理想的な僧院にとって既に確立した重要な構成要素となっていることを示しています。これらの記述が正しいとすれば、根本説一切有部律が最初期の僧院に関して述べる折にも、香室にかなり重要な位置を与えているか、あるいは少なくともそれに言及ぐらいはするものとほぼ確認されるでしょう。しかしその期待に反して、そうされている場合もあり、そうでない場合もあります。

教団に関するすべての文献の中で最も有名で、ある意味で最初の仏教の僧院は、裕福で信心深いアナータピンダダの寄付になる、舎衛城のジェータヴァナの僧院です。最初のあるいはもとの香室が作られたのもジェータヴァナであり、この香室のことは既にバールフト碑文に述べられています。(31)したがって、根本説一切有部律の「破僧事」と「臥具事」との二箇所に、ジェータヴァナの配置と設計がかなり詳しく説明されていますが、「破僧事」では明らかにジェータヴァナの設計に言及しそれを僧院のモデルとして用いてさえいるのに、そこに香室のことがまったく触れられていないのは奇妙なことに思われます。

「破僧事」と「臥具事」に現存するジェータヴァナの配置だけが、根本説一切有部律に説かれる僧院の創設に関する記述なのではありません。実際、「破僧事」には、ジェータヴァナの創設の記述の直前に、最初の僧院の創設の場所をベナレスであるとする別の伝承が述べられています。そしてその説明の中では香室が文字通り中心の位置を占めています。またそこでは寄進者の中心はアナータピンダダではなくカルヤーナバドラ（Kalyāṇabhadra）という在家者です。

最初の五人の声聞が世尊から教えを受けていた時、彼らは森に住んでいた。森に住んでいると、彼らはライオンや虎やヒョウやハイエナの危害にさらされる。そこで世尊は「過去の正等覚者たちの声聞たちはどこに住んだのであろうか」と考えられた。世尊は自ら「僧院にである」と気づかれた。神々も世尊にそうであることを告げた。

その時にもカルヤーナバドラと呼ばれるベナレスに住む一人の在家者がいた。常に善根によって促されている彼に次のような考えが生じた。「私が世尊の声聞たちのために僧院をこしらえさせよう。」

早朝に起きて彼は世尊の所に行った。到着して世尊の足もとにぬかずき礼拝してその傍らに座った。そのようにして坐った時、世尊は在家者のカルヤーナバドラを説法によって考えさせ鼓吹し鼓舞し喜ばせた。世尊は彼を説法によって種々に考えさせ鼓吹し鼓舞し喜ばせて沈黙された。するとと在家者のカルヤーナバドラは座より立ち上がり、上衣を一方の肩にかけて、世尊のほうに向かって合掌し礼拝して次のように申し上げた。「もし世尊がお許しくだされば、私は世尊の声聞たちのために僧院をこしらえさせましょう。」

しかしその在家者はそれをどのようにして作ればよいかが分からなかった。世尊は「もしあなたが三つの僧房〔のある僧院〕を作らせるなら、中央に香室を設けその両側に一つずつ僧房〔を置くべきです〕。九つの僧房〔があり〕三面を有する〔僧房〕の場合も同様である。四面を有する〔僧院〕においては、香室を正面玄関に向かっている面の中央に設け、その玄関の両側に僧房を一つずつ〔置くべきです〕。」

このあとに、僧と尼僧の僧院の香室を含むいろいろな建築単位に許可されている「上の部屋」の数に関する一連の短い規則が続きます。僧の香室には七つ、尼僧の香室には五つだけが許可されており、それですべてです。

この記述にはいくつか奇妙なことがあります。既成の伝統ではジェータヴァナが優先されそこに最初の香室があったとされますが、この記述は既成の伝承に公然と異を唱えているように思われます。少なくともそれは僧院が初めて問題にされた場所をベナレスに移し、時代も最初の五比丘の時代に変更しています。この記述に出るカルヤーナバドラという在家の対話者については、これ以外のことは分からず、ここ以外にはその存在が知られていません。この記述は僧院が実際に建てられたか否かも告げずに上記の規則のあとで突然終わっています。「破僧事」にはこの記述を除けば、「臥具事」に出てくるのと同じテキストが現われることはあるのですが、この記述は現われません。このようにこの記述は不規則なのですが、しかしこのテキストは根本説一切有部律の他の箇所、例えば「雑事」中の階段に関する規定の中に引用されています。そしてまさしくこれがグナプラバの『律経』及びその注釈に代表される後期の根本説一切有部律の伝統によって取り上げられ広められたテキストなのです。事実グナプラバは香室に関するいくつかの文章を要約して提示しています。先に引用したものの中では、遺産の一部としての顔料とそれが仏陀に所属する場合の用途の規定を要約したもの（『律経』85.29–30）、僧院内における絵画の配置する規定を要約したもの（『律経』114.24）が見出されます。先に引用しなかったものに関しては、熊の皮を受け取り香室のドアマットとして用いることを許可する箇所の要約（『律経』92.1）や、僧が香室の影を踏む前に聖典の偈を唱えることを定めた箇所の要約（『律経』115.8）が見られます。しかし目下の目的にとってさしあたり最も重要なのはいま述べた文章に関するグナプラバの説明です。

彼は僧院を立てなければならなかった。香室にとって必要なのは、それが一棟の僧院の中央に、正面の入り口に向かって建てられなければならないということである。四面三棟の僧院の場合も同じである。

疑問が生じないように、グナプラバは先に挙げた「臥具事」のカルヤーナバドラの物語をその典拠として彼の注釈中に引用しています。

ざっと見ただけでも、根本説一切有部律における香室に関する伝承には、いくつかの異なった要素もしくは層の含まれていることが分かります。その伝承には、ジェータヴァナにおいて最初の僧院が創設された記述が含まれています。それは他の諸教団の文献中で確立している伝承と一致します。そしてこの記述は、二箇所に見られますが、香室には何も言及しません。またその伝承は、既に確立している伝承を覆すかに思われる別の記述、つまり最初の僧院をより早い時期にそれをしかもベナレスに置くと思われる別の記述をも含んでいます。その対話者カルヤーナバドラはここ以外では現われません。文字通りにも象徴的にもその記述は香室を中心に据えています。根本説一切有部律では多くの規則や因縁譚の中で香室の存在が言及されますが、建築的に見て普通の僧房とまだ区別のつかないような香室の存在も認められます。そこに認められる香室は、他の場所には禁じられている熊皮のような品物の保管が許可されており、相当な額にのぼるに違いない寄贈品や遺産の内の仏陀への分配分の受け取りが許可されています。また香室は僧が宗教的な予防措置を講じないでその影を踏むことができないような宗教的タブーの対象でもあります。しかし根本説一切有部律では、香室は、そのような役割を常に仏塔と二分しており、経済的にも宗教的にも仏陀に代わる役割を果たす唯一のもしくは主たる建築物とはなっていません。しかしいくつかの場合にテキストの位置からすると香室への言及の仕方が何かうさん臭く思われます。それは、例えば先に引用した、香室だけが仏陀に属する財産の受け取り手として述べられている場合が挙げられます。問題の文章は「諍事」中に見られる、スリランカの王妃の寄進した真珠のうち仏陀への分配分は香室に塗料を塗るのに用いるべきことを規定するものです。そこには仏塔については何も述べられていません。しかし規則そのものは、物語の最後にただ付け加えられているに過ぎません。実際その規則は、その種の物語の標準的な結論に典型的な、いくつかの要素の間に唐突に挿入されており、テキスト全体の中に充分よく溶け込んでいません。要するにこの根本説一切有部律の文章は、まだ完成していない展開、つまりおそらくは仏塔を犠牲にして香室により重要な位置を与えようという方向への展開を証明するものなのでしょう。そしてここに見られるものはすべて仏教碑文にも現われますが、それは必ずしもインド北西部出土のものや、クシャーナ朝のものには限りません。

私の知る限り、クシャーナ朝インド北部の碑文には香室に関する記述は見つかっていません。それはもっと後のしかも離れた所で見つかります。おそらくそれが最初に現われるのは三、四世紀のガンタシャラ (Ghaṇṭaśāla) の一連の碑文でしょう。次いで四、五世紀のハイデラバード (Hyderabad) の碑文。次におそらく五世紀のアジャンタ、カンヘリ、カウシャンビーのさまざまな碑文。四、五世紀から一一世紀にかけてのサルナートとブッダガヤ出土の碑文には香室への言及がいくつかあります。そして六、七世紀のバラビー (Valabhī)、七世紀のネパール、九~一一世紀のクルキハル (Kurkihar)、ナーランダの碑文が続きます。香室への言及は徐々に大量に出現するようになりますが、それは仏塔の建築や遺骨について記した碑文が突然姿を消す時期に一致します。仏塔の建築や遺骨について記した碑文の最後はマンダソール (Mandasor) とデヴニモリ (DevniMori) から出土した、共に五世紀のものです。このことに注意すれば、根本説一切有部律においてとまったく同様に、碑文においても、主要な比重を占めているものが変化したことが分かるようになるでしょう。実際には碑文の場合のほうが変化の度合いはおおきいのです。その変化をここで追及することは本論から逸脱してしまうことになるでしょうが、その変化がインドの仏教僧院の基本設計にもはっきりと現われていることに注意しておくことは重要です。おそらく三、四世紀の西部洞窟のものが辿り得る最初期のものでしょう。そして五世紀までにほとんどが規格化されたのでしょう。標準的な僧院では中央入り口に面した棟の中央の房が、次第にその造りが精巧にされていくのが明瞭に認められます。根本説一切有部の僧院規定にしたがえばそれがまさしく香室の位置なのです。この房は僧院の居住区域の中央に置かれ、実際には祀堂とされ、五世紀以後は強い印象を与える像が常に安置されていました。最も典型的なものは、実際には五世紀以前と考えられるカシアのオー僧院、アジャンタの第一六洞窟、バグ（Bagh）のヴィハーラケーブII、舎衛城の第一九僧院、ナーランダの僧院一、ラトナギリ（Ratnagiri）のシルプル（Sirpur）と僧院一です。香室が僧院社会の中心へと発展していく最も初期の段階では、僧院の基本設計の中にはっきりと現われてこないことは不思議ではありません。例えば、根本説一切有部律が示唆していたように、香室が香りと花輪の存在だけで僧院の普通の居住房と外見的に識別され続けている限り、バラモンや在家者たちが「雑事」において一度ならず二度も行なったのと逆のことをわれわれは行なう可能性があります。つまりわれわれは、実際にはクシャーナ朝の僧院の香室であったものを普通の居住房とうっかり取り違えるかもしれません。次第に造りが精巧にされていくに伴って、初めて香室は現実の基本設計の中に明瞭になってきます。根本説一切有部律のいくつかの部分にはその造りが精巧にされていく様子が窺えます。カシアのオー僧院は例外として、クシャーナ朝のインド北部の僧院の基本設計に明瞭に香室と識別し得るものが存在しないのは、その建築が発展していく過程の始まりを示し、五世紀になって建築的にはっきりと基本設計の中に規格化され、後にカシアの香室が現われ、アジャンタ、バグなどはその最終的な段階を示しているものと思われます。

これらすべてのことから、香室が碑文と基本設計の両方において出現し広がることが、規格化された印章の出現と広がりとに年代的にもそしてある程度は地理的にも、だいたい一致するということが明らかになります。例えば、規格化された印章と香室の両方が、カシア、サルナート、カウシャンビー、ナーランダというくつかの遺跡で出土していることに注意しなければなりません。しかしここでおそらく最も重要と思われるのは、僧院印章の歴史と香室の歴史とが同一の様式を示しているということです。つまり、どちらの場合も、根本説一切有部律によって既に決められていた僧院の物質文化の要素が、五世紀以後のインド北部のいたるところで完全に規格化されるに至ったということです。言い換えれば、根本説一切有部の規則であったものが五世紀以後にはインド北部全域で用いられるに至っているのです。インド北部で優位を占めるに至ったのはこれらの僧院の規則なのです。

さらにもう一つ注意すべき別の様式があります。根本説一切有部律によってわれわれは、クシャーナ朝ガンダーラのレリーフに描かれている「頭蓋骨たたき」の物語を解き明かすことができました。それはまた、例えば、五世紀のアジャンタ出土の多くのもの、つまりそこに描かれた『アヴァダーナ』や、ポーチに描かれた車輪や、香室のことをも解明することができます。要するに、根本説一切有部律に含まれている資料は、クシャーナ朝ガンダーラだけでなく、インド仏教中期全般にわたるインド北部全域の出来事に言及するものであると言うことができます。そういう意味で根本説一切有部律はこの時期にとってかけがえのない記録なのです。それは現存の他のどんな律よりも、一世紀乃至五世紀のインド北部における部派の僧院制度をよく示すものである、と私は考えています。それはこの時期に関しては破格に貴重なのです。さらには、それがこの時期について語り得る事柄だけのためでなく、それに続く多くの物事に基準を設けたと考えられるという点からも、この律は詳細な研究に価するると考えられます。

第二章　僧院史における経済の意味

一　根本説一切有部律と僧院経済

　根本説一切有部律という資料は、量があまりにも膨大なために、研究が断片的にしか行なわれていないというのが現状ですが、将来も長くそうなり続けることはどうやら確実なように思われます。その長さに加えて、いくつかの短い文節は別として、サンスクリット・テキストもそのチベット訳も、未だにその校訂テキストが出版されていないという状況を考え合わせますと、総合的な研究が問題外であることは明らかです。それは不可能であり、望むべくもないことです。しかし、根本説一切有部律の総合的な研究が不可能だとすれば、それでは根本説一切有部律の研究はどうすればよいのかという問いが生じます。この問いも、この律では何が重要なのかという問いとしばしば混同されます。けれども、根本説一切有部律において何が重要なのかを決定するには、この律が総合的に研究されていなければなりません。このような現状においては、すべての事柄が重要なのです。

さしあたりグナプラバの根本説一切有部律の梗概が選択の基礎基準を提供してくれるかもしれません。彼は、デリゲ版で四千葉に及ぶこの律を百葉以下に圧縮しています。ずいぶん思い切って選択をしたようです。『律経』と名付けられた彼の梗概は、少なくとも五～七世紀の律の学匠にとって根本説一切有部律中の何が重要であると思われたか、ということに関して優れた示唆を与えてくれます。しかし『律経』によく馴染むにつれて、重要であるとされた事柄がすべておぼつかなく思えるようになります。確かに、グナプラバの意図は、そしてその結果も、非常に総合的であり、とてもわれわれの及ばないものです。しかしグナプラバの『律経』の正当な評価は、その材料になっている根本説一切有部律の内容の総合的な研究をまって初めてなされることです。かくしてわれわれはまたもや振り出しに戻ってしまいます。

もちろん、根本説一切有部律において何が重要であるかを決定しようという企てそのものが、根本的な思い違いであるという可能性が考えられます。「重要なものを決定する」と言いますが、そういうことが自分の関心事に対するあまり賢明とは言えないこじつけに過ぎない場合が非常に多いように思われます。例えば仏教の研究という場合に、誰が重要でもないテキストを研究したりするでしょうか。誰もそんなことはしないということに思いを致すべきだと思います。重要でないとされたテキストのほとんどすべてが「以前に考えられたよりも早い」か「最も初期のもの」であることが判明して驚くことがあります。このことは、言い換えれば、それぞれの研究者が「このテキストや情報は私が研究したいから重要なのだ」と考えていることを意味します。パーリ聖典の断片であれ、根本説一切有部律中の一テキストであれ、膨大な大乗経典の一つであれ、何が重要で何が重要でないかということは分からない、というのが真実です。おそらくそう言っておくのが最もよいと思います。

しかし重要性は決められないとしても、何らかの選択基準は必要です。その点についてはまったくお手上げというわけではありません。ほとんど顧みられることがありませんでしたが、根本説一切有部律とほぼ同時代に属する一群の資料があります。それは根本説一切有部律と同様、ほとんどが僧たちによって書かれたもので、僧以外のいろいろな種類の寄進者についてもさまざまに述べていますが、僧たちに関しても驚くほど多くのことを記録に残しています。この資料群は、一乃至五、六世紀の仏教徒の数百の寄進碑文ですが、われわれに何よりもまず、貨幣と資産及び僧と民衆という二種類の事柄を告げています。また、例えばわれわれは、貨幣や資産と教団との関係から、現実の僧院における小乗の教団がどういうものであったかを知ることができます。そういうことは教団について言及した資産譲渡の記録にのみ現われます。このような記録からのみ、インド仏教中期の時代に個々の僧たちや一般の人々が実際にどういうことを行なっていたかということを、たとえその一部であれ知ることができるのです。上記の記録資料は「永代基金」について述べたものですが、それは例えば教団が貨幣経済にどっぷりと浸っていたことを暴露しています。それらは、瞑想する僧や、托鉢僧や、建築に携わる僧、食事の世話をする僧、三蔵に通じ尼僧や時には彼らの子供たちに法を説く僧というような、あらゆる種類の僧について述べたものです。それらは彼らが地理的にどこから来たかということについて何事かを述べており、また、彼らがどういう経済的な理由でそこに来たかということについても少なくとも言外に何事かを述べています。それらは時には、どうして彼らがそこにいるのか、彼らにとっては何が重要であるか、どうしてそれらのことを選んで記録したのか、ということに関する手がかりを与えてくれます。それらのことが判断の基準を与えてくれるのです。

事の当否はともかく、私は仏教徒の寄進碑文を根本説一切有部律に関する私の研究を決定するものと考えています。私は根本説一切有部律に特定の問いをもって向きあってきました。その問いがあるために私は総合的な研究をするわけにもいきませんし、そうかといってまったく恣意的な研究をするわけにもいきません。つまり、私は、この律が、貨幣と資産及び僧と民衆について述べていること、そしてそれら四者の間にかつて存在した、今では忘れ去られてしまった関係について述べていることに注意を傾けてきたのです。しかしそれだけのことでさえほんの入門程度にしかできませんでした。この文献に関して未だ着手されずに残されている事柄を考えると、決定的なことは何も言えません。さらにそのような研究が必然的に取り扱わなくてはならない事柄の多くがまだほとんど研究されていませんし、インドの仏教僧院制度の研究においては、あるものは完全に無視されてさえきたのです。しかしようやく僧院制度の研究は次第に何か問題をはらんだものと見られるようになってきました。

二　西洋における「僧院制度」の研究史

1　「僧院制度」の教義（プロトタイプ）

ロバート・バグナル（Robert S. Bagnall）がパピルスに説かれるエジプトの僧院制度に出会った折に彼が示した反応は、この問題を論ずるのに好個の出発点となります。(1) 彼の論文は、僧とは何かという問題に関して、学問の世界ではなお見解が一致していないことを明らかにしています。この見解の不一致は別に驚くべきことではありません。というのは、僧とは何かというまさしくその問題が、どのような伝統においてであれ、僧院文献の著者たちがひたすら真剣に論じた議論の中心にあったからです。僧院文献の歴史といっても、実際は僧に関する、多かれ少なかれあい矛盾し、対立しあう、長々とした一連の規定に外なりません。よい僧、悪い僧、理想的な僧、生半可な僧がいました。僧たち自身が僧の規定に関して議論を戦わせてきました。そのことから歴史家たちは、いわゆる「僧院制度の歴史」というものはかえって特定の場所における特定の僧院制度を理解しにくくするものであるという警告に気づくべきであったのです。あるいは少なくともその可能性にもっと敏感でなければならなかったのです。そうすれば、一つの場所、一つの時代における特定の僧院制度は、他の場所、他の時代の僧院制度とは同じではないということ、簡単に言えば「僧院制度」と呼ばれるような何物かがあるという考えがまったく役に立たないかもしれないということが分かったことでしょう。さらに言えば、スザンナ・エルム（Susanna Elm）がはっきりと指摘しているように、「僧院制度の歴史は、もともと西洋のいわゆる歴史記述にはめ込まれて長い間追及されてきたので、基礎的なものに至るまで、歴史的な結論というよりは、むしろ教義的な結論になっているのである[2]」という明らかな事実を、歴史家たちは注意深くほとんど排除してきたのです。このように僧院制度の歴史は「神学上の立論」の問題になっていたのです。

2 エジプト・小アジアの僧の実像

バグナルは「四世紀のエジプトにおける僧院生活の役割」にふれて、「この主題への接近は、長い貨物列車に妨げられて、その大半をあとに残さねばならなかった[3]」と述べています。彼は「僧院生活に関する西洋人の考え方は、それに好意的であるか否かにかかわりなく、西洋の修道院の伝統、特にベネディクト会の伝統によってその大半が形成されており、この空想された世界の呪文を振り払うことは決して容易でない」と述べています。そのほんの一年後に、エルムは、エジプトと小アジアとにおける僧院制度の大規模な再評価に着手し、同様のことをもっと淡々と述べています。彼女は「少なくとも九世紀以降は、特にベネディクト会の規定が、僧院制度という語を決定してきた」と言い、「さらに具体的に言えば、ベネディクトゥス（Benedictus）以前と以後とに関する、僧院制度全体の歴史記述は、ベネディクト会の僧院制度及びそれに関連する事柄によって例証された諸概念によって支配され深く影響され続けてきた[4]」と述べています。

バグナルとエルムの問題は、インドの僧院仏教に関する碑文や考古学資料に携わる者、あるいは根本説一切有部律文献に携わる者が抱くのと、少なくとも部分的には同じ種類の問題です。バグナルのパピルス資料に現われる僧たちや、エルムの資料に出てくる僧や尼僧の多くは、仏教の碑文や根本説一切有部律における僧や尼僧と同様、「西洋の観念」の中に生きている「空想された」僧や尼僧にはあまり似ていません。さらに、その似ていない事例はあらゆることに関して認められますが、つまるところ貨幣と資産と人々に関連します。バグナルは次のように述べています。

砂漠での苦行の自己否定的な生活の仕方を描いた文献資料に人はややもすればたぶらかされるも

のであるが、その記述とは反対に、苦行者の多くは、明らかに貧困というよりも豊かさを思わせるような環境のもとで禁欲生活を行なっていたのである。一般に、これらの修道院の物的設備は、貧者の住居というよりは、むしろ都市の上流階級を真似たものという印象を与える。

またバグナルの言う「僧たちは財産を保有することができた」という事実も重要です。彼は次のように述べます。

僧が遺産相続をしたり、尼僧が都市の財産の登記の所有者であったり、僧が家の分担所有分を売却した証拠が残っている。そのような証拠となる書類は数世紀にわたって提出されている。したがって僧は僧院に入るに際してその財産を放棄する必要はなく、その後もその管理に関与することを止めもしなかった。彼らは、前払い購入をも含めて、金貸しの業務に携わりさえして人々の信用を得ていたのである。

のちに見るように細かい点では異なりますが、これらの四世紀のエジプトのキリスト教の僧たちは、西洋の観念によって「空想された」僧とは似ていませんが、同時代の根本説一切有部律に描かれる僧たちに非常によく似ています。もしこの「空想された僧」が、少なくともキリスト教の僧を研究していたバグナルを誤解させたのだとすれば、インドの仏教僧を理解するに際して、この「空想された僧」が潜在的にいかに真実を歪めたかということは容易に想像がつきます。そしてそれがさらにねじ曲げられたのです。パピルス資料に見られるようなタイプの僧たち、つまり根本説一切有部律に描かれている僧に似たタイプのキリスト教の僧たちは、「西洋でいう僧とは何かあるいは何であるべきか」という議論において勝利をおさめなかったのです。その上そのようなタイプの僧は、文化史的に悪く評価されました。彼らは悪い僧になってしまいました。しかしインドでは仏教僧をそのように評価させない好都合な条件が文化的に存在しました。

3 ギボンの西洋僧院史観とカニンガムの仏教僧院史観

僧は一般に西洋ではよく言われませんでした。現代の歴史学の基礎が築かれていた時代には特にそうでした。プロテスタントは僧を好まなかったのです。例えば、ヘンリー・チャドウィック（Henry Chadwick）は「制度としての僧院制度に対するプロテスタントの拒絶」や「僧院制度に対する宗教改革の対立」について述べています。しかし彼はまた次のようにも言っています。

宗教改革の示した僧院制度への猛烈な拒絶は、啓蒙運動のそれに比べればつつましいと言ってもよいぐらいである。もし僧院制度に対する最も強烈な告発を見たいと思えば、メランクトンではなく、ヴォルテールか、ギボン（Edward Gibbon）の第三七章を見ればよい。そこには初期の僧たちに関して二十頁にわたって、威勢のよい毒舌と冷淡な憎悪が英文で記されており、その種のものの中でも最も不快な見本の一つを目にすることであろう。(5)

ジャロサラフ・ペリカン（Jarosalav Pelikan）も『ギボンの『ローマ帝国衰亡史』に見られるいかなる偏見も、おそらく僧や僧院に対する彼の反感ほど乱暴で人を誤らせるものではない(6)』と言っています。僧院研究には幸先のよい出発ということがおよそなかったのです。そして「プロテスタントの拒絶」とか「宗教改革の対立」というような、僧院に対してギボンが示したのと同様の反感が非常に長くはびこったのでした。こういう反感がどれほど長くどれほど多くインド仏教の僧院制度の研究に影響したかは下記の二つの引用文に明らかです。
ギボンの毒舌の多くは、僧院制度全体に対してではなく、主として彼が極端な形の苦行主義と判断したものに向けられました。彼には他にもいくつか標的がありました。その一つに照準を合わせる折に、彼は、西洋の僧院制度関連の歴史文書中最も強力で確立したものの一つであり、最近までそうであったトゥロープ（決まり文句）の最初期の版をもち出しています。彼は次のように言います。

若者は、残りの生涯を共に送ろうと決意していた聖者たちに、自分の財産を寄付したいという思いにかられた。法律が極めて恣意的に行使された結果、彼は、将来あらゆる遺産や財産の相続を聖者の受用とすることを認められる。メラニアは三〇〇ポンドの銀製の皿のために、ポーラはお気に入りの僧たちのレリーフのために、莫大な借財を負った。時が経つにつれて人気のある僧院の財産は増え、いかなる出来事もそれを減ずることはなく、隣接の国や都市にまで広がった。「彼らがもとの熱情を持続している限り」彼らは自分たちがその管理を任されている慈善基金の忠実で親切な管理人であることを証明した。しかし「彼らの修行はその繁栄によって崩壊した」のである。彼らは次第に富を誇るようになり、遂に浪費に耽るようになったのである。

要するに、僧たちは皿や財産を獲得しました。彼らがもとの熱情を持続している限り、それはよかったのです。しかし彼らは情熱を持続しませんでした。そして彼らの修行は繁栄によって崩壊しました。「もとの熱情はよかったのだが、皮肉なことに繁栄したのが悪かった」。以来、こういうトゥロープあるいは言い方が何度も繰り返し語られてきました。そのため、ギボンの『ローマ帝国衰亡史』が初めて出版されたのが一七七〇年代であり、彼がサミュエル・ジョンソン（Samuel Johnson）と同時代の人だったということをともすれば忘れてしまうほどです。

ギボンと並んで、その七十年ほど後に出版された、アレキサンダー・カニンガムの『ビルサの仏塔』（*The Bilsa Topes*）の二頁に述べられている文章を取り上げてみましょう。(7) この本は広く読まれましたが、その題名に似ず、英文による最初のインド仏教史の解説を世に提供しようとしたものでした。インド仏教史が、殊に後期に関してはほとんど知られていない時代に書かれたのです。しかしカニンガムは仏教の僧院制度の歴史について非常に確信をもっているように見えます。カニンガムは時代についてはあまり詳細にせずに次のように述べています。

実際、仏教は陳腐な古くさい信仰になっていた。托鉢僧たちはもはや托鉢をせず、ずっと以前に僧院に当てられた土地によって支えられていた。昔の賢明な沙門や比丘は、身は禁欲を守り、瞑想に専心し、修行に励み、神聖な手本を示して人々の敬虔な驚きをかきたてていたのであるが、今はそうでなくなっていた。外見上はなおも宗教の印をつけてはいたが、型にはまった単調な活気のない実践には、もはや熱烈な情熱は存在しなかった。

カニンガムは同じような調子でその仏教史の研究を閉じています。

仏教の初期の時代には熱心な求道者たちは毎日の乞食によって暮らしを立てていた。しかし人々は敬虔で寛大だったために、次第に僧院を支えるためにその国の最善の土地を贈与してしまった。その結果、大衆は多くの怠惰な僧たちの所有物をうらやましげに見ることとなってしまった。

これがまったくの作り話であることは言うまでもありません。カニンガムは自分が何を書いているのかよく分かっていなかったのです。今日でもなお、初期の僧たちがどういうことをしていたか、あるいは僧院の土地所有がいかなるものであったかということは実際には分かっていません。ましてや大衆の反応などは言うまでもありません。しかし彼の作り話はなんとなく馴染み深い響きを持っています。明らかにカニンガムはギボンほど名文家ではありませんが、僧院の歴史と発達の型に関しては驚くほどよく似た見解をもっていたように思われます。つまり、初期は「もとの熱情」通りに善であったが、やがて僧たちは土地や所有物を獲得し、そののちには「熱烈な情熱はなくなる」というものです。カニンガムがギボンを読んだことがあるかどうかは分かりませんが、彼は、コールリッジが教育を受けたクライストホスピタルで古典的な教育を受けています。しかしより重要なことは、彼らが、僧院制度のある種の「自然の歴史」あるいは「必然的な歴史」と呼び得るようなもの、かつまたカニンガムがそれを何ら正当な根拠もなしに「インドの現実」と見做しているようなものに関して、共通の考え方をしているということです。

ギボンは僧院のこの発達形態を極めて精密に述べた初期の歴史家の一人ではありますが、彼がそれを考えついたわけではありません。それを考えついたのは実は僧たちでした。それを考えついて近代の学問に最も大きな影響を与えた僧たちを確定するのはさほど難しいことではありません。私が大きな間違いを犯しているのでなければ、それは西洋思想の中に宿り西洋思想を形成している僧たち、つまりシトー会のベルナルドゥス（Bernardus）と彼に賛同した僧たちです。バグナルの言うベネディクト会はそれほどではありません。

三　僧院と物質的繁栄の意味

1　僧院に危機を招くもの

ギボンは少なくとも中世キリスト教文献に馴染んでいましたが、彼はそれを僧院の財産がその繁栄に果たした役割及び僧院史に関する彼の見解を支持するものと考えていました。彼はそのことを直接本文やあるいはその注の中に示唆しています。そのような見解を支持したと思われる僧院文献の多くは今なお容易に入手し難いのですが、ギボンの影響の大きさや、カニンガムにさえ彼の見解が及んだであろう痕跡の認められることからすれば、その文献が世に現われた時に直ちに好んで読まれたことが分かります。ファン・エンゲン (J. Van Engen) はギボンの考え方を一九二八年に別の形にして新たに表現しましたが、彼はそれをライナルドゥス (Raynaldus) という名の隠遁者の二編の小論文が出版されたことと関連づけています。[8] これが完全に停止していたかに思われた球を再び転がし始めました。

ファン・エンゲンによれば、ライナルドゥスは「彼の時代、おそらく一〇九〇〜一一一〇年頃の僧院が、法的経済的な事柄に専心し、特定の事務所や慣例の維持に専念し、要するに『けっこうな生活』に没頭する社会制度と化しており、精神生活を涵養するにまったく不適当な場所と化してしまっていることを告発した」のでした。ライナルドゥスの編集者ジェルマン・モラン (Germain Morin) は、これらの小論の中に「一二世紀初頭の僧院制度における短い危機の時代」の根拠を見つけ、彼がつけた題の中に「修道主義の危機」という表現を用いています。多くの人々が彼に従ったことは言うまでもありませんが、ジャン・ルクレール（Jean Leclercq）がその中で最も影響力のあった人です。ルクレールはモランの言葉を繰り返すだけでなく、それをもっと特定しました。その折に彼はギボンのキータームの一つを話の途中に挿入します。ルクレールは次のように述べています。

モランはそれを「修道主義の危機」と呼んだ時、まさに図星をついていたのである。実際それは繁栄の中の危機であった。身分の高い人々が頼るほど大修道院は豊かになった。僧院の基金は抜け目のない、いく人かは聖者でもある僧院長たちによって上手に管理され、財産は増え、建物が拡張され飾り立てられた。これらすべてのことが清貧への反動を引き起こした。清貧を保証する唯一のものは孤独に戻ることであった。(9)

ここには悪者の名前がはっきりと出されています。そしてそれこそギボンにとっては僧院の修行を破壊したもの、つまり「繁栄」です。紆余曲折はありましたが、この見解、ここに上げたルクレールの見解は、その時代を牛耳りましたが、今もなお何らかの影響を与えています。ファン・エンゲンの言葉を借りれば、その危機は「今や周知の事実」になっていると思われます。しかしどうしてそういうことになったのでしょうか。

ファン・エンゲンは「危機という考えは〔ライナルドゥスによる〕ベネディクト会への批判を文字通りに読んだことに基づいている」と言います。ここで注意すべきは、小乗仏教の僧院制度に関する現代の学者の見解も、その一部は、大乗経典中に小乗仏教に対して投じられている批判を文字通りに読んだことから生じたと言ってほぼ間違いはないということです。ファン・エンゲンは「これらの著作はその本来の目的や状況を考慮せずに読むことはできない」と言います。それらの著作はベネディクト会の僧院制度を客観的に説明したものではありません。それらは、新しい僧たちが伝統的な僧院制度と分裂したことを正当化し、他の者を彼らの僧院に入会させようとするものです。ここでも彼らの著作は明らかに大乗経典を自称する多くの小作品と軌を一にしています。どちらにおいても、革新的な議論が事実や歴史と混同された例が認められます。そういうことがしばしば行き過ぎになることがファン・エンゲンの次の説明には指摘されています。

宗教集団はしばしば、成長、開花、衰退、あるいはカリスマティックな創設、制度の成熟、頽廃的沈滞などというように呼ばれる、ライフサイクルを持つかのように考えられる。このような考え方にどのような真実があるかはともかくとして、ほとんどの歴史家が、それを人間の他の集団的な営みに対して適用し得るのと同様に、宗教集団にも常識的にある程度は適用し得るものと考えており、中世僧院制度についての近年の歴史研究はこれらのサイクルを年代の連続や因果関係の連続の中にすら持ち込んでいる。

ここには説明のためのモデルがいかに事実と見做されるか、かつまたそう見做されることが圧倒的に一般的であるかということが示されています。そのようなこぎれいにまとめられたモデルには、疑えとまでは言わないとしても、注意しなければなりません。少なくともこのモデルは二つの重要な点をはずしています。その一つをファン・エンゲンは「宗教的な新たな物事の生起が予見されるからといって、もう一方が頽廃するものと考える必要はない。二つ以上のものが同時に共に繁栄することもある」と誰よりも明確に述べています。特にわれわれの問題に限って言えば、大乗が出現するに際して、小乗仏教の僧院制度に何か根本的な欠陥が存在したという必然性はありません。あるいはそれは前者が後者に取って変わったということを示唆しもしませんし必要でもありません。両者は同じ時代に開花したのです。すべての証拠がそのことを示唆していると思われます。次に重要な第二の点は、繁栄、殊に物質的な繁栄というものが、僧院集団にとってただ一つの必然的な意味や重要性を持つものではないということです。ある人々はそれを僧院の崩壊を引き起こす原因と見るかもしれませんが、他の人々はそれを僧院の修行を保障するものと見るからです。僧院の富は、世間の富と同様、本質的な意味を持つものではありません。

2 修行を保障するもの

危機モデルが西洋の僧院史に広く行き渡ったために、僧院の財産の有害な効果に関するライナルドゥスとかベルナルドゥスの見解がよく知られるようになりました。それとは別に、あまり知られていませんがそれらと同等に道理に適った見解があります。それはこれらの見解と、明らかに矛盾します。例えば、考古学者グラム・クラーク（Grahme Clark）は、『優越の象徴。地位を表わす貴重な品々』（*Symbols of Excellence. Precious Materials as Expressions of Status*）という題の、広い分野にわたるエレガントな小品の中で、部分的に僧院の例に触れて、「もし人が神聖さや神聖さの段階を明瞭に示したいと思う場合、彼らがそれに相応しい象徴として考えるのは貴重品の序列のことである」と述べています。ファン・エンゲンもまず初めに極めて大雑把に「物と精神的な善とを結び付ける傾向は、究極的には人間であるということから生ずるのであろう」と言い、「ベネディクト会の修道士の心が物質的繁栄と精神的繁栄とに集中する傾向」を好意的に論じています。

要するに物質的な繁栄は精神的な繁栄の条件であり象徴であると思われる。ベネディクト会の修道士は彼らの年代記と生涯とを、繁栄と宝物と教会の再建とすばらしい書籍とで埋めている。それは一つにはもちろんそれらの記録を保存するためであるが、それと同様に僧たちに対する神の祝福を記録し祝うためでもある。それは彼らにとって極めて基本的で自明なこととなっていたために、通常は異議の申し立てがあった時にのみ記すことが必要であった。

このような見解を語った人として一番普通に認められているのはサン・ドニー王立修道院の僧院長シュジェ（suger）です。それももっともなことです。彼の言い方ははなはだ鼻につきますが、まったく率直な言い方だとも言えます。彼は次のように述べています。

われわれは神の恩恵を隠さずに公然と褒めたたえることが有益であり相応しいことと確信する。ゆえに、遺産管理の折に神の御手がこの聖なる教会に許したもうた織物の増加を〔この目的のために〕予定しておいたのである。われわれは、全能の神の無上の力をなだめ、同胞の献身を促すために、かつまた次の僧院長たちの手本とするために、年忌の際にそれを敷くべきことを強く主張する。

僧院長シュジェにとって、僧院財産の蓄積は祝福さるべきこと、公然と褒めたたえらるべきことであって、隠すべきことではありませんでした。それは神の恩恵の徴であり公に示さるべきものでした。それを公に示すことが僧の献身を促し、将来の僧院長たちが目指すべき見本の役目をします。これが、ベルナルドゥスの徒は反対するかもしれませんが、僧院財産と僧院財産の陳列とに関する僧院の態度であり、根本説一切有部律文献の記述と共通点の多いものなのです。根本説一切有部律文献においては、例えば個々の僧の宗教上の地位はその物質的所有物の量に比例するのが当然のこととされています。あるいは僧院のきらびやかな服装や美術作品を人々に見せることは、それを見た人々に大きな影響を与え、彼らを敬虔な思いにするものと考えられていました。いわゆるライナルドゥスとかベルナルドゥスの徒はそのようなことを好みませんでしたが、だからといって彼らの好みが、そういうことが僧院制度として長く持続した重要で合法的な形態の一部であったということを否定する方向へと現代の研究者を導くようではいけないことです。

もちろん、僧院財産や資産に関して危機モデルとそれほど直接関連しない他の主張もあります。しかしそれは多くありません。例えば、僧院財産の問題に関する近年の研究は、危機モデルはまったく無視すべきだと主張します。ルド・ミリス（Ludo J. R. Milis）は次のように言います。

さらに筆者は、僧院集団の歴史でしばしばなされるようには、活力と衰退との交替ということにさほど重要性を置かないことを強調しておきたい。それらは宗教的理念としての僧院制度の影響を総合的に研究する場合に適切な範疇とならない。というのは、活力は物質的富と世俗的権力との集合と解されているが、宗教的に言えば、真の活力はほとんど必然的に反対の方向、つまりより隔離された状態へと導き、世間的な事柄からは身を引く方向に働くものである。この明らかな範疇づけの間違いは僧院制度の規定があまりにもあいまいなことから生じたものである。先に規定したように、僧院制度そのものは客観性のある概念である。そしてそういうものは日常生活の上がり下がりには影響されないとわれわれは考えるのである。(10)

これは少なくともいくつかの点で賢明な態度であり、常に現実よりも理念を好む傾向の強い多くの仏教研究者のものと同種のものです。しかし残念ながら、現実は、富と資産の蓄積に対する態度が根本説一切有部の僧院理念の本質的な部分ですらあり、また他の諸集団においてもすべて同様だと思われます。こういう事柄は容易にはなくなりません。ミリスは、彼の取り扱おうとしている僧院制度は「ライフスタイルとして実行されるある特定の精神的理念及び到達目標」であると言いますが、どういうことでもそれをいざ実行するとすれば、それは必ず「日常生活の上がり下がり」に関係します。例えば、理念を実行に移せば、それは資産や資産管理に関する中世的な考え方を否応なく大規模に採用することになりますが、そういうことが理念そのものに関する何か重要な事柄を物語っているのです。

ユルスメール・ベルリエール（Ursmer Berlière）のいくぶん古めかしい見解のほうがより確かです。あるいは少なくともより積極的です。

ベネディクト会は一三世紀から一四世紀にかけて危機を体験した。それは修行と経済状態とに同時に現われた。すべてのキリスト教国で僧院は借財をこしらえ、その貧窮が修行に緩みを引き起こした。この現象を説明するためには、一三世紀初頭のいく人かの批評家がしたように過剰な富が修行を弱めたと非難するだけでは不十分である。富は確かに悪弊を産み出し得るが、制度の繁栄にとって必要な要因である。教会の貧窮がその必然的な結果として教会の発展を停止させ、その修行を衰えさせると主張することも同様に理に適っているのである。(11)

ここには僧院の富の役割について非常に異なった見解が認められます。富は僧院の修行を堕落させるものではなく、むしろ堕落の起こらないことを保障するものとされています。それは修行を崩壊させるのではなく維持します。また、ファン・エンゲンは「物質的に恵まれていること」と「修行の復興」との間にはほとんど必然的とも思われる繋がりがあると言います。二つが連動してベネディクト会の改革を推進させたと言うのです。

根本説一切有部律の編纂者や編集者たちが、物質的な豊かさやそれに没頭することから生ずる潜在的な悪弊に気づいていたことは間違いありません。しかしライナルドゥスとは違って、これらの問題を教団とは結び付けていません。彼らにとってその悪弊は制度の問題でなく個人の問題だったのです。彼らはそれに過度に執着した僧について、その個人の問題として記録していますが、僧院全体がそうなったことは記録していません。彼らはむしろ、物質的な不足が社会に及ぼす害のほうにもっとよく気づいていました。この律の編纂者たちはそのような窮乏を未然に防ぐために多数の規則を張り巡らせました。この律には財産の窮乏が宗教上の実践に及ぼす結果に詳細に言及した説明が数多く存在します。平凡な例ですが、次の二つがその典型的なものです。

寒い時期に在家者のアナータピンダダがジェータヴァナの僧院を訪れました。彼は僧たちがまだ寝床で体を丸めているのを見つけます。彼が僧たちを咎めたところ、彼らには暖かい衣服がなくて「快適な人々は法に専念できるでしょうが、私たちは凍えています」と答えました。そういう次第で、仏陀は僧が僧衣の下に在家者の服を着ることを許可する規定を設けます。またこの律の別の箇所では、仏陀が森に住むことを称賛したので、数人の僧が森に住みます。しかし彼らは追い剝ぎにあい、「バラモンや在家者の家庭を捜し回って衣をもらわなければならなくなり」ました。その結果、彼らは宗教的実践を怠ることとなりました。両方の場合とも、物があることと宗教的実践が可能であることとの関連が極めて当然のこととされています。

もちろん、インド仏教中期の僧院におけるこれらの事柄に関して直接的な証拠があるわけではありません。しかし、われわれの手中にある証拠は、類推の域を越えるものではありませんが、ベルリエールがずいぶん昔に好意的に認めた物質的所有物と修行との関連性の方向を指し示しています。例えば、中国の求法僧義浄は七世紀末に訪れたナーランダの僧院について次のように述べています。

ナーランダ僧院の儀式は今なお厳格である。その結果、居住者の数は多く、三千人を越える。その所有する土地は二百の村からなっている。それらはいく世代もの王たちによって僧院に寄進されたのである。このように法の繁栄は、律が厳格に行なわれることによってのみ、いつまでも続くのである。

約二世紀以前に法顕はブッダガヤの僧院について述べるに際して、同様の関連性を指摘しています。

これらの僧たちは、何不足ないように必要なものをすべて彼らに提供してくれる地方の人々によって支えられている。僧院の規定は厳格に守られ、彼らは礼儀正しい立ち居振る舞いをし集会に参加している。

中国ではおそく共和制（一九一二～一九四九）の時代になってもなおそうでした。ホームズ・ベルク(Holmes Welch) は彼の詳細な研究の中で「規則の厳格さと物質的な豊かさとには強い相互関係が存在する。僧院は豊かであればあるほど、過剰な僧の志願者に出家を思い止まらせることが必要であった。貧しい僧院では彼らは蛆だらけの米や雨漏りのする屋根を見て落胆したのである。カオミンシュでは彼らは規則によって気をそがれた。……精神と規則とが共に厳格に守られているのが認められるのは、土地からの収入のある僧院においてである」と述べています。

物質的な所有物や僧院の豊かさは、僧院の衰退と少なくとも二通りに関連づけられます。ライナルドゥスやギボンやルクレールたちはそれを僧院の衰退の原因であるとします。シュジェやベルリエールたちはそれを神の恩寵の徴であり、僧院の修行を維持し衰退を防ぐために必要な条件であるとします。もちろんそれ以外の立場もあります。その少なからぬ者が、僧院の富と僧院の衰退とにはまったく必然的な関連性はないと主張します。既に見たようにミリスは「活力と衰退」という考え方にはほとんど意味がないと言います。ファン・エンゲンはもっと積極的に、僧院の改革者やライナルドゥスのような批評家の言い立てた衰退は彼らの弁証法神学の中にのみ存在し、そのように批判されたベネディクト会の僧院制度に関して「外部に現われたいかなることも、新入者の数も、収入も、教会における職員や影響力の質も、概して衰退とか頽廃の兆候を何ら示してはいない」ことを示唆する強固な証拠を挙げています。一二世紀から一六世紀にかけてのウエストミンスター僧院におけるベネディクト会の僧院制度に関するバーバラ・ハーヴェイ（Barbara Harvey）の近年の研究では、一二世紀から一四世紀にかけてのトスカーナ地方のベネディクト会の僧院に関するオーシェイム（D. J. Osheim）の研究[12]と同様、その修道会が非常に富み栄え少しも衰退の兆しを見せていないことが明らかにされています[13]。ハーヴェイが示唆しているように、ベネディクト会の僧院制度はもはや僧院革新の最前線ではありませんでしたが、滅亡という状態からはほど遠いところにありました。それが滅亡したかのように言うのは、新しいものを重要なものと同一視したり混同したりすることであり、近代主義者的な傲慢さや性急さに荷担することです。また、カルトゥジオ会の存在も問題となります。少なくとも彼らの僧院のいくつかは、手の込んだ建築、立派な絵画、高度に精巧な美術作品を豊富に備えていました。しかしこの修道会も禁欲、苦行、孤独、瞑想の生活に従う教団であり、その独特の生活形態を決して弛めもせず曲げもせず、そのために中世末まで改革者の注意を引かない修道会でした。あえて「崩壊」と言うとしても、そのような崩壊は、ローゼンワイン (B. H. Rosenwein) やリトゥル (L. K. Little) がクルニアックとフリアーズの僧院制度と崩壊について説明しているように、富とは何ら関係がなく、特定の社会問題に反応して展開したものと説明することができます。最後に、一二世紀の注目すべき著者未確定の書『教会のさまざまな結社と職業に関する回想録』が次のように述べるのは正鵠を射ています。

「俗人」と呼ばれる僧について何を言うべきか分からない。というのは、彼らは僧の生活の仕方に従わず、彼らがしている生活はどこにも述べられていないからである。ある場合は師匠たちが怠慢であることから、ある場合は物が豊富であることから、ある場合は物が不足することから、こういう生活の仕方がますます一般的になっている。豊かさが放縦を生むこともあり、世俗的な物が不足していない場合に精神力が備わることもある、ということが時々起こるからである。また、僧院長が僧に与えなければならない必需品を持っていない場合、彼は僧たちが修行をしない過失をあえて咎めようとしないということも起こる。(14)

金銭があってもなくても時として同じ結果が生じます。

金銭に関していろいろと否定的なことが言われてきました。西洋の歴史及び歴史の記述の中ではそれは典型的な悪者呼ばわりをされてきました。にも拘わらず、僧や修道院が富を所有しても、それは必ずしもその将来を予言するに値するものではありません。値すると言い張ることは、未確認の事柄に前もって判定を下すことになります。インドの五世紀の根本説一切有部律のような文化の異なる僧院制度について考える場合には殊にそうです。少なくともそれは二つの仕方で予断を下すこととなります。まず第一に、例えば、ベネディクト会と仏教徒の僧院とで行なっていたことが同じであり、それゆえ両者を共に僧院制度と呼ぶことが内実に照らして相応しいと言おうとしても、それは決して明確なことではありません。西洋の僧と仏教の比丘とに共通する事柄の一つは、両者が皮肉にも実際にはそうでないものの名で呼ばれているという事実です。僧（monk）は言うまでもなくギリシャ語のmonos「一人」から来ており、比丘（bhikṣu）は語根bhikṣから派生した語で、文字通りには「乞う者」を意味します。しかし西洋の典型的な僧はほとんど間違いなく「一人」では生活しませんし、根本説一切有部の典型的な比丘はあまり「乞食」をしません。このことをわれわれは少しは立ち止まって考えてみる必要があります。第二に、西洋の僧院制度における富に対する姿勢、あるいはそれに帰せられる意味が、根本説一切有部の僧院制度においてもまったく同じであると考えるのは、少なくとも誠実ではありません。というのは、西洋では僧院の富に関して唯一の一枚岩的な態度というものは存在しませんでしたし、唯一の意味というものも存在しませんでした。ですからインドにおいて僧院の富は崩壊の印であるとか、あるいはもっとひどい場合にはその原因だとするのは、ただギボンの猿真似をするようなものに過ぎません。そういうことはしてはならないのです。

必要なのは、根本説一切有部律に、個人としてではなく制度として、僧院の財産に関してどのような態度が実際に表わされているかをまずは確認してみることです。それによって、インド仏教中期初頭に広く運用され知られていた一つの仏教僧院制度において、この種の問題がどのように取り扱われていたかについて、より詳しく知り得るはずです。その時おそらくは、「僧院制度」という用語が、予想されるいろいろな態度や実際の行動のすべての範囲をその中に収め得る用語であるか否かを、より明確に決定するための考察を始めるに足る第一回分の資料を手に入れることになるでしょう。そうすれば事はうまく始まるように思われます。

第三章　人間とはその持ち物のことである
――所有物と僧院での地位

一　キリスト教の修道士イメージ

1　私有財産に関する規則

a　バシレイオスの規則

僧院生活に関する西洋の人々の受けとめ方の大半は、西洋の修道会の伝統、特にベネディクト会の伝統によって形成されています。その際、僧というものを私有財産や個人資産を放棄した者と見做すのがその著しい特徴となっていることは容易に推察されます。また、そのようなありもしない世界を産み出す呪文がどうして容易に払拭されないのか、ということも理解し難いことではありません。僧院規則の基本を作った初期の著者たちの存在がそのことを明瞭に説明しています。

東方教会では今も修道生活の支柱となっているカイサリアのバシレイオス（Basileios）の修道生活

に関する一群の著作（アスケティカ Ascetica）に含められている『大規則』と『小規則』と呼ばれる書は、僧院の指導原理と見做されて、ベネディクトゥスや他の人々によって規則として引用されています。ベネディクトゥスは次のように言います。

教父会議、彼らの制度および生涯、われらの父なる聖バシレイオスの規則、これらはそれに従う僧を助けてよい人生を送らせる手立てとなる。しかしそれらは怠惰でずぼらな罪人であるわれわれを咎め恥ずかしめるものである。

バシレイオスは再三、私有財産や個人資産に関して問いを発しています。バシレイオスは常に聖書を実際の規則であるかのように取り扱います。

主は「ゆえに、所有物をすべて放棄せざる者は、汝たちの誰であれ私の弟子ではあり得ない」と反駁の余地のないほどはっきりと述べておられる。それゆえ、主の言葉を引用する時に必要なことは、われわれも自ら言葉を尽くし、また聖者たちの例を用いて、その言葉を立証することである。また別の所では、主はまず「もし汝が完全であろうと思うなら」と言われ、そして「行って所有物をすべて売り、貧しき者たちに与えよ」と付け加え、そして最後に「来たれ、私に従え」と言われている。したがって、もしわれわれが何か世俗の品や堕落のもととなる富を身に残すなら、われわれの心は泥に埋もれるが如くにその中に埋もれ、その結果、われわれの魂は神を見ることができず、天界の美を望むべく鼓舞されることもかなわないこととなる。

ところが『大規則』のこの節（VIII）のすぐ後には、自分にその力と必要な経験が備わっておれば自分自身で財産を処理するか、そうでなければよく調査して選んだ、忠実にかつ賢明に管理してくれることが証明される人物によって注意深く財産を処理するための方法に関する興味深い節が続いています。「聖職者教団の中で私有財産を所有することは正当か」と題された『小規則』の一項では、その答えが述べられる際にやはり聖書の一部が用いられています。

これは、「彼らの一人として、自分たちが所持品を自己の所有物であるとは言わなかった」(Acts iv. 32) と説かれていることを信じた彼らに関する使徒行伝中の証言に違反する。したがって、どういうものであれ、それを自己の所有物であると言う者は、自ら神の教会の外に立つ者となり、外的な所有物について何も語らずに同胞のために生命を投げ捨てることを言葉と行動でわれわれに教えた神の愛に対してもその門の外に立つ者となるのである。

バシレイオスはさらに続けて、僧はいかなる物であれもらうことも与えることもできない、と言い、家族からの収入と相続に関しては特に別に記し、マーフィー (M. G. Murphy) も言うように、どの僧も僧院の財産の使用に際して完全に無執着の精神を発揮しなければなりません。僅かな価値の物といえども、その所有権を主張することは、僧院に入門した折に行なった宣誓を犯すこととなります(1)。

b　アウグスティヌスの規則

「西洋起源の最古の僧院規則」を著わしたアウグスティヌス (Augustinus) は、バシレイオスより僅かに後の人です。バシレイオスが死去した時、彼はおそらく二十五歳でした。ローレス (G. Lawless) によれば、彼はギリシャ語の知識に乏しかったのでバシレイオスの著書をよく読むことができませんでした。しかしアウグスティヌスは、伝え聞きや直接の見聞によって「東方」の僧院制度をいくぶんかは知っていました。いずれにせよ、それが何に基づいているかはともかくとして、財産に関するアウグスティヌスの規則は、明らかにバシレイオスと軌を一にするものです。その規則には次のように述べられています。

いかなる物をも自分の物だと言ってはならない。あらゆる物を共有せよ。修道院長が汝ら一人一人に、必要に応じて食物と衣服を与えなければならない。というのも、使徒行伝の中に「彼らはすべてを共有した」(Acts iv. 32)、「一人一人の必要に応じて配られた」(Acts iv. 35) と説かれているからである。

また、

その結果、誰かが僧院にいる息子や縁者に、衣服とかあるいは他の必要品を持って来た場合、その贈り物は絶対にこっそりと着服してしまわず、必要な人に与えることができるように、共有財産として修道院長に渡すべきである。

特に後者はバシレイオスの「聖職者教団に入った人々の縁者が贈り物をしたいと願う時、われわれはそれを受けることができるか」という題名の『小規則』の一項によく似ています。

こういう事柄に注意を払い決定するのは修道院長の義務である。しかしながら、これは筆者の個人的な意見であるが、もしそのような贈り物が拒否されるならば、多数の反対にあうことが回避され、信仰を啓発するのにより有益であるように思われる。しかし、誰から贈り物を受け、どのようにそれらを分配するかに関しては、修道院長に委ねられるべきであろう。

c　ベネディクトゥスの規則

この点に関しては、西洋の僧院制度の基本的な規則の中では、ベネディクト会のものが最も厳格です。バトラー（C. Butler）は「ベネディクトゥスは、資産や個人の所有という問題に関して、まったく尋常でない厳しさで語る」と言います。「彼（ベネディクトゥス）は、個人の貧しさという問題に関しては絶対に妥協しないので、僧は誰一人として私有財産を何一つ持つことはできない。僧は、入会の宣誓の折に、所有物をすべて貧者に与えるか、そうでなければ、形式的な贈与手続きを経て僧院に譲渡するかするので、自分自身には何も残らない[2]」と。ベネディクトゥスの規則そのものがバトラーの見解を支持します。「僧は財産を所有すべきか否か」と題された規則には次のように述べられています。

とりわけ財産を所有する悪徳は僧院から絶滅すべきである。何人といえども、僧院長の許可を得ずに物を授受したり所有したりしようなどという、大胆なことをしてはならない。書籍であれ、便箋帳であれ、ペンであれ同様である。僧の身体も意志も彼らの意志に委ねられない。それらの品物は、僧院の教父がその必要に応じて供給すべきである。何人といえども、僧院長が与えたり許可しないようなものは所有してはならない。「彼らはいかなるものといえども、自分の物と呼ぶようなあつかましいことをしてはならない」（Acts iv. 32 & 35）と聖書に説かれているように、すべては共有されなければならない。もし誰かが、この特別な悪徳を犯すことが危惧される場合には、そのことを彼に繰り返し忠告すべきである。もし彼がそれを改めないならば、罰せらるべきである。

「財産を所有する悪徳」「この特別な悪徳」に関する規則の意味は極めて明瞭で、誰にとっても分かりやすいものと思われますが、ベネディクトゥス自身はそのことを改めて述べる必要があると感じたことは明らかです。「同胞の衣服と靴」に関する規則の一部において彼は次のように言います。

僧院長は、ベッドを何度も検閲し、私有物が隠されていないか検査しなければならない。もし彼の許可していないものが発見されれば、罪人は厳しく処罰さるべきである。

物を私有するというこの悪徳を僧院から完全に絶滅するために、僧院長は、ずきん、短衣、ストッキング、靴、ベルト、ナイフ、ペン、針、ハンカチ、書写板というような必要品を、すべて許可制にすべきである。そうすれば必要だと言ってごまかすことはなくなるであろう。

2　私有財産を放棄していない僧たち

個人的資産や私有財産を放棄することが、西洋の僧院制度の基本的な規則に盛り込まれた、僧院の理想の中心的な要素であった、ということはほぼ疑いようのない事実です。そのことにかなりの工夫が施され、繰り返し強調されていることは明らかです。しかし、それが繰り返し強調されていること、殊にベネディクトゥスが「個人の所有という問題に関してまったく尋常でないほど激しく」、「この特別な悪徳」を「特に僧院から絶滅すべきである」「完全に絶滅すべきである」と繰り返し強調しているのは、それが僧院の理想の主たる要素であった、というだけでなく、それがとりわけ重大な問題であったという事実をも示唆しています。たとえこのことはさて置くとしても、現実の歴史上の僧を一つの理想像によって規定するとすれば、それは必然的に、多くのキリスト教の僧たちを、彼ら自身自ら所属するものと考えていたその範疇から閉め出してしまうことになります。もし僧が「個人資産を放棄した者」と定義されるとすれば、パピルス文書に見られるバグナルの僧たちは僧ではあり得ないことになります。これらの僧たちは、僧院生活に入るに際して、明らかに彼らの資産を放棄せず、それ以後にもその管理を止めていません。「個人資産を放棄した者」という定義は、キリスト教僧院制度の名称のもとでありその創設者たちであった砂漠の教父たちをも、僧の範疇から閉め出してしまいます。砂漠の教父たちは書籍を所有していましたし、それを売ることさえできたのです。彼らは相互に金の貸し借りをしています。ある者は、自分が食事をしたり寝ている間に自分のために祈ってくれた者に、金を支払いさえしています。それはヒルシュフェルト（Y. Hirschfeld）が研究したビザンチン時代のユダヤ砂漠の僧たちをも僧の範疇から閉め出してしまいます(3)。彼らも書籍を所有しそれを売買していました。彼らは、金を持ち、市場で自分の著書を売りました。また、この定義は、五世紀初頭の南ゴール地方の僧たちをも、僧の範疇から閉め出すことになります。彼らについてはキャシアン（J. Cassian）が、それを良いことと考えているわけではありませんが、次のように描いています。

われわれはコエノビア僧院に住んで、僧院長の統制と監視下に置かれているが、しかしわれわれはちゃんと鍵を握っている。われわれが溜め込んだものの印として指輪をはめているとしてもそれは恥ずかしいことではない。われわれの場合には、箱や籠だけでなく、整理箪笥やクローゼットでさえ、われわれが世を捨てた時に貯めたり残しておいたりした物に比べれば、ものの数ではない(4)。

追放者たちの名を記した驚くほど長いリストが残っています。それは、一三世紀から今日まで、ウエストミンスターから追放された僧たちのリストですが、彼らは給料とポケットマネーを常時所有していました。彼らが追放されたのは特に回廊の外の世俗の多数の在家者の全収入に比べて、相当な額の金を蓄えていたからだったのです。明らかにこの「私有財産の放棄」ということは、誰が僧であり誰が僧でないかとか、僧とは何かということを決める基準とはなり得ないのです。

このように私有財産の放棄は、僧を定義するための特徴とはなりません。しかし、そのことが、西洋の僧院制度の理想として基本的な規則において強調されているということが、僧院では私有財産は当然放棄されているものとする僧院生活に関する西洋の人々の考え方の根拠をなしていることを示唆していると考えると、事柄は理解しやすくなります。というのは、既にオーシェイムが注記していたように、西洋の僧院史を記したものには、「僧院の理想的なタイプについて述べる」という傾向が見られるからです。しかし、この基準がなぜ仏教の比丘に適用されるようになったのかということは、あまりよく分かっていません。

二　仏教の僧と私有財産

1　金銀についての規則

仏教の比丘が私有財産をすべて放棄したと考える理由を説明するために、ただ一つの事柄だけを挙げなければならないとすれば、さまざまなプラーティモークシャ（prātimokṣa 波羅提木叉、戒の条項）の中の、僧に「金銀の取り扱い」を禁ずるものと一般に考えられている規則ということになるでしょう。しかしこれは現在でもなお極めて誤解されやすい規則です。まず第一に、仏典結集と学派の展開に関するいくつかの伝説が存在します。それらにどれほどの信憑性があるかはともかくとして、いくつもの伝説が存在するという事実が、この規則の記述と意味の両方に関して、その当初にさまざまなグループの僧たちがまっこうから対立しあっていたことを示唆しています。ヴァイシャーリーの会議を引き起こしたのは、「十事」の最後の規則でした。大衆部はただこの規則だけを述べています。したがって、それは僧院社会そのものの中で一致をみていなかった行為あるいは規則なのです。それゆえ、この金銀の取り扱いの禁止という事項は、仏教の比丘を定義するのに有効な包括的な特徴ではなく、僧を定義し診断を下すために有効な特徴であるとはとても言えないのです。現存の資料はすべて論争によって汚染されているものと考えなければなりません。

a　金銀以外の貴金属

第二に、この規則に述べられている対象物にしても、それに関連して禁じられている行動の内容にしても、明瞭であるとはとても言えません。パーリ律ではこの規則は「金と銀」と便宜的に訳されるジャータルーパ・ラジャタ (jātarūpa-rajata) の条項に相当します。大衆部と根本説一切有部の律も同様です。しかしフィノー (M. L. Finot) の説一切有部のテキストでは「銀」(rūpya) のみが記され、[5] シムソン (G. von Simson) の断片では (j)ātaru[pa]rajata となっています。[6] どちらの読みを採るにしろ、その意味は残念ながら不明瞭です。もしジャータルーパ・ラジャタが「金と銀」を意味するとすれば、それは未精製の金と銀か、加工か未加工の金と銀か、貨幣にされた金と銀か、を意味するでしょう。「経分別」中に挿入された古注は少なくとも「銀」を貨幣を含むものと解していますが、それは一つの見解に過ぎず、それがどの程度の事柄を表わすものであるかは分かりません。それは金については何も述べていません。このジャータルーパ・ラジャタという語がどんなに複雑な語であるかということは、根本説一切有部律の「衣事」の二つの文章によく現われています。二つの文章はともに、名目上教団に所属するものとなった財産の一部としての「金」に言及したものです。第一の文章は、金持ちの僧の「一つは托鉢と衣からもたらされたものであり、第二は病人のための薬からもたらされたものであり、第三は加工と未加工の〔金〕からもたらされたものである、三百千の金という非常に多くの金」からなる財産について述べたものです。しかしここの「金」はジャータルーパ（jātarūpa）ではなく、より一般的な語スヴァルナ（suvarṇa）が用いられています。この用語の違いがきっと、僧がいかにして正当にそのような財産を蓄えたかを説明しており、また、仏陀自ら僧たちにそれを彼らの間で分配する方法をどのように教えたかをも説明しているものと思われます。ジャータルーパが、その規則中で何を意味するにしても、僧はそういうものは所有していなかったのです。彼はスヴァルナを所有していたのであり、それが不正でないことは明らかです。重ねて言えば、ジャータルーパという語はそれが何を意味するとしても、また加工未加工（kṛtākṛta）にかかわらず、スヴァルナを含むものでないということは、下記の第二の文章からもはっきりとしていると思われます。そこでも仏陀はより詳細に、どのようにして財産中のさまざまな事物を分配すべきかに関して明確な説明を行なっています。仏陀は次のように言います。

スヴァルナとヒラニヤ（hiraṇya 金を意味する別の語）と他の〔貴金属〕は、加工されているものもされていないものも、三つの取り分に分けなければならない。一つは仏陀のためのものであり、第二は法のためのものであり、第三は僧伽のためのものである。……僧伽の取り分は僧たちの間で分配されなければならない。

繰り返せば、規則に直接抵触しなければ、スヴァルナもヒラニヤもそれが加工されているか否かにかかわらず、ジャータルーパと呼ばれるものとは見做されないのです。ここにはわれわれが学ばなければならないことが明らかにたくさんあります。

b　僧は金銀を「所有」できるが「手に取る」ことはできない

規則の中に取り上げられている物質の性質もつまびらかでありませんが、それに関して禁じられている行動の性質もやはり明らかではありません。例えば、ヴァイシャーリーの会議の記述に現われるその規則に関するラモットの説明は、何らかの混乱が存在したことを反映しています。ラモットは、「僧は金も銀も受け入れては（recevoir）ならない」、彼らは「受け取って（accepter）もならない」、僧はそれらを「請うことを許されない」、「金と銀を用いること」は非難されるというように、あたかも「受け入れる」「受け取る」「乞う」ということと「用いる」ということがすべて同じであるかのように述べます。

この規則がインドの原語で現在まで伝わっているものにはいくつかの版がありますが、それらにおいては、規則そのものは奇妙なことに、驚くほどの一貫性をもって述べられています。例えば、パーリ版も、大衆部、説一切有部、根本説一切有部のサンスクリット版もすべて、禁止されている行為を表現するために ud √grah という語を用いています。この規則のパーリ版を訳すに際して、リス・デヴィッヅ（T. W. Rhys Davids）とオルデンベルク（H. Oldenberg）はこの語を「受け入れる」（receive）と訳し[7]、ホーナー（I. B. Horner）は「取り込む」（take）と訳しています[8]。しかし、サンスクリットの udgrhnite の基本的な意味は「つり上げる（lift up）、上に挙げておく（keep above）、取り去る（take out）」等です。プレビシュ（C. S. Prebish）はこの規則のこの語を「獲得する」（acquire）と訳しています[9]。これらの訳を、この規則と密接に関連するにも拘わらずともすれば無視されがちである規則の訳と対照させてみると、それらはすべてなにか不自然であることが分かります。この第二の規則の基本的な記述は、実質的には最初の規則と同じであり、まったく同じ動詞の形が用いられています。けれどもそれは、「金と銀」ではない別種の財産、つまり普通「宝石」とか「貴重品」と訳されるラトナ（ratna）について述べるものです。この第二の規則のパーリ版を訳すに際して、デヴィッヅとオルデンベルクとは、その動詞を「受け入れる」ではなく、「手に取る」（pick up）と訳していますが、そのほうが妥当です。ホーナーもそうしており、プレビシュさえそうしています。つまりここでは、僧は宝石を「手に取る」べきものとは考えられていないのです。それを受け取ったり所有することに関しては何も語られていません。しかし問題は、言うまでもなく、これら二つの規則において非常に似通った文脈中に用いられている、ある種の財産に向けられた同じ動詞が、どうしてまったく異なった二つの意味を持ち得るのかということです。第二の規則は僧院の外部でのみ適用されると明らかに述べられているので、ここでの「手に取る」ということの意味は、実際上ははっきりしています。同じ動詞が、「金と銀」に適用された時にも同じ事柄を意味するということはあり得ることです。もし「金と銀」に関する規則が、僧たちに「手に取る」ことのみを禁ずるものである確率が高いとすれば、僧たちがそれを私有したり所有したりし得るか否かということとこの規則が関係しないことは明らかです。しかし、このような事柄には微妙で複雑な問題が存在しており、同様の事柄を扱った根本説一切有部律の別の文章も、そのことをよく示しています。次のテキストは「薬事」中の一文です。

在家者のメンダカは「世尊よ、路上の病に備えてカールシャーパナ貨幣をいくらか所持すべきです」と述べた。世尊は「それらを所持すべき（grahītavyā）である」と言われた。世尊が「カールシャーパナ貨幣をいくらか所持すべきである」と言われた時、僧たちにはそれを誰が所持すべきなのかが分からなかった。世尊は「在家の役人（kalpikāra）が〔所持すべき〕である」と言われた。在家の役人のいないことがあった。世尊は「〔その場合は〕沙弥が〔所持すべき〕である」と言われた。

c　沙弥は金銀を「手に取る」ことはできるが「所有」できない

この規則は、僧ウパーリに疑念を生じさせました。ウパーリはすべての伝統において律の権威者とされている人物です。彼の質問は根本説一切有部律のあちこちに見られますが、常に規則の解釈を明確にすることと関連してなされています。ここでは彼に、私有財産を有する僧に関してではなく、金を「所持する」沙弥に関して疑問が生じます。仏陀によって「沙弥がカールシャーパナ貨幣をいくらか所持すべきである」とする規則が定められた直後に、テキストは次のように述べます。

尊者ウパーリは仏陀世尊に尋ねた。「世尊は『金と銀とを受け取らないこと（jātarūparajatāpratigraha）が、沙弥の教育のための第十番目の規則である』と言われました。しかるにいま世尊は『沙弥はそれを所持すべきである（grahītavya）』と言われました。それはどういうことでしょうか。」

ここではウパーリは、言い直せば、第十番目の教育規則（学処 śikṣapāda）と仏陀の「新たな」規則との間にひそむ潜在的な矛盾に気づいているのです。言うまでもなく、十の教育規則がただ沙弥にのみ当てはまるものだということと、第十番目の規則の標準的な表現（jātarūparajatapratigrahaṃ prahāya）が何らかの矛盾を露呈していることに注意することが重要です。しかしまた、具足戒を受けた僧は、教育規則ではなく、プラーティモークシャによって規制され、そしてその具足戒を受けた僧（比丘）を規制するプラーティモークシャの規則は、比丘たちに金と銀を「受け取ること」（pratigraham）を禁ずるのでなく、そのどちらであれ「手に取ること」（ud √grah）を禁じている、ということに注意することも重要です。ウパーリの質問はこのことに気づいてなされたものです。もし矛盾があるとすれば、その矛盾は僧に関係するのでなく沙弥に関係するものです。

仏陀のウパーリの質問に対する答えは、かなりとっぴょうしもないだじゃれを含んでいますが、「手に取ること」（udgrahītavya）と「受け取ること」（pratigraha）を区別してなされています。

世尊は言われた。ウパーリよ、私は故意に「受け取る」という語を用いたのである。それはしっかりと摑まれなければならないのである。（pratigrahaṃ udālin mayā sandhāyoktaṃ mā tv agrhyam.）したがって沙弥はそれを手に取らなければならないのである。しかし受け取ったものを自分のものにしてはならない。(tasmāt śrāmaṇerakeṇodgrahītavyam/no tu pratigrahaṃ svīkartavyaḥ.)
この文章が正確に何を意味するかはともかくとして、一つ確かなことは、それが書かれた時代には、比丘と沙弥の金銭に関する問題が、極めて微妙で込み入った解釈や議論やこじつけに委ねられるようになっていた、ということです。もし問題がもっと単純であれば、そういうことはなかったでしょう。それは、少なくとも根本説一切有部律では、次のように解されていたでしょう。すなわち、沙弥は金銭を自分のものとして受け取ることはできなかったが、彼はそれを手に取ることはできた。しかし比丘はその反対である。つまり比丘はそれを手に取ることはできなかったが、それを受け取ることはできたのである。沙弥は「路上の病に備えて入手した」金銭を手に取ります。しかし彼はそれを自分のものとして受け取ることはできなかったのです。それは明らかに比丘に属すものなのです。

2 金銭に関する記述

a 比丘と金銭の所有

この外にも、同種の基本的な事柄が、それほどの技巧も施されず、もう少し素朴な仕方で描かれている文章がいくつかあります。その一つは「薬事」中の文章です。それは、危機に瀕して教団に入門した既婚の男の話です。彼は機転もきかず学問もありません。得度はしたものの、「四波羅夷罪」(pārājika)の説明を受けていなかったか、あるいはそれを理解していませんでした。テキスト全体の要点は、「教団に入門すると直ちに四波羅夷罪が詳しく説明されなければならない」という規則を告げることにあります。今や比丘になったその男は、ともかくも、故郷に帰り、妻を訪れます。彼女はなんなく彼を誘惑し、彼は長らくそこに逗留します。彼が去ろうとする時、妻は彼に告げて言います。

「このカールシャーパナ貨幣を路上の備えとして所持しなさい (lam brgyas kyi zong)。」彼は「お前、比丘はお金に触れることができないのに (dge slong mams dbyin la mi reg na)、それを所持することなどどうしてできるのか」と答える。彼女は「まあ、育ちのよいこと。まったく触れないでよいようにしてあげるから、所持しなさい」と言って、それを包に入れ、錫杖の下の端に結わえた。

うまくやったのですが、編纂者がこのような状況を黙って見過ごすはずがありません。彼はこの比丘の行為を「誇りに目をくらまされ欲望に目をくらまされた人間は何でもやってしまうものだ」という編纂注記を加えて説明しています。しかし行為そのものは実際上決して非難もされず禁止もされません。少なくとも悪賢い僧ウパナンダは彼の幸運を祝福さえしています。

もちろん、貨幣を包み錫杖に結びつける行為は、その意図においては、それを「在家の役人」に委ねるのと変わりはありません。そして現存の僧院の法典はすべて、そのような計略が用いられていることを承知した上でそれを奨励しています。実際には、外にもっと巧妙な工夫がこらされたことでしょう。例えばコーサンビー (D.D. Kosambi) は、「サータヴァーハナ朝のデッカン地方には、銅や錫合金やビロンや鉛でできた、品質の悪い、小さな貨幣が異常なほど大量に出現した。それは、そのような貨幣の取り扱いが、仏教僧たちにとって取るに足らぬ許容し得る罪であったという事実との何らかの関連性を示唆するものであろう」と述べています。それは言い換えれば、公的に鋳造された通貨でさえ、仏教僧たちが取り扱いやすいようにわざわざ造られた可能性があるということです。そしてこのことは、比丘たちが地方経済の主要な役割を演じていたことを示唆します。コーサンビーの指摘を直接支持する証拠は限られていますが、ナーガールジュナコンダの一僧院中の独房で発掘された品々から、贋金や公的に認可された通貨として、小さな鉛の貨幣がその僧院で実際に造られていたことが分かります。

テキストと考古学との両方からのこれらのデータは、規則の記述がどう解釈されるかはともかく、それにそうようにいくつもの工夫がこらされたことを示唆しており、金銭に関して何らかの制約を伴う規則の存在したことを気づかせてくれます。しかしさらに心に止めておくべき点がいくつかあります。今まで見てきた限りでは、規則は、金銭の所有や所有権ではなく、金銭との身体的な接触に関して適用されているようです。つまり、比丘は金や銀を手に取ることは許されないが、それを所有することは過失ではありません。比丘が身体的に金銭に触れることを禁ずる規則は、決して主要な規則の中に入れられていません。そのような規則を犯すことは、ただ取るに足りない規則違反に相当するに過ぎず、したがって比較的些細な事柄です。詮ずるところ、少なくとも根本説一切有部律においては、その規則に抵触しないように何らかの調整をほどこしている文章の数は、その調整に言及しない文章より少ないことでしょう。実際、根本説一切有部律の文章は、金銭の取り扱いに関してさえ、それにまったく何の規制もないかの如くに言及しているに過ぎません。

われわれは先にそういう文章を一つ取り上げました。それはジェータヴァナで絵を見たバラモンが寄付した極めて高価な毛布に関する文章でした。そのテキストは次のような仏陀の言葉で終わっています。

それゆえ、そのような種類の布が教団に寄付された場合は、それを売ってカールシャーパナ貨幣にしなければならない。そのカールシャーパナ貨幣は〔比丘たちに〕分配されなければならない。

ここには比丘がカールシャーパナ貨幣を受け取ることができないとか取り扱うことができないということを示すものは何もありません。実際、この規則は比丘たちがその両方を行なったという前提に基づいています。『雑事』の別の文章は、そのようなカールシャーパナ貨幣が法的に完全に個々の比丘に属することを明言しています。その文章では、マーリカー王妃が、鹿子母婦人を真似て、比丘に薬を給与したいと願います。しかし仏陀が「王宮に赴けば十の危険がある」と述べたので、比丘たちは彼女の家に行こうとしません。そこで彼女は香商人にカールシャーパナ貨幣を預け、必要に応じて彼の所に行くように言います。商人は預けられた金を借金の担保として用いて、金を稼ぎます。そして比丘がやって来て薬用食を求めた時に、その代わりに金銭（hiranya, dbyin）を渡します。比丘はプラーティモークシャが存在していないことを示唆するような仕方で応じています。彼らは仏陀が金銭を受け取ることを禁じられたとは言わないで、「世尊は金銭を認めておられない」と言います。商人は、自分が金を作ったのに、もし彼らがそれを受け取らないなら、それは彼を破滅させることになると言います。つまり、もし比丘が、寄進者が比丘たちの利益のために商人に預けた金銭で彼が作った金銭を受け取らないなら、寄進者はそうすることを止めてしまい、商人は投下資本を利用する機会を失うということが意図されています。貨幣経済に基づく極めて洗練された一連の経済的な手はずがこの短い物語の中に詰め込まれており、それはその利益が比丘たちの利益となるさまざまな組合への金銭の供託を記録する、その時代の仏教徒の寄進碑文中に繰り返し見られる経済的な手はずとほとんど同じです。比丘たちがその状況を仏陀に告げると、仏陀は「寄進者を信じ、カールシャーパナ貨幣を受け取り、思い通りに用いるべきである。そのことには後悔の原因になることはない」と言います。

改めて注意すべきことは、仏陀が金銭を受け取ることに関して、過去の規則に何ら言及せずに規則を述べていることです。この場合は、衣を売ることに関する規則のようには、過去に定められた手続きが変更されたような、そのようなことはなされていません。また、カールシャーパナ貨幣が受け取られた時には、比丘はそれらを思い通りに用いるべきだとはっきりと説かれていることにも注意すべきです。何事かに関して思い通りにできるという能力こそ、この律においてもそしてほとんどすべての法体系においても、それに関する絶対的な所有権を規定する特徴です。ゆえにこの金銭は絶対的に個々の比丘に所属すると言えます。

これまで見てきたいくつかのケースは、金銭を個人の比丘が受け取りそして所有するという、その両方を含むものでした。それゆえそれは私有財産に関するものでした。しかしそれ以外にも、教団に託された金銭を個人の比丘が受け取ることを述べつつ、そのような受け取りや取り扱いが問題視されていたことを何ら述べないテキストがあります。この場合もそれらの取り扱いは、あたかもプラーティモークシャが述べられていないかの如くになされています。「律分別」と「雑事」中の二つのテキストがそのよい例です。

「律分別」と「雑事」のテキストはどちらも、在家の寄進者によってその一部が支払われる建築作業の管理者、組織者、もしくは監督者を勤める比丘について述べたものです。この役割もしくは役目は「法の協力者」(法助伴 dharma-sahāya, chos kyi grogs) あるいは「功徳の協力者」(puṇya-sahāya, bcod nams kyi grogs）と呼ばれ、少なくとも二つの意味で義務的であったようです。すなわち、比丘はその友人の比丘・比丘尼、あるいは在家者に「法の協力者」を勤めるよう求められれば、たとえ雨安居中であってもそうしなければなりません。在家の寄進者がその協力者なしにその地域の建築作業に取りかかることができないことは明らかです。

「律分別」においては、托鉢僧が在家者に、専門用語で「福業事」（物質的善行 puṇyakriyāvastu）と呼ばれる事柄を行なうように勧めます。在家者が何をすべきかを尋ねますと、比丘は僧伽には浴室がないので、それを作らせるようにと答えます。そこで在家者は次のように言います。

「尊者よ、私はカールシャーパナ貨幣は持っているのですが、功徳の協力者の役目を勤めてくれる人がおりません。」

比丘は「在家者よ、私があなたの功徳の協力者となりましょう」と言う。在家者は「尊者よ、大変結構です」と言ってカールシャーパナ貨幣を托鉢僧に渡す。比丘は僧伽に浴室を作らせに取りかかる。

テキストはこのあと、比丘が功徳の協力者の役割を果たして賃金労働者を雇い、賃金を支払い、仕事の完成を見届ける責任を果たしたことを述べます。言うまでもなく、それらの事柄の中には、比丘が金銭の取り扱いと支払いとの両方を行なういくつかの業務がありますが、それらはすべて何の解釈も加えずに行なわれています。それらは比丘の行なうことの期待されている事柄として述べられているように思われます。

「雑事」中のテキストも「律分別」の場合と非常によく似た仕方で始まります。在家者が托鉢僧によって「物質的な物から生ずる功徳を作る何か」を行なうように勧められます。ここでは比丘は次のように言います。

「在家者よ、あなたは僧伽のために僧院（vihāra）を作るとよいでしょう。」在家者は「尊者よ、私はカールシャーパナ貨幣は持っていますが、法の協力者の役目を勤めてくれる人がいません」と言う。「在家者よ、カールシャーパナ貨幣を下さい。そうすれば私が法の協力者となりましょう。」「尊者よ、それは結構です。ここにそのカールシャーパナ貨幣がありますと言って、彼は比丘にカールシャーパナ貨幣を与える。

比丘は初めそのカールシャーパナ貨幣を倉に納めますが、仏陀に「建築作業の道具を作らせる」ためにそれを用いるように指示され、また、建築中比丘自身の用途に当てるように指示されます。ここでも金銭は何度かその持ち主が交代しています。在家者はそれを比丘に与え、比丘は道具の支払いをし、僧院の建築に従事しているあいだ自分の食料を買うために、それを用いています。このことはすべて、金銭を取り扱わないことに関する過去の規則には何ら言及せず注釈も加えずに、仏陀の認可を受け、仏陀に教えられた結果として、当然のごとくに行なわれています。

以上、「根本説一切有部の比丘は金銭を所有し取り扱うことができたか否か」という問題に関して、通常そのことを否定するものと考えられる文脈を概観してきました。この問題は今まであまりにも決めつけられ過ぎてきました。少なくともいくつかの状況下で金銭の取り扱いに何らかの制約のあったことは明らかです。しかし、比丘が金銭を所有したり受け取ったりすることには、まったく何も制約は設けられていないものと思われます。金銭を受け取ることに関する唯一の明確な制約は、ただ新入り（沙弥）にのみ適用されます。しかしそれは比丘の特典を守り、具足戒を奨励することを意図するものです。ここには、貧困の誓いというようなことを示唆するものは絶対に存在しません。金銭の取り扱いを否定する文脈、つまり金銭に関する何らかの制約を求める規則が、実際はそうではない方向を示唆しているとすれば、比丘が自分自身の金銭を所有していたことを認める肯定的な文脈がなおさらそうであることは言うまでもありません。

b　僧が金持ちであった証拠

比丘が金銭を所有していた証拠は、古くかつ広範にわたって存在します。決して根本説一切有部律のみには限られません。例えば、個々の比丘が金持ちであったことを示す最初の確実な証拠は、オルデンベルクが彼のパーリ律の校訂本を初めて出版するよりも二十五年前の一八五四年に既に出版されていました。その証拠とは、カニンガムが出版したサーンチー出土の二百三十以上に及ぶ一連の寄進碑文なのですが、それらは多数の比丘・比丘尼が積極的な寄進者だったことを示しています。彼らは、単なる在家者とは異なって、サーンチーに記録されている寄付額の相当の割合を負担しており、実際には仏塔の装飾品の支払いをしています。カニンガムが一八七九年に出版したバールフトの一連の寄進碑文からもまったく同様のことが窺えます。それはオルデンベルクのパーリ律が出版されたまさにその年でした。しかし、この碑文資料は近年まで常に周辺に置かれたまま言及されないできたのです。

しかし今日では容易に入手し得るパーリ律の中にさえ、僧たちが金銭的私有財産を所有していることを示す驚くほど大量の資料が含まれています。例えば、パーリ律中には、仲間の比丘・比丘尼が自分たちや僧伽のために僧院を建築した場合に、他の僧たちが負う責務を述べた一連の規定が記されていますが、その規則は比丘・比丘尼が自身の僧伽への主要な寄進者であることを前提とするものです。またそれには、例えば「新しい托鉢の鉄鉢」のような物品を受け取ったり所有することの禁止条項が記されていますが、もしその品物が「彼自身のもしくは個人的な財産によって」彼のものとなった場合には、その禁止条項が排除されたり適用されなくなることを述べる、少なくとも十六の規定が含まれています。しかしこの資料も、ごく最近まで、往々にして無視されてきました。しかし、根本説一切有部律にはこの種の資料はさらに多く認められます。それを無視することはできません。

三　根本説一切有部律中の私有財産への言及

僧が私有財産を所有していたことを証明するには、僧たちが私有財産を保持していた証拠となる、根本説一切有部律中に見られるさまざまな文章を見本として抽出しさえすればことが足ります。まず、パーリ律中に少なくとも部分的に並行資料を有する見本を採り上げます。パーリ律と根本説一切有部律には、仲間の僧が寄進者となった場合に負う責務について述べる、一連の詳細な規定があります。しかし根本説一切有部律のほうは、その他に四方僧伽に園林や精舎を寄進した僧のみならず、ベッド、シーツ、永代義捐金、仏舎利塔、旗竿、幟、旗などを寄進した僧についても言及しています。

1　損害を償う義務が課せられた

ヒンユーバー（O. von Hinüber）は近年、「『サマンタパーサーディカー』の時代（Buddhaghosa, 五世紀頃）には〔上座部の〕僧たちが経済手段を管理するということは普通のことであった。僧伽に属する品物が不注意がもとで紛失した場合に、その損害を償う義務の課せられていることによってそのことが示されている」[10]ことに注意を促しています。この点に関しても根本説一切有部律に同様の文章がいくつかあります。その内、次に示すのは最も垢ぬけのしない例です。

一人の僧が他の僧から敷物を借りたが、彼はその上で悪夢を見、それを汚物で汚してしまう。彼はそれをそのままにして返そうとしたが、その僧はそれを嫌がった。

世尊は「それを洗って返却すればよい」と言われた。僧は洗濯したが、それを返却しても受け取ってもらえなかった。

世尊は「彼はそれの対価、もしくは相手を満足させるだけを支払わねばならない」と言われた。

2　僧の所持品は課税対象となった

パーリの「経分別」に挿入されている古い注釈では、「徴税所」は「それはここに入る人に関して税が受領されるように、王によって、山道や川の浅瀬や村の入り口に築かれるもの」（BD i 86）と定義されています。崩壊した政情と僧たちの歩き回る気質とからして、もし彼らが乞食を続けておれば、そのような料金所や徴税所にしばしば、おそらく「村の入り口」に入る時に毎日、出くわしたに違いありません。根本説一切有部律の編纂者と同様、パーリ律の編纂者も僧は当然そのような料金を支払うものと考えています。「もしその税を逃れれば、悪を犯すことになる」とパーリ律には明記されていいます。根本説一切有部律も、僧たちにその解決策を話し合うように勧めてはいますが、彼らが運んでいる荷物については特に料金を支払うように教えています。例えば、地方を放浪している間に二枚の大きな綿布を手に入れた一人の僧の物語が載せられています。その時、彼は「世尊は世捨人も両親に必需品を給与すべきであると言われた。だから私はこの一つを父に、もう一つを母にあげよう」と考えます。しかし、彼が両親のいる舎衛国に戻るために徴税所に来た時、次のようなやりとりが起こります。

徴税官は「尊者よ、税金の対象となる品物をお持ちですか」と尋ねた。僧は「いいえ、持っていません」と答えた。徴税官は「どうか少しお見せ下さい」と言って捜し始めた。彼は二枚の大きな綿布を見て「尊者よ、貴方は法と律とがよく説かれた教団に入っておいでになるのに、二枚の大きな綿布のために嘘をつかれるのですか」と言った。僧は「これらは私のものではありません」と答えた。「尊者よ、それでは誰のものですか。」「一つは父のもので、もう一つは母のものです。」「尊者よ、ここには貴方のお父さんもお母さんも見当たりません。ですから税金を支払ってここを立ち去って下さい。」徴税官は僧を長時間引き留めた。

僧が舎衛国に戻ってそのことを仏陀に告げた時、仏陀は初め「その僧には罪はない」と言います。しかしその後に、少し手を変えてみることを勧めます。つまり、僧は「徴税官に向かって両親を称賛し」、それに続けて両親への息子の義務に関するよく知られたトゥロープを述べるという方法を教えます。仏陀は「もしこのような仕方で両親を称賛して、行かせてもらえればそれでよい。もし行かせてもらえなければ、税金を支払って通過すべきである。もしこのような仕方で手続きを取らないなら、罪を犯すことになる」と言います。ここには言うまでもなく、根本説一切有部の僧が私有財産や資力を有していることが、いろいろな表現をとって極めて当然のこととして認められています。つまり、僧は彼らが受け取った物に関して絶対的な所有権を持ち、それを思い通りにできるものと考えられています。僧は教団に入った後でさえ両親を支える責任があり、それゆえその資力を有するものと考えられています。僧は納税の義務がありかつそれを支払う資力を有するものと考えられています。それはパーリ律も同様です。

3　負債支払い能力のあるものと考えられた

パーリ律には負債を有する者を出家させることに関する規則があります。その出家式文集には、出家志願者に負債がないかどうかを尋ねなければならないことが述べられています。根本説一切有部律の出家式文集にも、同様の問いがさらに完全な形で記載されています。志願者は次のように尋ねられます。

「貴方は額のいかんに拘わらず誰かに負債はありませんか。」

もし彼が「負債がある」と言えば、「教団に入ってからそれを支払うことができますか」と尋ねるべきである。もし「いいえ」と言えば、「ここから立ち去りなさい」と言うべきである。「できます」と言えば、「過去に教団に入ったことがありますか」等々と尋ねるべきである。

そして出家の手続きの説明がそれに続きます。この出家式文集の彼の言葉からして、根本説一切有部の僧として出家を許される志願者は、僧になった後も、その多少に拘わらず、出家の時にかかえていた負債を支払う責任と能力を維持し続けるものと考えられていたことが分かります。それゆえ、そのような志願者が個人的な資産や私有財産をすべて放棄することを期待されていないことは明らかです。

4　指名による寄進は個人のものとなった

根本説一切有部律にはさまざまな点でパーリ律と共通する文章がありますが、それ以外に、僧の私有財産の所有を極めて当然のことと見做している、根本説一切有部律特有の文章がいろいろあります。そのいくつかにはさまざまな寄付のことが言及されています。例えば「衣事」には八種類の寄付に関する詳細な議論があります。そのあるものは特定の僧に指定された寄付と呼ばれています。

支持者によって授与された寄付とは何か。僧が女性であれ、男性であれ、中性であれ、誰かの支持を受けて安居に入った場合に、その支持者が寄進したものは何であれ、その僧一人のものである。それは支持者によって授与された寄付と呼ばれる。

特定の僧に指定された寄付とは何か。どんなものであれ、独居房や回廊や階上に指定されて、限定され明言されたもの、それはそこに住む僧一人のものである。それは特定の僧に指定された寄付と呼ばれる。

同様に「臥具事」では仏陀は「誰かが誰かに恩義があって、その人に感謝のしるしを贈る場合、それはその人にのみ帰属する」と規定しています。また「律分別」には、指定された種々の寄付が乱用されることによって引き起こされる種々の罪を列挙した極めて長い文章が見られます。

僧が誰かある人に指定されたものを自己に向けて回向するならば、それを回向したことにおいて彼は罪を犯すことになる。もし彼がそれを所有するなら、彼は財産の没収を伴う罪を犯すことになる。

もし僧が一人の人に指定された寄付を僧伽に回向するなら、回向することにおいて彼は罪を犯すことになる。もしそれを所有すれば、彼は同じ罪を犯すことになる。

僧伽に指定された寄付を個人に回向することに関しても同様のことが説かれています。根本説一切有部律における財産に関する規定は厳密で明確です。そしてその主要な原則は、個人の僧に属する物品(paudgalika)と僧伽に属するもの(sāṃghika)を区別することです。二つは厳密に区別されています。実際、「雑事」中のテキストでは、僧が自分自身の受け取ったものを僧伽に寄付することをはっきりと禁じています。

ある僧に衣が寄付された時、彼はそれを集まりの長老の側に置き、そして僧伽にそれを譲渡した。物品を託されたその僧は「これは僧伽になされた寄付である。僧伽の物と合わせた上で、それは分配さるべきである」と考えたのである。彼はそのように考えて、合わせ、僧伽に分配した。しかしその僧自身はもとの貧乏にもどった。

このことが仏陀に報告された時、仏陀は「僧は物を僧伽に譲渡すべきでない」と決め、物が個人に譲渡されることを許可します。そして次のようにその規定は締めくくられています。

もし僧が自分に対してなされた寄付を僧伽に譲渡し、僧伽がそれを分配すれば、両方が罪を犯すことになる。

5　印章を持っていた

根本説一切有部律には、僧個人の私有財産が法的に認められていることが随所に散見されます。それはあらゆる律において同様だと思われます。そしてそのことは、僧院の物質文化を示す物事、例えば僧たちがその私有財産を記すために印章を所有し、そうすることが公認されていたという事実によっても改めて確認されます。「雑事」の中に次のようなテキストがあります。

僧院で盗賊たちが僧伽の倉と個人の僧房とから品物を盗んだ。さらに他の僧たちの持ち物がしまい忘れられて間違って持ち込まれた。彼らは自分が受け取った物が分からなくなった。

このことが仏陀に告げられた時、仏陀は「以後は認めるので印章をつけるべきである」と言って印章を用いることを認めます。さらに「印章には僧伽のものと個人のものとの二種がある」と述べます。そしてその二種の印章がインドの仏教僧院遺跡から時には大量に現在もなお発見されています。

6　盗まれた品物を買い戻した

僧たちは税金を支払ったり、彼らが破損した品物の損害賠償をするために現金を持っていたであろうと考えられますが、そのことを根本説一切有部律とパーリ律は共に認めているように思われます。それは、根本説一切有部律の、例えば、僧たちが彼らの品物を盗んだ者たちをどう取り扱うかということに関する規則を述べるテキスト中にも確認されます。これはなかなか興味深いテキストです。

盗賊たちは盗んだ品物を運んで舎衛城に行き、路上でそれを売ろうとした。僧たちがそれに気づいて盗賊たちを法廷に突き出した。盗賊たちは刑を執行され束縛され手足を切断され穴をあけられ、そしてさまざまに苦しみを与えられた。僧たちはそのことを世尊に報告した。世尊は「彼らを法廷に引き出すべきではなかった。それよりむしろ、まず彼らに法を教えて教化すべきであった。それでも彼らが品物を返さなければ、それらの半額を支払ってそれらの品物を取り返すべきである。もしそのようにしても彼らがそれらを返さなければ、全額を支払って取り返すべきである。

7　相続権に関する規則

a　出家者の口頭の遺産相続は認められない

僧たちが私有財産を合法的に保有しており、保有することが僧院規則によって完全に公認されていたことは、根本説一切有部律中の、特に「財産法」と呼ばれる分野における解説文と規則によって、疑いの余地のないほど明確に確定されるものと思われますが、この律に説かれる数多くの「相続権」に係わる規則によってもそのことは明確に確定されます。相続権の問題はあとでさらに詳細に取り扱うことにします。今は特定のケースを一つ取り上げます。それには僧院の遺産を承認する記述を検討すればよいでしょう。

ここに取り上げるケースはいささか込み入ってはいますが、述べられている事柄ははっきりしています。一人の在家者が死ぬ直前に彼の家にある動産に関して口述の贈与を行ないます。彼には三人の息子がおり、その一人は仏教僧になっています。

そこで彼は、友人、親族、兄弟、隣人たちに言った。「諸君、聞き給え。私には、上の二人と、仏教の沙門教団に入っている末の息子との三人の息子がある。それゆえ私の家の財産は何であれ、どんな小さなものでもすべて等しく分けなければならない。」

僧になった息子は父の死のことを聞いて舎衛国に戻ります。僧は漠然とした後悔の念と両親の恩に気づいて泣き始めます。隣家の婦人が彼を見て、彼が財産を分与されないので泣いているものと思い、口頭の贈与のことを彼に教えます。しかし僧は「衣事」中の仏陀の規定を引用して、口頭の贈与によっては遺産を受けることはできないと言います。彼は「世尊は『私が死んだ時、これは彼に与えられなければならない』と述べることは贈与の行為とはならないと言われて、それを禁じられた」と言います。このことが仏陀に告げられて、初期の規定を明確にすることが開始されます。これは重要なことです。仏陀はまず、死に先立って口頭でなされた財産贈与を認めないもとの規則は僧にのみ適用されると言います。

世尊は「僧たちよ、私の言ったことは在家者にはあてはまらない。それは出家者に関して言ったのである」と言われた。

そして彼は続けて、

在家者がなお執着を持ちつつ死ぬなら、それは放棄したことにはならない。だからその場合に、この在家者が〔執着を捨てて〕「私が死ねばこれは彼に与えられる」と考えれば、それは贈与の行為である。彼は出家者ではないから、それは受け入れられなければならない。

ここに至って仏陀は、いま述べることこそもとの規則の意図なのだと主張します。つまり、仏陀は、出家者によってなされた口頭の遺言は効力がないが、この規則は在家者には適用されない、と言います。この規則に用いられている用語の意味はその範囲が非常に広いのです。今のケースでは現実には、一人の僧の父親とその家族の財産の譲渡が話題になっています。先には注記しませんでしたが、ここでは問題の財産が、dhana, nor、つまり動産という用語で表わされていること、そして父がその財産を「持ってこなければならない」というように指示している点、すなわち用語と文脈の両方からして、動産であることがわかってきます。それは明らかに、おそらく相続に関する他のバラモン法によって既に規定されているはずの家屋や土地や、あるいは他の同種の家族の財産は含みません。このケースは一人の父親に関するものですが、このケースにその動産という用語を用いて述べられている規則はすべての在家者にも適用されるという点に注意することが重要です。言い換えれば、この規則は、家族に属する動産のみに適用されるのでなく、口頭の遺言をするいかなる在家者の動産にも適用されます。これが利益を受ける僧の権利の適用される遺産の範囲を大きく拡大するものであることは言うまでもありません。僧がそのような財産に関して有する権利を主張したことは、このテキストの最後の文章に明瞭に述べられています。

在家者が口頭の贈与によって僧に動産を遺贈した場合には僧はそれを受けなければならない旨を規定する時、仏陀は次のように付け加えてその規定を締めくくっています。

また、〔僧が〕それを受け取った場合には、思い通りに〔自己の〕財産として使用すべきである。

問題の財産は定めによりそれが遺贈された僧の完全な所有物となります。その使用に関しては何ら制約がありません。彼はそれを思い通りに用いることができます。このことはすべて僧院の規則に正式に記録されています。

b　僧の遺産相続に関するさまざまな規則

ところで、根本説一切有部律が規定しているのは、在家者の遺産のみではありません。実際、それはさらに多く僧院の遺産に言及しています。そのように遺産の存在を前提しているという事実そのものが、根本説一切有部の僧たちが私有財産を所有していたことの確固たる証拠となります。個々の僧たちは、もし彼らが私有財産を所有していなければ、遺産を残すことはできなかったでしょう。個々の僧たちの遺産に関する規則の適用される範囲の広さと数の多さにも驚かされます。僧院の遺産の取り扱いに関する規則については、少なくともその適用範囲を理解していただくために後に詳細に考察しますが、ある所に住む僧が他の場所で死んだ場合に、その財産の取り扱いに関する規則が述べられていることにも注意を促しておきたいと思います。それは僧の集団と共に他の教団の境界内を旅している間に死んだ僧の遺産の分配を定めた規則です。死んだ場合にその財産を他の僧たちに依託している僧あるいは在家者の遺産の分配に関する規則です。先に見たように、この規則は僧が他の僧に口頭で財産を贈与することを禁じたものです。僧が生前に他の僧に依託した財産は、彼が死ぬ時に彼のもとに復帰します。言い換えれば、僧が他の僧に依託した財産は彼が死んだ時も、他の僧の財産とはならず、彼に帰属し続けるのです。さらに、僧伽が僧の遺産を分配するに先立って、それを正式に所有するのに必要な僧伽の正式な行為を規定した、いくつかの規則があります。つまり、その遺産を相続するために臨終の僧に付き添っている僧の権利を規定し限定する規則、遺産の分配にあずかる必要条件として死んだ僧の葬儀に加わることを求める規則、死んだ僧の遺産を分配するのに適した時と手続きを定めた規則、及びさまざまな分配を定めた規則などです。このように規則をリストにしてもそれは決してすべてを伝えるものではありません。そこで少なくともそれらのテキストの匂いだけでも伝えるためにそれらの中から短い例を二つ引用します。

安居に入っていない僧が安居中の僧たちの住所に来て死んだ場合、安居中の僧たちは、そうでない僧たちに使いを送り、「あなたたちの僧が亡くなった。あなたがたは彼の鉢と衣を受け取らねばならない」と言って知らせる。

安居中の者たちがその遺産を分配すれば、それは〔正当な〕分配ではなく、それは悪く分配されたことになる。そうでない者たちが分配すれば、それは分配されたのであり、正しく分配されたことになる。〔二つの〕集団が交じり合って分配すれば、それは分配されたことにならず、悪く分配されたことになる。四方僧伽に回向すれば、それは正しく回向されたことになる。

そこに説かれている細々とした事柄は、非常に多岐にわたっており、それがこの文章の典型をなしているのですが、それらの事柄自体は当面、さほど重要ではありません。個々の僧の個人的な遺産に関する規則に含まれている細目や、それらが現われる頻度、僧の遺産の取り扱いに際して払われる細かな配慮、そういうすべてのことが、この律の編纂者がそれらを重要でかつ微妙な事柄であると考えたに違いないということを示しています。それらは、僧の遺産をどうすれば最もうまく取り扱うことができるかということに、非常に多くの配慮を払っているように思われます。そしてまさしくそのことが、僧の私有財産が根本説一切有部の僧院制度の中でいかに大きな役割を果たしていたかをも示しています。次に示す例は、僧が死んだ折の財産の分与が僧院を構成するいくつかの方面に影響を与えたことを示しています。

c　建築工事の監督者である僧の遺産の分配

ここに挙げる第二の例は、navakarmika つまり建築工事の監督者であった人物の遺産に関するものです。建築工事の監督者の僧房は、仏教寄進碑文中に初めて言及されるものであり、相当な地位の房舎であったようです。テキストは次のように言います。

場所は舎衛城である。その時、建築工事の監督であった僧が死んだ。後悔しないように僧たちは彼の衣と鉢を分配しなかった。僧たちはこのことを世尊に告げた。世尊は言われた。「僧伽全体を集めて『これは〔贈与が複数の対象に向かってなされる〕複合分配（sambhinnakārī）をするケースか否か』というそのことを考えるべきである。もしそれが複合分配をするケースであるならば、僧伽に属しているものを塔に属するものとしたり、塔に属するものを僧伽に属するものとしたりすれば、それは法にかなわないこととなる。

彼の鉢と衣と布用の金銭とは、仏と法と僧伽のために三つに分配されなければならない。僧伽に属するものは、僧たちの間で分配されなければならない。仏に属するもので、仏の供養、あるいは香室もしくは塔への新たな細工がなされなければならない。法に属するもので、仏の言葉が書写されるか、あるいはそれ（法に属するもの）が獅子座の上で用いられなければならない。

もしそれが複合分配のケースでないなら、すべての遺産は僧たちの間で分配されるべきである。そうすれば後悔の原因はなくなる。

ここにも細々した込み入った事柄が存在し、少なくとも相当額のものが関わっていることが示唆されています。少なくとも個人の僧の遺産が三つに分けることの可能なもので、そうするに値する相当多額なものであることが予測されます。僧たちに分配されるだけでなく、塔や香室の修繕をしたり、新たに何かを付設したり、聖典を書写する資金を提供したりするに足るほど多額であることが予想されます。この文章はまた、金銭が個人の僧の遺産の一部をなしており、このような文脈中の「鉢と衣」という表現が、文字通りに受け取られるべきでないことをも明らかにしています。それは僧の私有財産を包括的に示した表現なのであり、おそらく婉曲的な言い方なのです。実際上、一つの「鉢と衣」を複数の僧たちで分けることは不可能ですし、それを塔の修繕をしたりテキストを書写させるために用いるには、その前に現金に換えるか売るかしなければならないことに気づくべきです。実際、根本説一切有部律を含むいくつかの律に、死んだ僧の遺産を売却することが述べられています。いま挙げたテキストで「布のための金銭」(cīvaracīvarika) と呼ばれているものも、死んだ僧が残した遺産の性質、内容、大きさを物語るものです。そしてこれらの遺産の性質、内容、大きさは、僧たちが所有していた私有財産の大きさを知る上で、最も明確な指標を提供してくれます。

死んだ僧の遺産は、専門的には「物故者の財物」(mṛtapariṣkāras, mṛtapariṣkārikas) という語で呼ばれますが、根本説一切有部律にはいくつかの異なった言葉で表現されています。例えば、マハーパルグナという僧の遺産は、建築工事の監督の遺産とまったく同様の言葉で語られています。つまりそれは彼の「鉢と衣、及び布のための資金」(pātracīvaraṃ sacīvaracīvarikam) からなると言われています。残念ながら「布のための資金」は一般的な合成語ではありません。例えばエジャートンはチーヴァリカ (cīvarika) の項目の箇所で、ムーラパルグナと建築工事の監督の遺産に関する上記の文章のみを引用しているだけです。また、彼のチーヴァリカの規定は、完全にチベット訳に基づいていて、

「衣の代価」(gos kyi rin du bcas pa) となっています。勿論これでは文脈に合いません。文脈からは、チーヴァリカは「衣の代価(price)」を意味しているようには思われません。むしろ衣かあるいは布に当てられる基金(funds)を意味していると思われます。この場合も婉曲的な言い方が用いられているということは決してあり得ないことではありません。少なくとも碑文からはチーヴァリカが金銭を意味することは明らかです。

テキストにおいては一般的でないのですが、殊にナシクとカンヘリ出土の碑文においてはチーヴァリカという語はしばしば現われます。例えば、カンヘリ出土の碑文No.一六には「永久基金」(akhayanivi)としての寄進が記録されており、それから生ずる利益の内、十六カールシャーパナは安居中特定の洞窟に住む僧にチーヴァリカとして与えられるべきことを明記しています。ナシク出土の二つの碑文は、この場合はそのチーヴァリカは十二カールシャーパナに過ぎませんが、ほとんど同様のことを述べています。ナシクとカンヘリの両方とも、その額が毎年支払われました。布用にと指定されてはいますが、必ずしもそのために用いられる必要はなく、まったく使用されなかったかもしれません。根本説一切有部律はチーヴァリカが遺産の一部となっていたことを示していますが、そのことは、それらが普通に蓄えられていたのがまぎれもない事実であったことを証明しています。出家期間が長く名の知られた僧の場合には、蓄えは容易に相当額になったことでしょう。根本説一切有部律は、そのような蓄えを想定し、その上それを評価しているように見えます。そのことを示唆する第一の例として僧院の遺産にまつわる次のような場合があります。

d　臨終の看取りをする僧の相続権

そのケースは、臨終の僧を看病する僧の相続権に関するものです。僧が死ぬ場合、仏陀はまず初めに、一般的な規則として「六種の所属品は病人を看病した者に与えられねばならない。残りは僧たちの間で分配されねばならない」ということを定めます。僧の「標準的所属品」の一覧表にはいく通りもありますが、ここに述べられている六つは、「雑事」に「僧になる場合に一人の人が必要とする六種の所属品」として挙げられる六つであることはほぼ確実です。つまり鉢、水濾し、三衣、坐具です。しかし今のテキストに関してまず注意すべきは、その僧が標準的な所属品よりも多くのものを所有していることをこのテキストが前提としているということです。さらに、それが明らかに僧たち全員の間で分けることができるものと考えられることからして、この「遺品」が巨大な遺産であった可能性のあることも明らかです。「六種の所属品」と呼ばれるものでさえさまざまな量で所有することができたのです。なお、病気の僧の場合が通常の僧と異なることを示すものは何もありません。

仏陀によって制定された一般的規定は、ある特定の種類の僧の遺産に適用された場合にすべての問題を解決し得るわけではありませんから、さらに改良されなければなりませんでした。テキストはその直後に次のように続きます。

高名で金持ちの他の僧たちが死んだ。彼らの所属品、僧としての所属品、生命を維持する所属品が相当あった。それらは集会の長老の側に積み上げられた。

世尊は「六種の所属品は看取った者が取るべきである」と言われていた。しかし看取った者は、次々に最もよいものを取った。

世尊は「最もよいものは取るべきではない」と言われた。僧たちは彼に最も悪いものを与えた。世尊は「彼は最も悪いものを取るべきではなく、中程度のものが与えられるべきである」と言われた。

ここには驚くほど人間臭い話が述べられていますが、それは別にして、この小さなテキストにはいくつかの興味深い点が含まれています。それはこれらの死んだ僧たちが少なくとも「明記されない所属品」「僧としての所属品」「生命を維持する所属品」という三種類の財産を所有していたことを示していることです。これら三種類の中にどういうものが含まれるかはよく分かりません。例えば「雑事」には「六比丘衆は、彼らの望むものは何であれ、鉢であれ、衣であれ、鉢袋であれ、水飲みのコップであれ、帯であれ、そこにある僧としての所属品は何であれ、賭の対象にしたのである」と述べられています。かなり異なった同種の一覧表が「律分別」にも現われます。そこでは布に加えて「鉢か、衣か、鉢袋か、水飲みのコップか、帯か、何らかの種類の所属品」というように列挙されています。「僧としての所属品」は鉢、衣、鉢袋などを含みますが、チベット訳で 'tsho ba'i yo byad とされる生命を維持する所属品は、それとは異なるように思われます。ここに明記されていない所属品が何を指すかは想像する以外に知るすべがありません。

このテキストは、この規則を立案した一人かあるいは複数の僧が、良いもの、普通のもの、あまりよくないものというような、いく通りかの「六種の所属品」を、ある特定の僧たちが所有する状況を想定していたことを示しています。またこのテキストから、そのような僧たちが、上記のような所属品を相当量所有していたことも窺い知れます。しかし最も興味深いのは、これらの僧たちがどのような僧だったかということです。

四　「福徳」の意味するもの

1　金持ちで有名な僧たち

問題の僧たちはジュニャータ・マハープンニャ（jñāta-mahāpuṇya）つまり「高名で大功徳ある者」と呼ばれています。例えばフェール（L. Feer）はそれを「著名で徳に満ちた者」と訳しています。[11] しかしマハープンニャがその言葉通りの事柄を意味する語でないことは、他の箇所にこの合成語が頻繁に現われる文脈からしてほぼ確実です。とりわけ決して「徳に満ちていない」僧ウパナンダに対してこの語が用いられている場合はそうです。マハープンニャだけを分離して理解することは難しいですが、根本説一切有部律はジュニャータ・マハープンニャがほぼどういうことを意味するかという程度のことは示唆してくれます。ジュニャータ・マハープンニャである僧とは、その所属品が相当量にのぼる（bahavaḥ pariṣkārāḥ）僧のことです。そのような僧は、大量の寄進を受け取った人物、それを招き寄せる力を備えている人物です。彼は「金持ちでかつ有名」なのです。このことはさまざまな資料で確認されますが、例えばパーリ律中のテキストでは、最も皮肉な用い方がされています。そこでは、金持ちの売春婦が自分自身を、財産が多く（bahubhaṇḍā）、資材が多い者（bahuparikkhārā）と呼んでいます。後者の「資材が多い者」ということが、今われわれの取り上げている文章中にジュニャータ・マハープンニャなる僧について述べられている事柄に他ならないことは言うまでもありません。ホーナーはそのパーリ語を「私は多くの財産を持ち、裕福だ」と訳しています。しかし、今問題の言葉のニュアンスを読み取るのに、あまりあれこれと幅広く詮索する必要はありません。根本説一切有部律中の一つのテキストだけでジュニャータ・マハープンニャの意味は確認されます。のみならず、そこには僧院の遺産の内容がどういうものであったかも決定的と思えるほどはっきりと説明されています。

ウパナンダの臨終の病気と死と遺産の分配の説明が長々と記されます。その詳細、殊に分配の詳細は後に譲ります。ここでは、ウパナンダとその遺産の分配がどのように描写されているかに注意すればよいのです。

彼の頭に腫れものができて医者がギー（液状のバター）の煎じ薬を処方した時、ウパナンダはその状況を利用してできるだけ多くのギーと布とを集めようとします。それがついには死の原因となったのですが、彼はあえてそれを実行し、そのことをうまくやりとげました。彼の成功をテキストは次のように述べます。

ウパナンダは有名で金持ちである。彼は自分の居住地域の人々と弟子とをあらゆるところに派遣した。彼らは瓶に何杯ものギーと傷を縛る布を請い求めた。

ここでも、有名で金持ちである人物は、多数の寄付を獲得する人であり、それを招き寄せる力を備えています。彼が多くの弟子や学生をかかえていることも明らかですが、それより印象的なのは、有名で金持ちであるこの人物の遺産です。それは次のように描かれています。

ウパナンダは大量の金、三百千の金を所有していた。あるものは鉢や布から、あるものは病気の薬から、そして第三のものは加工・未加工の金から〔得られた〕ものである。

もちろんこれは相当な遺産ですから、僧と王との争いの対象となり、次いで分配を要求する六大都市の僧たちの論争の的となりました。しかし、それは決して批判の対象とはなっていません。そのような遺産は規則に反したものであるとか、そのような蓄財は罪悪であるというように考えられた形跡はまったく見つかりません。実際それは、悪名高い貪欲な僧ウパナンダの遺産とされてはいますが、いくつかのことに留意しなければなりません。ウパナンダは、悪名高く貪欲で、しばしば酷評され嘲笑されてはいますが、僧伽から追放されることは決してありません。彼は制度をきっちりと遵守し、具足戒を受持した僧として生涯を送ったのです。どちらかと言えば、ウパナンダという登場人物は、律の編纂者が規則を編集する際に思い描いていた、僧院内で行なわれることが想定されるあらゆる種類の行為を、表現し具現しているように思われます。彼は編纂者たちが起こることを予想していた事柄を具現した登場人物なのです。ウパナンダの遺産をめぐるケースは、画期的なケースであり、根本説一切有部律の他の箇所でもそのまま引用されています。それは、国家は死んだ僧の遺産には何も要求する権利を持たないという、極めて重要な原則を確立したケースです。そしてこのケースが、死んだ僧の遺産を分配するにふさわしい時期と手続きとを規定する、最も包括的な一連の規則を生み出したのです。彼の巨大な遺産は、私有財産をそのように蓄積したことに対しての批判の機会を与えたであろうと考えられるかもしれませんが、実際はそうはならず、むしろそれに迅速に対処する規則を交付する機会となったのです。

ウパナンダだけが「有名で金持ち」と呼ばれる僧であったわけではありません。僧伽の最も偉大ないく人かの有名人たちもそうです。また、ウパナンダをそのように描写するのは、根本説一切有部律に特有のことではありません。例えばパーリ律では少なくとも四回、ウパナンダは「大福徳者」（mahāpuññā）として登場します。そのつど、この言葉は物的な財産を招き寄せる彼の所有物や能力に関連して用いられています。その内の三つの場合に、ある寄進者が「ウパナンダに寄付をしたいと思っている」と語っているのを他の僧が小耳にはさみ、ウパナンダの所に行って次のように言っています。「尊者ウパナンダ、あなたは大福徳者です。ある時、ある男がその妻に、私はウパナンダ師に衣をさしあげよう、と言いました」と。三つのどの場合においても、聞いたことに基づいてウパナンダを大福徳者と言うのは他の僧であって、ウパナンダではありません。つまり他の僧が寄付を受け得ることと大福徳とを同一視しているのです。もう一つの場合からは、ウパナンダ自身もこの二つを同一視していることが明らかです。その記述によれば、ウパナンダはかつて舎衛国で安居をしました。その安居の終わりにいくつかの場所に行き、それぞれの場所で布の分配にあずかりました。彼が舎衛国に衣用の材料の大きな束を持って戻って来た時、その場に居合わせた僧たちは前述のように両者を同一視することを示す歓声をあげています。彼らは「尊者ウパナンダよ、あなたは大福徳者です。あなたには多くの衣の材料がたまりました」と言います。しかしウパナンダは「尊者たちよ、私のための福徳がどこにあろうか」と独り言を言います。そして彼は彼らに自分のしたことを述べます。このことはすべてパーリ律中の他の文章にも反映しています。そこでは六比丘衆が布束を盗みます。彼らがその布束を携えて現われた時、他の僧たちは、「尊者たちよ、あなた方は大きな福徳を持っておられる。というのは、あなたたちには多くの衣がたまったからである」と言います。そしてここでも、六比丘衆は「われわれのための福徳がどこにあろうか」と言い、彼らが行なったことを説明します。

最後の例は殊に興味深く思われます。それは、物的財産を所有することと福徳者であることを同一視するということが、品物が不当に得られた場合にさえそう見做されるほど、完全に出来上がっており、両者が自動的に結び付く事柄と見做されていた状況を示しています。ウパナンダと六比丘衆の示した反応も、その同一視を否定するものではなく、むしろそれらを同一視することを奇妙な仕方で補強するものであることに注意していただきたいと思います。つまり彼らは、自分たちが行なったのとは異なる、他の仕方で得られた財産を所有することこそ、大福徳者なる僧の本来の意味であり定義であるとする考え方には表立ってはまったく言及していません。本来の意味で福徳者となることは、彼らが行なった方法で得られる財産からは生じないという考え方は、「われわれのための福徳がどこにあろうか」というつぶやきによって示唆されるに過ぎません。

2 貧乏で世に知られぬ僧たち

他のパーリの文章も、これと密接に関連する僧の特色、つまり有名で裕福な者とは反対の、福徳少なくほとんど知られることのない僧たちの特色を紹介しています。彼らはいつでも貧乏です。例えば、パーリの「経分別」は六比丘衆の二人に随行する僧を「新たに出家した」「福徳少ない者」として描いています。これらは彼らが貧乏であることを意味しますが、それはその直後に「僧伽に所属する貧しいベッドとシーツ、および貧しい食べもの、彼らはそれを得た」と述べられていることによって明らかです。ここには「福徳の少ない」僧に関して、少なくとも二つの相互に関連することが述べられています。一つは、彼らが僧伽に属する貧しい寝具と食物とを得たということが明確に述べられており、もう一つは、彼らが自分自身のものを何も持たなかったということが暗に述べられています。殊に後者が高く評価される事柄と考えられていないことは明らかです。

根本説一切有部律もこれら二種類の僧に数多く言及しています。既に見たように、「衣事」には、病気で死んでゆく友人の僧たちに付き添い、彼らの利益のために彼らに代わって仏に礼拝行を行なうことを僧に課した、極めて興味深い一連の規則が存在します。また、やはり既に見たことですが、病気で死んでゆく友人の僧のために、それらのことを行なう資金の調達を、どのようにしてなすべきかということに関して、特殊な指示が与えられています。まず初めに寄進者を捜します。もしそれが叶わなければ、僧伽に属する財産が用いられます。もしそれも不可能なら、仏への永久基金に属する金銭が用いられるか、あるいは仏塔か香室の装飾品をいくつか売却しなければなりません。これらの規則は、一つの用途に指定された財産を他の用途に転用することを厳しく禁ずる規定を停止することになります。そしてそのような規則の停止は極めて特殊な状況によって引き起こされます。このケースでは、そのような規則を生じさせた重病の僧は、自分の看病あるいは自分の供養のための支払いができなかったとされています。彼は「ほとんど世間に知られていない人」(alpajñāta)であったとテキストは述べます。彼は薬を持っていませんでした。通常、僧は看病を受けるに足る資金や自分の儀式の資金を調達する手立てを持っているものと考えられています。しかし「ほとんど世間に知られていない人」はそのどちらもできません。彼らはあまりにも貧しいのです。それが「ほとんど世間に知られていない人」の意味することです。

根本説一切有部律はまた、病気の僧に関する最もよく知られた物語を述べる際に「ほとんど世間に知られていない」僧たちのことに言及しています。これは病気の僧に付き添う仏陀自身の物語です。僧院における絵画の配置に関する規定によれば、この物語は施薬院の壁に描くべきものとされています。この物語では、仏陀は古い僧院を訪ね、そこで「自分の糞尿の中に横たわっている重病の」看取る者のいない僧を見つけます。この僧も「ほとんど世間に知られていない」と言われています。この場合も、彼の状況がこの語の意図をありありと描き出しています。この出来事が、病気の場合には師弟間で相互に看病をする相互義務に関する規則を生ぜしめることとなりました。そしてテキストは「ほとんど世間に知られていない」僧たちの様子をありありと描いて終わっています。この場合は、僧伽が付き添いを提供しています。その提供がなければ、そのような僧たちが付き添いを得られないことになるのは明らかです。彼らは貧しく弟子もいません。

3　有名な僧と世に知られぬ僧

根本説一切有部律のいくつかの箇所では、「ほとんど世間に知られていない」あるいは「福徳が少ない」僧たちと「有名で裕福」な僧たちの両者が、同一の文章の中で言及されています。そのようなケースはとりわけ多くのことを教えてくれます。というのは、二つの範疇に属する僧たちの対照的な特色があい並んで示されるからです。「経分別」中の二つの文章はその典型的なものです。二つの文章は共に旅をしている二人の僧を描いています。その一つには「古参の僧は有名で多くの財産を持っていたが、新たに出家した僧はほとんど世間に知られず衣にも事欠くほどであった」と述べられてい

ます。もう一つのほうには、一人の僧は「有名」で、文字通り「大福徳者」であったと言われていま
す。この僧は、多数のりっぱな鉢と衣と鉢袋と水飲みコップと帯とを持っていると言われています。
もう一人の僧は「ほとんど世間に知られずほとんど福徳もない」と言われます。彼についてはまた、
「苦心して三衣を求めたが、彼の衣は貧しく、彼の腰布さえ非常に古かった」と、その特徴が明瞭に
述べられています。

このような説明や対照的な特色づけは、決して「経分別」に限ったことではありません。「雑事」
にも同様のことが見られます。そこでも二人の僧が共に旅をすることで終わっています。やはり古参
の僧は多くの財産を持っていると特色づけられています。新参の僧は「ほとんど世間に知られず」三
衣以外には何も持っていないと述べられます。

時として尼僧に関しても、そのような特色づけや対照がなされています。例えば、捨堕法三十条の
内、罰金の課せられる第五条（受非親尼衣戒）には、交換以外に親族でない尼僧から衣を直接受け取
ることが禁じられていますが、その例外として、「経分別」は「尼僧が有名で金持ちであり、彼女が
それ（布）を僧の前に置いて『尊者よ、私は同様の物を持っていますので、尊者はどうか、お慈悲で
ございますからお受け取り下さい』と言い、そう言って後ろを振り返らずに行くならば、その場合に
は罪はない」と言います。他の所には、「ほとんど世間に知られず」とか「福徳が少ない」とはっき
りとは述べられていませんが、「布施を拒まれ」「四苦八苦する」尼僧と、過去の夫であった「有名で、
衣や布施や寝具や薬や必需品という大福徳を得る」僧との間で対照がなされています。このケースに
基づいて、飢饉があり僧が手もとにいくらかの布施を持っている場合には、僧は自分の布施の半分を

以前妻であった尼僧に分け与えるべきであるという規則が作られました。構文は完全に整っていると は言い難いですが、当面の目的にとってより重要なことは、得られた「大福徳」が僧の受け取った衣や布施や寝具など以外のものでないことをこの文章が示しているという事実です。

これらのすべての文章が示唆している内容を説明するとすれば、今のところ少なくともおそらく二つの方法があります。一つは、もし「大福徳」が本来そういう言葉で呼ばれる人物の宗教的な学識とか高潔さを特筆していたのだとすれば、現在伝わっている根本説一切有部律や、あるいはその事に関する限りパーリ律の編纂者の時代までに、この語はもはやそのことを意味しなくなってしまっており、むしろ個人が所有していた物的財産の総額と必ず関連づけられるようになっていたということです。あるいは、次のように言えるかもしれません。つまり、根本説一切有部律の時代までに、宗教的な学識とか高潔さそのものが採点されるに際して、それが少なくとも社会的には物的財産の所有によって決定されるようになっていたということです。いずれにせよ、われわれはほぼ同じ地点に到達します。つまり、このような僧院制度においては、「あなたはあなたが所有するものだ」ということなのです。あなたが偉大であれば、あなたはそれだけ多く所有します。この公式は逆であったかもしれません。われわれが見てきた文章の内、決してすべてではないのですが、そのいくつかにおいては、物的な品物の所有が、仏教僧院における地位決定の一要因として一般的に認められている年功（法臘）と重なり、あるいは並行します。やはりすべてと言うわけではありませんが、多くの金持ちで有名な僧たちは、古参の僧、あるいは長続きした僧でもあるのです。このことは最も有名な僧たちの場合も同様です。

4　世尊も舎利弗も目連も大迦葉もみな金持ちだった

初期仏教の僧たちの中でシャーリプトラとマウドガルヤーヤナほど有名な人はいません。仏陀より有名な人はいません。三人とも根本説一切有部律の文献では、文脈は異なっても、いつもほとんど同様の言葉で、つまり極めて裕福な人として描かれています。例えばシャーリプトラは「衣事」では、非常に裕福なため、田舎の僧院に滞在していた折に布施された「五百枚の綿布」を必要としなかったほどです。彼はそれらをその僧院の僧たちに与えました。その行為はあやうく僧院規定違反を犯すものであり、将来解決を必要とする危険な前例を残すようなものでした。

田舎の村に在家者がいた。彼は僧院を作らせあらゆる食料を提供した。尊者シャーリプトラが田舎を遊行して僧院に着いた。在家者は彼に食事を供応したのちに彼に五百枚の綿布を寄進した。しかしシャーリプトラはその五百枚の綿布をその僧院に寄付して出発した。

僧は自分の受け取ったものを僧伽（saṃgha）に寄付するものとは考えられていないという事実を別にすれば、この時点では何も問題はありません。テキストがシャーリプトラの寄付が僧院（vihāra）に対してなされたのを注意深く指摘することによって巧みに違反を回避している点に注意していただきたいと思います。問題はシャーリプトラの二人の弟子がこの僧院に姿を現わした時に生じました。

その時、シャーリプトラと生活を共にしている弟子たちの内、リシラとリシダッタの二人が田舎を遊行してその村に到着した。かの在家者は彼らにも食事を供応したのちに五百枚の綿布を寄進した。

その地の僧たちは彼らに「尊者たちよ、あなた方の師はこの在家者から五百枚の綿布をもらった。

われわれだけがそれらの分配を受けた。今回もその寄付はわれわれだけのものとなるべきだ」と言った。

その地の僧たちはシャーリプトラの行為を前例と考え、それに基づいて自分たちの権利を要求したのです。しかしシャーリプトラの弟子たちは師の行為を一つの既成の原則とは考えず、師の私有財産のしからしむるところとして、自分たちとは異なると考えました。つまり、師には財産があったからたまたまそうすることができたと考えたのです。もちろん、彼らは同様に振る舞う立場にないというのがその意図です。彼らは「師は有名で金持ちである。彼は時としてあなたたちだけを喜ばせることもあり得る」と言います。そしてテキストは「彼らは互いに対立しあった」と述べています。

文脈は非常に異なりますが、根本説一切有部律中の仏陀の逝去の直後に起こった出来事の説明の中に、マハーカーシャパ（大迦葉）に関して次のような記述がなされていることに気づきます。

その時、地上には四人の大長老がいた。尊者アージュニャータカウンディニャと尊者マハーチュンダと尊者ダシャバラカーシャパと尊者マハーカーシャパとである。彼らの内、尊者マハーカーシャパは、有名で金持ちで、衣と鉢と寝具と薬と所属品とを有する者であった。

マハーカーシャパがいかに裕福であったかは、彼が仏陀の死体のための供養を完全にやり直したという事実によってテキスト中に直接示されています。その供養の品物には、特に必要な特定の量の綿芯、五百セットの綿布、火葬に必要な香木とが含まれます。最初の折にはこれらの葬儀の用品を揃えるためにクシナーラー全村がそれにかかったのですから、明らかにそれはマハーカーシャパの私有財産が村全体の財産を凌ぐものであったことを物語っています。マハーカーシャパは多くの経費を要したがゆえに、残った四人の長老の中でただ一人「有名で大福徳者である者」として注意深く配置され描かれたと考えてほぼ間違いありません。そうでなければ、そのように名前をつらねているのは奇妙です。つまり、テキストは前もって読者に彼にそのことが可能なことを分からせることと、しかもそれをすべての人に分かりやすい言葉、すなわち物的所有物もしくは財産という言葉で彼の地位を明らかにすることという、二つの事柄を行なっているわけです。マハーカーシャパは仏教教団の事実上の長となろうとしていたのですから、彼がここで仏陀を描くのとまったく同様の言葉で描かれていることは別に驚くべきことではありません。仏陀も金持ちであり有名です。

仏陀も彼が獲得したものによって形容されていますが、物的所有物と地位との関連性が、僧院内だけでなく他のあい競合する宗教集団の間でも機能していたと考えられることは、例えば現在「雑事」に見られるテキストの導入部からも自ずから導かれる結論です。

仏陀世尊は、王舎城の竹林のリスの飼育苑に滞在されていた。仏陀世尊は、王、大臣、バラモン、在家者、都会の人々、田舎の人々、金持ち、重要な商人、貿易商たちに敬われ尊ばれ称賛され崇められていた。それゆえ、世尊は、衣、施食、寝具、薬、所属品を手に入れられた。しかし多くの他の宗教者集団は、王、大臣、バラモン、在家者、都会の人々、田舎の人々、金持ち、重要な商人、貿易商たちに敬われず尊ばれず称賛されず崇められていなかった。それゆえ、彼らは、衣、施食、寝具、薬、所属品を手に入れられなかった。

ここには極めて率直に物事が語られています。敬われ尊ばれる者は物的財産を獲得し、そうでない者は獲得しないのです。物的財産によって、個人の宗教的及び社会的地位は評価されます。その二つを分けることは極めて困難です。個人は、僧院社会においても、その社会が組み込まれている世間においても、彼が所有する物によって決定されます。人が多くのものを所有すれば、それだけその人の価値の増すことは明らかです。そうでなければそれは逆になります。

物的財産と僧院での地位との関係あるいはそれらを同一視することがいかに日常的になされたか、仏陀そのものが彼の獲得したものでいかに日常的に特色づけられたか、その状況は現存する『アヴァダーナ・シャタカ』(百の物語)のサンスクリット・テキストを見てみれば分かります。『アヴァダーナ・シャタカ』のサンスクリット・テキストは実際に百のテキストを含んでおり、それらの一つ一つが、同一の慣用表現形式の、もうすっかりわれわれの馴染みとなった導入部を備えています。

仏陀世尊は、王、大臣、バラモン、在家者、都会の人々、田舎の人々、金持ち、重要な商人、貿易商、神々、龍、夜叉、阿修羅、迦楼羅、緊那羅、摩睺羅伽たちに敬われ尊ばれ称賛され崇められ、神々、龍、夜叉、阿修羅、迦楼羅、緊那羅、摩睺羅伽たちにほめたたえられ、仏陀世尊は、有名で金持ちで、衣、鉢、寝具、薬、所属品を持ち、しかじかの場所に、弟子衆と共に住しておられた。

世尊そのものをこのように金持ちで有名で、物的な財産の受納者として特色づけることが、『アヴァダーナ・シャタカ』のサンスクリット・テキスト中に百回現われるのです。このことは、律典だけでなく補助的な僧院文献の分野においても、それをどう取り扱うとしても、僧院での地位と物的財産との関係が、中期においては広く行き渡っていたことを証明していると思われます。スパイヤー(J. S. Speyer)は『アヴァダーナ・シャタカ』のサンスクリット・テキストを西暦一〇〇年前後に置いています。ヴィンテルニッツ（M. Winternitz）は二世紀のものとしています。他方、バグチ（P. C. Bagchi）は慣用表現形式の導入部が、彼によってその活躍時期が西暦二二〇から二五二年とされる、呉の優婆塞支謙に帰せられた漢訳には見当たらないことに特に注意して、現存のサンスクリット・テキストがそれほど早い時代のものではあり得ず、支謙訳以後のものに相違ないことを示唆します[12]。支謙が故意に慣用表現形式の言葉を省略したり除いたのではないと仮定すれば、そのような示唆は常軌を逸したものではなく、問題の導入部はおそらく中期初頭よりももっと後の時代に該当するでしょう。しかしそれでもなお、それがわれわれの問題にしている時期の内にあることは確かです。けれども仏陀が有名で大福徳者として描かれるただ一人の僧ではありませんから、『アヴァダーナ・シャタカ』を年代的にどこに位置づけるかということが、導入部に関する唯一の関心事なのではありません。このテキストには、決して尊敬されているとは言えない登場人物たちが少なくとも一度登場します。仏陀といやしむべき老僧との両者を、まったく同じ言葉を用いて同様に形容しているこの奇妙な並置の仕方から、いろいろなことが分かります。

『アヴァダーナ・シャタカ』の四九番目のアヴァダーナ（物語）は他の九十九のアヴァダーナと同様、王、大臣、金持ちによって敬われ、有名で大福徳者であり、鉢、衣、所属品の受納者として仏陀を形容することで始まります。しかしここでそのように形容されるのは仏陀だけではありません。僧になった、このアヴァダーナの主たる登場人物である金持ちの商人もまったく同じ仕方で描かれています。テキストは次のように言います。

そして彼は僧伽に入ったのち、有名になり大福徳者となり、衣と鉢と寝具などの受納者となった。

しかしここではこの僧はその直後に興味深い仕方で描かれています。

彼は、所属品を得てから、彼が繰り返し得たもので金持ちになった。しかし彼は友人の僧たちに分かち与えなかった。

彼は自己の慳吝のゆえに所属品に取り付かれて死に、手足と目とが変形したまったく不快な体つきの餓鬼として、彼の僧房の中に再生します。

このテキストは、同じ頁に同一の言葉で、仏陀と慳吝な僧との両者を描いています。そのことによって今までにほぼ明らかであった事柄が疑いようのない事実になったと思われます。その文字通りの、おそらくは本来の意味にもかかわらず、「大福徳者」という語は、根本説一切有部律においては、そう呼ばれた人の、精神的な特徴を述べるものではありません。慳吝な僧が文字通りにせよ、譬喩的にもせよ「大福徳者」であると言われることはまずあり得ないことです。しかし彼が「金持ち」と呼ばれるのはあたりまえのことです。

このテキストは他の意味でも興味深く思われます。それは何よりもまず、僧たちが金持ちになるという事実を、そしてそのような財産が彼らに個人的に所属していたという事実を、極めて当然のこととして描いています。テキストは、それを分配するか否かは彼らによって決定されると述べます。この種の財産を得ることに反対する規則も、それを分配することに反対する規則も見当たりません。財産を分配しないことこそ、僧院規則に違反することであり、何らかの僧院の制裁あるいは手続きによって罰せられる僧院規則違反であることに注意すべきです。それは悪しき境涯（悪趣）に再生することによって罰せられる道徳的な罪でもあります。これらのことはすべて、テキストの中で悪と判定されているのが、財産の蓄積ということではなく、分け与えなかったこと、特にその慳吝さであるという事実によってさらに確認されます。仏陀はこのケースに関わりましたが、三つの理由のゆえに仏陀はこのケースに関わったのであるとテキストは述べます。つまり「その（死んだ）よい家柄の息子（慳吝な僧）を助けるために」「そして弟子たちの中に恐れを染み込ませるために」「そして慳吝の悲惨な結果を明らかにするために」関わったのです。財産を蓄積することに関しては一言も述べられていません。またそのことは「それゆえ僧たちよ、慳吝を除くように努めよ」と訓戒を結ぶテキスト中にも述べられていません。仏陀自身にしても、シャーリプトラやマハーカーシャパにしても、その偉大さは物的財産の所有という事実によって描かれているのです。そうである限り、仏教僧に物的財産を取り除くように勧告することはできないことなのです。

第四章　僧の仕事、生活のための労働

一　さまざまな仕事と禁止された仕事

1　僧の仕事のリスト(一)

律そのものの中でもその解説においても、根本説一切有部の僧院文献の著者たちは、一人で行なうために不規則になりがちで監視の及ばない瞑想や、民衆の非難にあうかもしれない苦行を、決して奨励すべきものでないものとして述べていると考えられます。実際に、特に禁じた場合がいくつも述べられています。そうだとしますと、彼らは自分たちが、僧はどういう事柄に時間を費やすべきものと考え、あるいは費やしたと考えたかを、律においてもその解説においても説明しているはずです。言い換えれば、彼らは自分たちが何を根本説一切有部の通常の僧の仕事あるいは勤めと考えたかを、直接的間接的に指し示すいろいろな物事をわれわれに提供してくれているはずです。そういうことを指し示すものは必ずしも首尾一貫しているとは言えないでしょう。しかし、僧の仕事がどういうものであるかを示唆する事柄を、いくつかおおまかにでも見ておくことは、この文献にどのような課題が潜んでいるかをわれわれに知らしめる程度には役立つものと思われます。

例えば「雑事」では、僧の仕事や勤めがいかなるものと考えられていたかを示す一つの考え方を、六比丘衆というまったく通俗的で極めて人間的な僧たちの口を借りて語らせています。彼らが荷物を運んでいるのをバラモンや在家者が見て「尊者らよ、われわれは時折、両親や子供や妻たちのために荷物を運ぶことがあります。あなたがたは誰のためにその荷物を運んでおられるのですか」と軽蔑して言います。ここには皮肉が込められているのですが、それは、僧が肉体労働に従事しているということに向けられています。この問題はのちにさらに掘り下げて考察しますが、いまここで興味深いことは、六比丘衆の示した反応あるいは自己を正当化しようとする彼らの言葉です。比丘たちは「皆さん、私たちにも、師を礼拝したり、僧伽を養ったり、病人を看病したりと、仕事はたくさんあるのです」と言います。つまり、仏教僧にも、バラモンや在家者と同様、彼らの「家族」のためになすべき仕事が多くあるというのです。テキストの構文は、「師」がバラモンや在家者にとっての「両親」に相当し、「僧伽」が「子供」に相当し、「病人」が「妻たち」に相当するように工夫されています。バラモンや在家者と同様、僧の「仕事」には荷物運びの必要な時もあるというのです。

このことがすべて仏陀に告げられた時、仏陀は「今後、僧は自分で荷物を運んではならない」という規則を定めますが、しかし僧の仕事に関する六比丘衆の考え方を間違ったこととは見做していません。事実、後に述べるように、別の箇所では彼らが挙げるすべての行動が是認され奨励さえされています。「雑事」のこの文章は、僧の仕事や勤めを示唆する活動に関する少なくとも一つのリストをわれわれに与えてくれるものですが、それ以上にもっと根本的なことは、この文章が、僧が自分たちの身分を証明するような仕事やある特定の業務に携わるものと考えられており、それがこの律の基本的な考え方であることを示唆している点です。チベット訳のテキストでは、karaṇīya とか karma とか kriyā とかの、いずれも仕事や労働や勤めや業務や職業を意味する用語の訳語である bya ba が用いられています。たとえこの語が隠喩的に用いられていることが判明するとしても、この語が使用されているという事実そのものが、僧の役割がどのようなものと考えられていたかということに関して重要な何事かを物語っています。何が隠喩されているかは問題ですが、根本説一切有部律にこの種の語彙が少なからず用いられていること自体はまぎれようのない事実です。

2　出家以前の仕事の禁止

同種の語彙や同様の問題が、例えば「雑事」の他の文章中にも認められます。その文章では在家者の長や一家の担い手が教団に入ってしまった場合に生ずる問題が述べられています。

世尊が大奇跡を示されたので、外教徒たちは完全に面目を失い、神々や人々は喜び、善人たちは気分を昂揚させた。かくして、諸国の商人たちが、村や町や市や国から舎衛国にやって来て教団に入った。彼らの息子や娘や妻や友人や縁者や兄弟たちが、彼らを捜して舎衛国に来た。彼らは商人たちを見つけて言った。「尊者よ、あなたたちはここに来て教団に入ってしまった。しかし、もしあなたたちがここに居続けるとすれば、われわれはどうして生きていけばいいのでしょう。」

しかし教団に入った商人たちがそこに留まるということになった時、彼らを捜しに来た人々は「それではあなたがたはわれわれをここで訓練しなければなりません」と言った。僧たちは「よろしい。そうしましょう」と言って彼らに商売を教え始めた。

しかしバラモンや在家者がそれを見た時、彼らはそれに対していやみたっぷりと次のように述べています。

これらすべての〔出家していながら〕商人〔の仕事をしようとする人〕たちは、一体どのようにして教団に入った人々の〔僧としての〕仕事をなし得るというのであろうか。〔そんな暇があるであろうか。〕

このように非難された結果、仏陀は、のちに述べるようにかなりの例外を設けてはいますが、「僧は彼らの以前の職業を持ち続けることも以前の商売道具を保持することもしてはならない」と規定したと語られています。

3　僧の仕事のリスト(二)

ここにはある問題あるいは関心の働いているのが窺えますが、それは最初に引用した文章中に述べられていたものと同種のものと思われます。われわれには明瞭に認識しがたいのですが、根本説一切有部律の編纂者は、仏教僧と肉体労働者あるいは職人との間に明確な差異を設けそれを維持することに常に配慮しているように思われます。彼らは一般の人々によって二つのグループが混同されることを未然に防ぐ必要があると感じたようです。このいくぶんかは僧と職人とが一つの職業用語を共有していたという事実と関連していることは言うまでもありません。つまり、「学ぶ」(śikṣati)という同一の動詞が、僧の修練を表現するためにも、織工や弓作りや機械工の徒弟の訓練を表現するためにも用いられ、僧の師も職人たちの師匠も、阿闍梨(ācārya)とか和尚(upādhyāya)と呼ばれているのです。またそのいくぶんかは、根本説一切有部律の編纂者が、かなりの数の僧が労働者階級から採用されたりその出身者であり、かつては職人であったりさまざまな種類の商人であったという状況を常に見越しており熟知していたという事実とも関連しています。この点に関してはのちにさらに詳細に考察します。僧がいかなる活動によって規定されるかという問題はさておき、少なくともこの僧院文献の編纂者たちが「僧」を「職業」と見做していたことは明らかです。つまり僧は職務とか特定の仕事とか用事および業務を有するものと考えられているのです。もちろんそれらがどういうものであったかという点についてはいろいろと議論のあるところです。

前記の二つの文章には、肉体労働者や職人の仕事と僧の仕事の間に区別を設け、両者が混同されることを回避することが意図されているように思われます。これが実は僧というものを規定する一つの方途となります。最初の文章は僧の仕事の内容となる行動を、師を礼拝し、僧伽を養い、病人を看病する、と列挙して一つのリストを示していますが、それはこの律に説かれるいくつかの同種のリストの一つに過ぎません。シャーリプトラの遺骨の処置に関する記述にはまったく別のリストが含まれています。

やはり「雑事」に説かれるシャーリプトラの遺骨の処置に関する記述は、一人の僧(アーナンダ)と、一人の俗人(アナータピンダダ)と、僧伽との間で、一体誰が遺骨を管理すべきかに関してえんえんと続けられた交渉の記録とも言うべきものがその内容となっています。既に詳しく述べましたから、ここでは最も必要な部分の概略を述べることとします。シャーリプトラが死んだ時、新入りのチュンダが葬式、もしくは「死体供養」(sarīra-pūja)を行ない、彼の鉄鉢と衣と遺骨を王舎城に運び、アーナンダに手渡します。在家者のアナータピンダダは、アーナンダが舎衛城に到着した時に、シャーリプトラの死んだことと「彼の遺骨が尊者アーナンダの手許にあること」とを聞きます。彼はアーナンダの所に行き、シャーリプトラとの特別な関係を主張し、「私は遺骨に遺骨供養を行ないたい」と言って遺骨を求めます。アーナンダもほとんど同様の表現で反対に自己の要求を述べ、供養は自分が行なうと言って、遺骨を手放すことを拒否します。アナータピンダダは仏陀の所に行き彼に仲介を依頼します。仏陀は最終的には「重要な僧の遺骨は僧院の境界内に留めなければならない」と定めますが、初めは在家者のアナータピンダダの側についてアーナンダに次のように言います。

アーナンダよ、君はシャーリプトラの遺骨を在家者のアナータピンダダに与えるべきである。彼が供養をすべきである。その事を通してバラモンや在家者が信仰をもつようになるであろう。さらにアーナンダよ、そういう遺骨を供養するということだけでは、君は私の教えを資益しないし自分自身をも利益しない。だから君は他の者を教団に迎え、彼らを得度させ、僧院で必要なものを与え、僧としてのいろいろな用事の世話をしなければならない。経を誦すべき時に誦させなければならない。彼らに身をまもらせ訓練しなければならない。

もし、先に「僧の仕事」に関連して述べられた「師を礼拝し、僧伽を養う」等々の行ないを共同体的な行ないと呼ぶとすれば、ここに「新たな構成員を組織の中に導き入れ、彼らに必要品を与え、徒弟に対するように彼らに教育を授ける」というように「僧の業務」として述べられた行ないは、より厳密に組織的であありあるいはギルド志向的です。別の文章を取り上げれば、僧が行なわなければならない事柄に関するさらに別のリストを作ることができます。

二　仕事と安居

1　業務は安居より重要

僧の業務（karaṇiya）をエジャートンは affairs とか matters of business と定義していますが、これに関する特に興味深い議論が「安居事」に見られます。それが興味深いのは、一つには、それが仏陀が過去に定めた規則を自ら変更することを含んでいる点であり、また一つには、変更に際して仏陀の述べる理由です。仏陀はかつて「安居に入った僧は境界から外に出てはならない」と宣言しました。この規則は決して廃止されません。それは明らかですが、かなり大幅な妥協を余儀なくされます。「安居事」は、一群の僧が既成の規則を遵守したために物的支援を奪われるに至った出来事を描いています。この出来事が仏陀に報告されます。テキストは次のように述べています。

世尊は自ら考えられた。ああ、私の弟子たちは布と食物との寄進を必要としている。僧が安らかに生活できるように、かつ寄進者の布施を活かすために、七日間の猶予を公認すべきではなかっただろうか。だから私は、業務の場合には七日間の認可を受けて出かけるべきことを公認しよう。

ここには二つの理由のゆえに規則の変更されたことがはっきりと示されています。僧が安らかに生活できるように規則は変更されます。少なくともこの場合には何よりもまずそのことに関心が払われています。また寄進者の進物が必ず活用されることを保証するためにも規則は変更されます。のちに述べるようにそれが根本説一切有部の僧院制度の中心を占めている関心事です。規則の変更に際しては、単に不在期間が七日に限定されかつ必ず業務によるものとする制約がただ付則されているだけです。

この場合の「業務による」という言葉の言わんとするところは「臥具事」中の一節に的確に描写されています。それは業務のゆえに遅れて僧院に到着した僧に対する寝台とシーツの割り当てを述べたもので、僧の仕事や業務に関する大雑把な二つの範疇をも示しています。「臥具事」では、割り当てが半分済んだ頃にウパナンダが到着します。しかし彼は、割り当てを年功順に行なうべきことを主張します。このような状況に際して世尊は「僧伽や仏塔に関する仕事で出かけた人に対しては、年功順に寝台とシーツの割り当てが行なわれるべきである。そうでない場合には、それらは到着順に割り当てられるべきである」と規定します。この場合でもあるいは「安居事」の場合でも、karaṇīya という語はエジャートンがこの語に当てた仕事（affairs）、業務（matters of business）、義務（duties）という三つの意味をすべて含み得ます。そのいずれを選択するかは、おおむね好みによるかあるいは文脈によります。繰り返しになりますが、これらのことはすべて、根本説一切有部の僧が、各自の所属僧院から出かけなければならない職業上の義務のあることを認識し公認していたものと考えられるということを示しています。「臥具事」ではこれらの義務は僧伽か仏塔のどちらかに関係するものと大雑把に考えられています。「安居事」ではさらに詳細に述べられており、その両方に関連する事例が認められます。

「安居事」ではまず僧が、教団の構成員の範疇、つまり優婆塞、優婆夷、比丘、比丘尼、式叉摩那、沙弥、沙弥尼に属すいく種類かの人々に対して義務あるいは業務を有する旨が述べられます。少なくともここでは僧の仕事もしくは義務は一般大衆にまでは及びません。

これらの範疇の一覧表を示した後に、「安居事」は、僧が合法的に安居から出かけることのできるさまざまな場合を列挙しています。そこでは同じことが何度も繰り返されていますが、時には興味深い記述も見られます。

優婆塞（男性の在家信者）に対する業務とは何か。在家者が妻をめとり自立せんとしているとしよう。彼は多くの布と食物を集め、僧に使いをおくって「おいで下さい。そして尊者らはこれをご享受下さい」と言う。僧は正式に七日〔の許可〕を取って、優婆塞に対する業務のために出かけなければならない。これが優婆塞に対する業務である。

また別に優婆塞に対する業務がある。在家者が四方僧伽のための僧院を造りたいと願うとしよう。……在家者がその同じ僧院に寝具とシーツを贈りたいと願うとしよう。……在家者がその僧院に永代義捐金を設けたいと願うとしよう。〔そのどの場合でも〕在家者は布と食物を集め、僧に使いをおくって「おいで下さい。そして尊者らはこれをご享受下さい」と言う。僧は〔どの場合でも〕正式に七日〔の許可〕を取って、優婆塞に対する業務のために出かけなければならない。これが優婆塞に対する業務である。

また別に優婆塞に対する業務がある。在家者がその同じ僧院に如来の遺骨のために仏塔を建てたいと願うとしよう。……在家者がその同じ仏塔に旗竿を建てるための後援者になりたいと願うとしよう。傘蓋、幟、幡を立てたり、白檀やサフランを塗るための後援者になりたいと願うとしよう。〔そのどの場合でも〕彼は僧に使いをおくって「おいで下さい。そして尊者らは『法の協力者』になって下さい」と言う。僧は〔どの場合でも〕正式に七日〔の許可〕を取って、優婆塞に対する業務のために出かけなければならない。これが優婆塞に対する業務である。

また別に優婆塞に対する業務がある。四部の経典の内のどれかの部の経典を説明し語るという優婆塞のための業務が生ずるとしよう。彼は多くの布と食物を集め、僧に使いをおくって「おいで下さい。そして尊者らはこれをご享受下さい」と言う。僧は正式に七日〔の許可〕を取って、優婆塞に対する業務のために出かけなければならない。これが優婆塞に対する業務である。

テキストはこのように、僧が招かれれば出かけなければならないことを述べて、長々と続きます。優婆塞に後悔の念が生じた時に、使いをおくって「おいで下さい。尊者らは後悔の念を除いて下さい」と言ったり、優婆塞に邪な考えが生じたりすれば、僧はそれを消し去るために出かけなければなりません。僧伽が優婆塞に対して「鉢を裏返す」、つまり彼を僧伽との関わりから追放したいと思ったり、「裏返した鉢を元に戻す」、つまり彼との関連を回復したいと思ったり、あるいは彼が末期の病になって使いをおくって「おいで下さい。尊者らに言葉をかけていただきたい」と述べる場合にも、僧は出かけなければなりません。

このように僧の業務、つまり彼が僧として行なうことが求められる事柄が列挙されていますが、しかしそれはこれだけでは終わりません。テキストには、女性の場合は独立して家を構えるということはないのでそれは別として、それ以外の場合は、僧は優婆夷（女性の在家信者）に対しても同様の義務を負うことが述べられています。次いで他の僧に対する業務が列挙されます。僧が他の僧に対して果たさなければならない義務の中で最初に挙げられるものは、優婆塞に対するのとだいたい同じです。その規則は、個々の僧たちが優婆塞とまったく同様に、僧院を造り、寝具とシーツを寄付し、永代義捐金を設け、仏舎利塔を建て、それに傘蓋、幟、幡を立てたり白檀やサフランを塗るための後援者になるなどのことを行なったという事実を伝えるものです。それらの個々の僧たちも、優婆塞とまったく同様に、多くの布と食物を集め僧たちに使いをおくっています。この規則は僧伽の境界（sīmā）を越えることを取り扱っていますから、義務を課するほうの寄進者の僧が義務を課せられる僧の僧伽に所属していないことは明らかです。優婆塞の寄付行為に関する一覧表と僧の寄付を示す一覧表との間には相違点が一つあります。それは僧のほうがより気前がよく、より裕福な寄進者と考えられていたことを示唆しています。例えば、ただ僧のみが園林（ārāma）を寄付し得るものと考えられていたように思われます。それは僧が裕福な土地の所有者であることがあり得ると考えられていたことをも示唆しているように思われます。

最初の一連の義務が、他の僧院の僧の個人的な寄付行為あるいは宗教的行為に関連するものであるとすれば、第二番目に挙げられる一連の義務は、他の僧院の僧院全体としての行為に関連するものです。テキストは次のように述べます。

さらに僧には別の義務がある。僧伽が一人の僧に関して、譴責、罪の判決、追放、在家者の罪の除去、罪を隠し続けたことによる停職、行ないを正そうとしなかったことによる停職、間違った見解を除かなかった場合の停職というような事を決定するさまざまな行為を行なうとしよう。僧伽は僧たちの許に使いをおくって「おいで下さい。尊者らは法の味方におなり下さい」と言う。一人の僧が正式に七日〔の許可〕を取って、僧の業務のゆえに出かけなければならない。これが僧の業務である。

次いで述べられるケースでは、まず僧伽が上記と同じ罰の一覧表を掲げ、そして、僧たちに使いをおくって「おいで下さい。尊者らにお言葉をかけていただきたい。それ（言葉）が僧を立ち直らせるでしょう」ということが述べられ、最後に、優婆塞に対する場合と同様、僧が末期の病の場合の、その僧に対する義務が述べられます。テキストは、その地位によって多少の例外が付け加えられることはありますが、比丘が、比丘尼、式叉摩那、沙弥、沙弥尼に対して総じて同様の義務を負うことを示す短く要約された節で終わっています。

これはどこから見ても驚くべきテキストです。この律によって規制された僧たちはさぞかし極めて多忙だったに違いありません。彼らは、優婆塞の結婚式や、優婆塞や優婆夷の死、他の僧院並びにその僧院の仏塔の起工式や竣工式、それらの僧院や仏塔への寄付に関する儀式、経典の読誦、他の僧院で行なわれる僧のさまざまな活動というような、自分自身の僧院とは特に関係のない広範な事柄に参加することを求められたようです。その上彼らは種々の役割を果たすことを要求されました。彼らは、支援者の提供した物品を活用すること以外に、「法の協力者」の役目を勤め、後悔を取り除き、間違った考えを消滅させ、教団の構成員に対して執行される懲罰の証人となりそれを執行し、言葉をかけてやり、気が向けば正しい側に立ったり彼らの支援をすることを期待されました。これらの役割はどれも自由に選択できるものではありません。すべて義務なのです。これらは僧自身の境界、すなわち所属僧院の境界あるいは僧伽の外部の個々の人々に対する義務であり、それゆえこれらの役割は、彼が自分自身直接関わっている社会に対して負う義務の余分に負わなければならない義務なのです。こういったことも僧の職務内容の説明書に述べられている事柄の一部であり僧の仕事の一部でした。この律の編纂者たちが布を交易の手段と考えていることに特に注意すれば、「布をご享受下さい」という招待の定型化した言葉づかいは、これらの活動が単に「僧が行なうこと」という意味で僧の仕事として考えられていたばかりでなく、「そのことによって僧が布や食物という形で報酬を受け支払いを受けるもの」という意味においても僧の仕事と考えられていたことを示唆していると考えられます。

2　安居からの外出期間

僧が自分の境界から出ることを許される時間の長さは、その種の仕事がかなり遠方への旅を伴うものであったり、あるいは最長七日間に及んで僧がその作業に従事しなければならないようなものであったりすることを意味しているように思われます。実際、先に挙げた、仏塔あるいは僧伽に関する仕事で旅をする僧について述べた「臥具事」の文章中に描かれていた仕事は、それを依頼されて訪れた僧が自分のために生活用品を整えなければならないほどの日数を要するものでした。

招待された以上、引き受けなければならない僧の役割一つを取り上げても、そうであったことが窺われます。一人の僧が仏舎利塔の建築やそれに香を塗布するために招かれた時、彼は支援者のために「法の協力者」の役割を勤めるように依頼されます。この称号やあるいはその代わりに用いられる「功徳の協力者」は、既に見たように「律分別」においても「雑事」においてもほとんど同じ文脈で用いられます。例えば後者においては、在家者が「物的な物から生ずる功徳（福業事）を行なうために何かをしたい」と望んだ時、一人の僧が、僧伽のために僧院を建てさせるようにと彼に告げます。その在家者は、必要な資金はあるが、「法の協力者」を勤めてくれる人がいないと答えます。僧は「在家者よ、資金を下さい。私があなたの法の協力者となりましょう」と言います。テキストが進むにつれて、在家者の計画のために法の協力者となった僧が、資金を受け取って管理し、建築資材を調達し、作業が完成するのを見届けるという責任を負っていることが明らかになります。このテキストの主たる目的は、法の協力者を勤める僧が、建築用に指定され資金の一部を彼自身の生活費に当てることを認める規則を交付することにあります。したがってその僧が彼の役目を期限いっぱい勤めたであろうことは明らかです。この「僧院」という語の意味する内容とその建築物の大きさはあまりよく分かりませんが、ほとんどの僧院が概して小規模であることが見込まれますので、一つの僧院が一週間で造られたと考えたとしても決して非現実的なことではありません。

「律分別」にもほとんど同様にして始まるテキストがあります。そこでは「功徳の協力者」という語が用いられており、「蒸気の浴室」(jentāka) という小さな建物の建築のことが述べられています。既に見たのと同様、この場合にも「功徳の協力者」を勤める僧が資金を委託されます。彼は賃金労働者を雇い彼らに支払いをし、しっかりと働くように監督するという役目を一任されます。「安居事」によればこの種の行動は義務であり、僧にとって重要で正当な仕事の一部です。このテキストには、少なくともそれらの活動の重要性の程度を示すヒントとなるもの、つまりどういう種類の活動が優先されたかを示すヒントがいくつか認められます。

3　安居中には何が行なわれたか

「安居事」に列挙されている僧の業務あるいは義務が重要なものと考えられていたことは明らかです。だからこそ僧はそれらの業務に従事するために安居を中断しなければならなかったのです。少なくともその意味においてそれらの業務は僧が安居中に行なうことよりも重要だと考えられていたのです。安居のあいだ僧が何をして過ごすべきものと考えられていたかに関しては驚くほど知られていませんが、二種のサンスクリット語版で現存する根本説一切有部律のテキストに興味深いことが述べられています。第一の版はギルギット写本中に保存されているものであり、「皮革事」の一部です。第二は『ディヴィヤ・アヴァダーナ』中に存するものです。ギルギット本のダット版を、そのマニュスクリプト及びそれに符合するチベット訳に照合して校訂すれば、それは次のように訳すことができます。

仏陀世尊の弟子たちには次のことが標準規則になっていた。すなわち、アーシャーダ月（六～七月）の安居の最初と、カールッティカ月（一〇～一一月）の満月の日との二度の集まりが持たれること。また、アーシャーダ月の安居の最初の日に集まった者は、さまざまな注意事項（manasi-kāraviśeṣa）を取り上げ、理解し、あちこちの村や町や市や王の領地で安居に入り、カールッティカ月の満月の日に〔再び〕会し、自分たちの学んだことを説明し、目上の者が質問をする。大弟子たちにとってもそれは同様である。そこで、尊者マハーカートヤーヤナの許に共に住する沙弥や比丘の僧たちは、さまざまな注意事項を取り上げ、理解し、あちこちの村や町や市や王の領地で安居に入り、三箇月の雨期が過ぎた時、衣を作り終わらせて、自分の鉢と衣とを取って尊者マハーカートヤーヤナのところに行った。彼らは到着して尊者マハーカートヤーヤナの足を礼して側に坐った。このように坐ってから彼らが学んだことを説明し、目上の者たちが質問をした。

このテキストの『ディヴィヤ・アヴァダーナ』中に現存する版は、相当のちの文献伝承に基づくものであり、ギルギット・テキストやチベット訳とは異なります。その最も大きな相違は、安居の初めに僧たちが取り上げ理解しその最後に吟味されなければならない事柄に関係します。それは、ギルギット・テキストでは「注意」(manasikāra) あるいは「心の焦点となるもの」(mental foci) となっているのに、『ディヴィヤ・アヴァダーナ』では、uddeśa-yoga-manasikāra となっていることです。manasikāra という語は、根本説一切有部律のこの箇所においてもあるいは他の箇所においても、ギルギット・テキストに説かれる以上には精確に規定されていません。「布薩事」中に明確に規定されているように、yoga は肉体の不浄を観察することであり、しばしば一連の不浄〔観〕と関連づけられます。uddeśa は、静慮の行というよりは学習的な方向を指していますが、manasikāra と同様おおまかにしか規定されていません。エジャートンは uddeśa に「説明、解説、〔教義の〕陳述」という訳語を与えています。この語が研究とか学習に関連していることは、『ディヴィヤ・アヴァダーナ』に認められるギルギット・テキストとのもう一つの重要な相違点によって確かめられます。

ギルギット・テキストでは、僧たちは安居の終わりに集まった時、「自分たちの学んだことを説明し、目上の者が質問をする」と述べられています。それに対して、『ディヴィヤ・アヴァダーナ』中のテキストは、少なくとも慣用句が最初に現われる所で、「目上の者が経と律と要約 (mātṛkā) について質問をする」、つまり、彼らは安居の受講者たちの三蔵の知識を尋ねる、と言うのです。

ギルギット・テキストには、安居の初めに僧たちがさまざまな「心の焦点となるもの」を与えられ、安居の終わりに彼らがそれらから学んだことを試問されることが示されています。そのような修練が個々の僧たちの安居中の関心事であったように思われます。『ディヴィヤ・アヴァダーナ』はその種の関心事の一つの広がりを示しています。そこにはこれらの修練に加えて、『ディヴィヤ・アヴァダーナ』が yoga と解した特定の実践法やある種のテキストに精通することも列挙されています。これらが僧たちに関心のあった活動です。しかしそれらは先に掲げた「安居事」中に詳述される僧たちのさまざまな業務のほうが優先する活動でもあります。少なくともこれは、職務あるいは組織としての義務が個人の宗教的な関心や成長よりも優先され優位にあったことをはっきりと示す一つの例です。つまり、僧が世間の人々の一生涯のさまざまな儀式に参加したり、あるいは仏塔と僧伽の両方に関わる建築や儀式に携わったり監督したりすることのほうが、この文脈においては「静慮」や「学習」よりも優先されているということは極めてはっきりしています。安居は「静慮」や「学習」が最も容易に行なわれる一定の長さをもった期間であったと思われ、これらの二種類の行ないが他の箇所では個々の僧の「仕事」の内容をなすものとして挙げられています。

三　静慮と読誦

1　僧の仕事と静慮と読誦

例えば、現在「雑事」中に見られるテキストには、僧ナンダが愛しい妻スバドラーのことを想いつつ平らな石に腰をかけて彼女の姿を描き始めたことが記されています。年長の僧マハーカーシャパがやって来て彼に何をしているのかと尋ねます。ナンダの答えに対してカーシャパは「尊者世尊は、僧には静慮と読誦との二種の仕事があると言われた。なのに汝はどうしてそこに坐って妻の絵を描いておれるのか」と言います。ここでカーシャパは仏陀が二種の仕事（karaṇīya, bya ba）があると述べた言葉を引用しています。「仕事」と訳したのは、先に用事とか業務と訳したのと同じ語です。「静慮」(bsam gtan）はおそらくdhyānaの訳であり、「読誦」(gdon pa）はおそらくpaṭhantiを訳したものでしょう。これら二つの行ないの特質についてはあとで詳述しますが、今はこの言葉使いが他のことを除外する性質を示唆しているように見えること、つまり、これら二つのみが僧の唯一の仕事として挙げられていて、絵を描くことを除外しているように見えることに注意しなければなりません。実際、仏陀がそのことを告げられた時に「ゆえに僧は絵を描いてはならない」と述べた規定によってそのことは確認されます。そしてその規則が絵を描くことをすべて禁止するものであることを僧たちは初めから理解しているように描かれています。しかしテキストはここで終わっていません。静慮と読誦が僧の仕事であるとしても、それらは僧が従事しなければならない唯一の活動ではありません。

仏陀が絵を描くことを禁じた時、おそらく絵を描くことには色を塗るということも含まれるからでしょう、僧たちは「如来の髪や爪を納めた仏塔に香を塗ったり散布することをすら」しませんでした。仏陀はいつものように既に答えを知っていながら、僧たちが仏塔に塗布しない理由をアーナンダに尋ねます。アーナンダが事情を説明すると仏陀は意味ありげにもとの規則を言い換えて「ゆえに香を塗り散布することは行なわれなければならない。しかし有情の姿を描いてはならない」と述べます。つまり、ここでは静慮と読誦とが僧の仕事であると言われているのですが、僧は仏陀の塔に塗布することもしなければならないのです。やはり僧の二種の仕事に関する同種の説明が別の箇所では多少別の仕方で描かれています。

根本説一切有部律中に僧たちが仏陀の規則や言葉を理解しなかったり誤解したように描かれている場面はおそらく数百に及ぶでしょう。いま取り上げた絵を描くことに関する文章は、規則を誤解した場合の一つです。「掃除」の価値について述べる一文は、言葉を誤解した僧を描写した格好の例です。この文章は肉体労働に認められる価値に関する、より一般的な問題にも関係しているので、詳細はのちに述べます。僧が掃除から得る功徳には五つあると仏陀の諭したことはしばしば言及されますが、ここでは「雑事」中のテキストに考察を限定します。そこではこの仏陀の言葉は明らかに予想外と思われる結果をいくつか引き起こすこととなります。テキストは次のような語で始まっています。

世尊が「掃除には五つの功徳がある」と言われた時、長老たちはみな静慮と読誦とを放棄してジェータヴァナを掃除し始めた。

テキストはそれが仏陀の意図でなかったことを急いで付け加えています。テキストでは仏陀は次のように述べています。

私の言ったことは掌堂師（upadhivārikā）の任にある者たちのことであって、長老たちのことではない。その反対に、この善く説かれた法と律との僧伽に入った僧の仕事は静慮と読誦の二つである。

静慮と読誦とが僧の仕事であることが改めて明言されています。一見それはすべての僧に適用されるものでありかつ肉体労働を僧の仕事から除外しているように見えますが、そのどちらでもありません。

事実このテキストは明らかに長老（sthavira）たちに関することのみを取り扱っており、その教えは彼らに向けて説かれています。もしこの教えが地位の区別ということを新たに話題にするものであれば、仏陀の言葉は僧院の専門化のより進んだ区別を新たに話題にしたものであるということになるでしょう。つまり、もし掃除が長老の僧たちの仕事でないなら、それが掌堂師の僧の仕事であることは極めて明らかで当然のことであるということになるでしょう。しかしそうはなっていません。というのは、テキストはまたもやここで終わらず、掃除がすべての僧の仕事の一部をなしており、時として全員で、ある種の礼儀をもって行なわなければならないことを示しています。

世尊が「私の言ったことは掌堂師の任にある者たちのことである」と言われ、その僧がジェータヴァナ全体を掃除することができなかった時、世尊は「必要に応じて、掌堂師の任にある僧が掃除しなければならない。その他に、八日と一四日にはガンディー（僧院の鐘）を鳴らして僧伽全員が掃除をしなければならない」と言われた。

世尊が「八日と一四日にはガンディーを鳴らして僧伽全員が掃除をしなければならない」と言われ、いく人かの僧たちが帚を用い汚物のことを話しながら自分たちの仕事をした。そしてジェータヴァナに住む鬼神と他の僧たちが彼らを非難した時、世尊は「掃除をする時には法に適った思慮深い話をするかあるいは聖者の沈黙を守るかのどちらかでなければならない」と言われた。僧たちがジェータヴァナを掃除した時、彼らの体は汗まみれになった。不信心者たちが彼らを見て彼らを非難した時、世尊は「汗をかき、ガラクタを捨ててしまった時に、沐浴したい者は沐浴すべきである。沐浴したくない者は水で体を拭き、手足を洗って僧院にはいるべきである」と言われた。

ここまできてもまだ終わりません。テキストは次のように続いています。

世尊が「僧院を掃除することに加えて、仏陀の言葉が唱えられなければならず、〔ジェータヴァナの〕周りを歩かなければならない」と言われた時、いく人かの僧たちが一箇所に聖水をまき、そこを掃き儀式の場所（マンダラ）を造った。「そこを歩くのはよくない」と考えて、僧たちは歩かなかった。そこで世尊は「聖仙の偈を唱えながらそこを歩くべきである。そうすれば後悔の原因になるようなことはない」と言われた。

香室の影が写り、仏像と仏塔の旗竿の影〔が写ると〕実直な僧たちはその上を歩こうとしなかった。世尊は「僧たちよ、影は堅固なものではないのだから聖仙の偈を唱えながらその上を歩けばよい。そうすれば後悔の原因になるようなことはない」と言われた。

僧たちが二種の仕事を持つことを述べる記述の極めて近くに、それと並べてこれらの付加的な規則が置かれているという事実があるということや、それらが錯綜しているということ、及びそれらの規則の性質には、根本説一切有部律の編纂者たちが、その記述に文字通りの意味やあるいは限定的な意味さえ認めていなかったし意図してもいなかったということが示唆されているように思われます。彼らは一つのスローガンでは表現し切れないような豊かで複雑な僧院というものを管理する規則を知っていたか、あるいは作ろうとしていたように思われます。静慮と読誦とが僧の二種の仕事であるとしても、それらはただ多くの仕事の内の二つに過ぎないのです。掃除は、少なくとも定期的に設けられた機会においては、すべての僧たちにとって義務的な行ないです。その同じ折に彼らはプラーティモークシャを唱えることが必要とされます。それはガンディーの音を合図として行なわれる、組織としての活動です。僧たちが掃除すべきものと考えられていることは明らかですが、それは一種儀式化された活動なのです。その間、会話にはある種の制約が課されました。それは、僧院の葬儀への参列と同様、そしておそらくそれと同じ理由のゆえに、その最後はある種の形式を伴う沐浴で締めくくられなければなりませんでした。そしてその後に、僧院の庭を巡るある形式にのっとった行進らしきものが続き、その間、僧たちは何らかの経典を唱えます。それは掃除を通して、いわば定期的に僧院を二通りの仕方で清掃することになります。つまり、帚によって物理的に清掃し、読誦によって精神的に清掃するわけです。そしてそのどちらも選択の可能なこととはされていません。それらは彼が僧であるとか、あるいは僧院の一員であるということだけで、彼にとって義務となる活動なのです。ここでも掌堂師のことが問題となっています。この僧は彼がしなければならない清掃を行なうことでさえ完全にはできないのです。まして彼に静慮と読誦の時間があるとは考えられません。ですから静慮と読誦は少なくともこの僧の仕事ではありません。また、他の箇所で述べられていることからすれば、掌堂師は大きな特権をもった重要な地位にある僧であったと考えられます。

このような文脈からすれば、「僧の仕事は二つである」という記述がすべての僧に適用されなかったことは明らかです。またこの記述が、僧がただこの二つだけの仕事をしていたことを意味するものとは考えられませんから、そのことを意図するわけでないと言うこともできます。その他にも、僧がその両方を行なうものと期待されていたことを意味するとはとても受け取れないような文脈も存在しています。そのような文脈の例として今度は「律分別」から二つの文章を引用しましょう。

その「律分別」に述べられる事例では、興味深いことに若い僧ウパセーナが自分の師匠から他の師匠の許に紹介状を携えて遣わされています。他の師匠はウパセーナを受け入れるにあたって、彼に「僧には、静慮と読誦という二つの仕事があるのだが、君は静慮と読誦のどちらをやりたいのか」と尋ねます。僧ウパセーナは「静慮を行ないたい」と答えます。師匠は「よろしい」と答えます。そしてその後でテキストは「師匠は彼に教えを授けた。ウパセーナはシータヴァーハナの塚間《ちょうげん》（死体捨て場）に行き、専念努力してあらゆる煩悩を捨て去り、阿羅漢の位を直証した」と述べます。彼は塚間に長らく留まったものと思われます。後にウパセーナが阿羅漢となってから兄弟が彼を捜してやって来た時、兄弟は彼が塚間にいると告げられています。

「律分別」にはそのほんの数葉あとに、僧伽に入ろうとする若い僧の話がもう一つ記載されています。彼も彼を受け入れる僧から「僧には静慮と読誦という二つの仕事がある」と言われています。しかしこの場合は、受け入れるほうの僧はそのあとですぐに「私は静慮者なのだが、君は静慮と読誦のどちらを行なうのか」と尋ね、新入りの僧は次のように答えています。

「師よ、読誦を行ないます。」

「よろしい。息子よ、君は三蔵を読誦しなさい。」

若い僧は「それには多くの書籍を持っている師匠が必要だ。この師匠は私に読誦を教えることはできない。だからどこかほかへ行かなければならない」と考えた。そう考えて他の所に行った。そこで彼は三蔵を読誦し三蔵に通暁し、弁舌自在の説法者となった。

このような文章からしても「僧には静慮と読誦という二つの仕事がある」という言葉がすべての僧に

そのまま当てはまるものとして理解されたはずのないことは明らかです。これらの文章は、「静慮と読誦」という語が「静慮か読誦」を意味するものとして理解され、僧が普通はその両方ではなくどちらか一つを行なうものと考えられていた事実を示唆しているものと思われます。実際、いま「律分別」から引用したどちらのテキストにおいても、新入りの僧には静慮か読誦かのいずれかを選ぶべき旨が告げられています。彼が両方を行なうことのできないことは明らかです。両者を選ぶことは選択肢の内に入っていません。さらに第二のテキストは、新入りの僧に求められた選択が、彼を受け入れた僧がかつて求められた選択であり、その選択が特定の結果に結び付くことを明らかに示しています。つまり彼は自分のことを「静慮者」と呼んでおり、それゆえ彼は新入りの僧に読誦を教えることができません。年配の僧自身両方は行なわないのです。新入りの僧は、読誦を習うためには、誰か他の人の許に行きますが、それだけでは済まず、まったく別の場所に行かねばならないかもしれません。僧たちが静慮と読誦との両方に従事するとは考えられもせず要求もされなかったことを示す例としては、これに勝るものは存在しないでしょう。ここでは二つの選択肢は、阿羅漢か三蔵の知識かという別な二つの結果をもたらすものとしてはっきりと描かれています。いずれかが他方より勝れていることをほのめかすようなものはまったく存在しません。しかし静慮はここでも塚間と関連づけられており、それとの独特の関係を維持しており、静慮者は自分が得度させた者の訓練には直接携わらない者として描かれています。

もし静慮と読誦とが僧にとってせいぜい一つの選択肢に過ぎないことを立証するにはさらに確証が必要だとあれば、そのどちらかが必須であることを明瞭に述べるいくつかの文章の中にそれを見つけることができます。特に「雑事」中の一文はそのよい例です。

その「雑事」の文章は、読誦の相対的な重要性と「依存関係の義務」とに直接言及したものです。この関係については既に述べましたし、のちにも述べるでしょうが、それは「相互に援助しあうため、また病人を看護するために」仏陀によって公認されたものであると言われ、従者の僧は支援者の僧を看護し看取らねばならないとする厳しい義務を伴うものであり、非常に重いものとして受け取られたことは明らかです。次の文章はそれがいかに重いものとして受け取られたかを示しています。

世尊は「読誦の師には丁重に仕えなければならない」と言われた。ところがある時、読誦の師と支援者の師とが病にたおれた。そうなると僧たちには二人のどちらに丁重に仕えればよいのかが分からなかった。

僧たちはそれを世尊に告げた。世尊は言われた。「可能ならば、両者に仕えなければならない。しかし不可能なら、支援者の師に仕えるべきである。読誦しないでいることは差しつかえないが、支援者なしにいることは許されないからである。」

ここでは僧の二つの仕事の一つとされている読誦は、しないでも済むものと明確に言われています。僧は読誦なしでも済ますことができるのです。僧がそれなしでは済ませず、すべての僧に必須のものは、支援者の僧です。事実、地方のいくつかの僧院では、支援者の僧のいない僧を訪問して夜を過ごすことさえ禁ずる条例が決議されています。すべての僧に必ず支援者を持つことが義務づけられた結果、読誦や静慮とは何ら関係のない、一連の義務や行動が僧たちに余儀なくされました。事情がそうである以上、「僧の仕事は静慮と読誦である」とする記述が一種の言葉のあやに過ぎないことは容易に理解できます。根本説一切有部の僧たちがその戒律によって要求された事柄、つまり彼らの仕事は、それほど簡潔に表現することのできないものなのです。

2　静慮・読誦とさまざまな雑用

これまで見てきた文章には「仕事」「用事」「義務」という用語がはっきりと用いられていましたが、それとは別に、これらの用語が表立っては用いられていないけれども、同様のことを指示し同種のいくつかの行ないについて述べている文章があります。これらの文章には、静慮や読誦などが決して疎かにされたりないがしろにされたりしないような状況を確保することが必要とされ、その結果、皮肉なことに読誦や静慮のいずれとも関係のない、それどころか逆にそれらに当てるべき時間を締めつけたに違いない一連の義務や用事が新たに作り出され、それらの義務や用事が是認され正当化されるに至った経緯が述べられています。これらの文章は、特に何かの用事を指示されない場合に僧たちはいかにして時間を過ごすべきものと根本説一切有部律の編纂者たちが考えていたかに関して何らかの示唆を与えるものです。

われわれは他の問題に関連して既にそのような文章を二つ見てきました。それらは共に何らかの点で財産に関する問題に関わっていました。「臥具事」には、森林に住むことを仏陀がさまざまに称賛されたことが述べられています。そこで、いく人かが森に住み始めます。その人数が多くでないことに注意すべきです。そしてそれは明らかに予想外の結果を招くことになりました。彼らは盗賊に襲われたのです。そしてそれが更に別の結果を引き起こしました。テキストは「彼らは盗まれて、バラモンや在家者の家に衣を求めに行くことを余儀なくされた。そして説法や読誦や諷誦やヨーガや精神統一をないがしろにした」と述べます。この場合、森林への移住が予想に反した結果をもたらしたことは言うまでもありません。説法や読誦などは推進されず、事実上放棄されました。この場合には事情が差し迫っているので、僧としての仕事よりも物的な事柄に重きが置かれています。テキストに示された解決策は、それが僧院の価値観を示唆しているという点からしても、また僧院の物質文化を示しているという意味からしても興味深いものです。仏陀はその事情を告げられて次のように言います。

「森に住む僧たちのために場所を設けねばならない。」

世尊が「森に住む僧たちのために場所を設けねばならない」と言われたので、僧たちは私用の区域(aprakāśe)にその場所を設けた。森に住む一人の僧が、自分の鉢と衣をそこに置き、扉を閉め、鍵(ṭādaka)を持って出かけてしまった。他の森に住む僧たちはそこを使用することができなかった。

世尊は「森に住む僧には公用の区域(prakāśe sthāne)に場所を設けなければならない」と言われた。

たとえ他のどこかで少なくとも冒頭では自分の衣や鉢を盗んだ泥棒にこだわるべきでないとの忠告が僧たちになされているとしても、ここに示されている解決策には、物的な物への関心は否定されていません。ここでは他ならぬまさしくその関心のために便宜がはかられています。便宜がはかられた結果、森に住む僧たちの所属品を収納するために、僧院内に特定の場所を定める必要が生じました。その場所にもまた何らかの工夫が必要となります。このようにして便宜がはかられ、その結果、僧院の設備は整えられていきます。上記の解決策からはさらに別の二つのテキストのことが思い出されます。その一つは「薬事」中のもので、ヴァイラッタシンハが匂いに敏感すぎるので、彼に精神統一をし易くしそれを達成させる必要上、僧院を香や花輪で飾り美化することを正当と認めるテキストです。他の一つは「臥具事」中のもので、森に住む僧の財産が盗まれる問題に対して、番犬を飼い少なくとも一人の僧を犬の世話係に指名するという別の解決策を指示するテキストです。いま取り上げているテキストでも、森に住む僧が読誦や精神統一などをないがしろにしないことを保証する必要が生じ、それが他の僧たちに彼らの財産を守る責任を義務として課することになります。その結果、森に住む僧たちも他の僧たちも共にそれぞれ義務を遂行することが求められることになります。

根本説一切有部律はその編纂者たちが心に思い描いていた僧院というものを偶然われわれに垣間見させることがあります。ここに描かれている僧院には公用と私用の両方の区域があります。私用の区域は少なくとも扉と錠と鍵とで防護されています。それも僧院の財産に関する考え方とそれに対する関心とを示すものです。根本説一切有部の僧院のある部分は閉じることができたのです。森に住む僧が鍵を持ち歩くというのも、われわれには予想外のことです。

第二の文章は、既に先に取り上げた「衣事」中の裕福な僧ウパナンダの死の説明の中に見られるものです。その中に同じ定型句が述べられています。それもやはり財産に関連しています。ウパナンダは莫大な遺産を残して舎衛城で死にます。舎衛城の僧たちは彼の葬儀を営み、王たちに対抗して遺産の相続権を獲得し、権利の分与をし始めます。しかしその時、他の五つの都市の僧たちがあい次いでやって来て分け前を要求します。僧たちは集団でやって来ては、遺産をもう一度寄せ集めて改めて分配することを繰り返し要求します。こうして無秩序に行なった結果は、現在われわれが目にするテキストの中に「遺産をもう一度寄せ集め分配して、僧たちは説法や読誦や諷誦やヨーガや精神統一をないがしろにした」という定型句となって残っています。この場合の解決策も、やはり仏陀の口から発せられていますが、僧が正当な分け前の分与に関わることの正当性、つまり死んだ友人の僧の財産に関わることの正当性を明らかに認めています。それは決して問題として非難されもしないし問題として取り上げられさえしていません。問題は、死んだ僧の遺産の分与に正当に関与するというその正当な関わりが、読誦や精神統一などの僧としての他のやはり正当な関与すべき仕事をないがしろにさせた時に生じたものと思われます。どちらがより重要であるかは決めることができません。さまざまな形の読誦や精神統一が決してないがしろにされないように処置が取られますが、それによって僧たちは読誦などとは何ら関係のない他のさまざまな活動を行なわねばならないこととなりました。要するに仏陀は、もし僧が死んだ僧の遺産の分与にあずかることを主張するとすれば、彼は僧伽全体で行なう五つの活動に参加しなければならないという規定を定めたのです。つまり、彼は僧の葬儀に参列しなければならず、僧伽全体で行なう「無常三啓経」(Tridaṇḍaka)の読誦に参加しなければならず、僧伽全体で行なう廟(caitya)礼拝に参加しなければならず、籌を僧伽全体に配ることに参加しなければならず、僧伽全体で行なう式典に参加しなければならないのです。このようなことに参加すれば、そうでなくても既にないがしろにされている読誦などに用いることのできる時間が必ず削減されることになります。そのような活動への参加は個々の僧に体をその場に運ぶことを求めるものですから、僧伽から退いて森で時間を過ごし一人でいくばくかの時間を静慮に専念しようとする僧の気持ちをくじきます。

上記の二つの文章中に見られる怠慢に関する定型句は、根本説一切有部の律典全体のさまざまな文脈において認められます。例えば「比丘尼律分別」においては、気むずかしい尼僧たちが自分たちのマットに不満を抱いた時の出来事を描くのに用いられています。彼女らはマットが大き過ぎるとか小さ過ぎるとか、長過ぎるとか短過ぎると言っては、次から次へとはねつけて、とうとう新たにこしらえねばならないと思うに至ります。彼女らはこのような調子で事を行なったので、テキストは「多くの仕事が必要となり多くの用事ができたので、彼女らは説法や読誦や諷誦やヨーガや精神統一をないがしろにした」と述べます。このテキストは「心の想いを静めること」を新たに付け加えています。

この場合も解答はいつもと同様世尊に帰せられています。仏陀は、ほとんどいつもと同じように、その行ないを禁じてはいません。彼はマットを作ることが尼僧の「仕事」あるいはその正当な部分の内には入らないということをはっきりとは言いません。それどころか、彼はそのようなマットの標準的な大きさを定め、尼僧たちが自分自身で満足のいく大きさを決定する必要のないようにしてやっています。彼は必要な用事を基準化することによってヘンリー・フォードのように時間を節約させるのです。

「雑事」の文中にもこの定型句が現われますが、それはもっと劇的な結末を迎えています。このテキストは一つの事件を取り扱います。そこでは六比丘衆が他の僧たちの失敗や過失を告発することに熱中し過ぎる僧として登場します。他の僧たちは恐れて、その結果、「消耗し、途方に暮れ、衰弱し、体がきかなくなり、説法や読誦や諷誦やヨーガや心の正しい注意をないがしろにした」とテキストは述べます。言うまでもなくこの僧院文献において「告発すること」(codayati) は、「思い起こさせること」(smārayati) と同様、行ないを矯正し育成する手段の一部であり、必要で正当な行為とされています。したがって仏陀は明らかにそれを禁じもせず僧の義務の一部から除外もしません。いつも通り彼はただそれが整然と手順通りに行なわれるようにと述べるだけです。

いくつかの例から容易に理解されるように、僧たちが読誦と静慮をないがしろにすることを引合に出すことが、ありとあらゆる余計な用事や仕事に口実を与え正当化するための常套手段となったわけです。このことは静慮と読誦という目標が少なくとも修辞的な価値は持ち得たことを示しています。それらが確実に行なわれるように保証し保護する必要があると言えば人は承服するからです。この律の編纂者たちは、相当数の僧や尼僧たちが静慮や読誦よりも、衣や鉢や蓄財やマット作りのような他の事を重要だと考えていることを知っていたかあるいはそう考えるものと思っていたのです。この律が対象としている僧たちにとって静慮だけが関心事なのではなかったという印象を受けます。読誦にしてもそうです。少なくとも筆者の知る限りでは、この律には僧が静慮と読誦以外の他の職務をないがしろにしたことを述べる箇所は見当たりません。

もし僧が静慮と読誦とを必ず実践できるように保証しなければならない、あるいは少なくともそのように努めようという要求が本物だとすれば、それはこれらのテキストが人々の僧になる動機として述べていることにまったくそぐわないわけではありません。しかしそれらの実行を保証するために講じられた方策は、既に見たように、思ったほどの結果をもたらしていません。それらは静慮や読誦を守るようにと思って考案されたものであるにもかかわらず、しばしば僧たちにそれとはまったく関係のない活動に参加することを要求する結果となりました。仏陀の口を借りて発せられた解決策は、静慮や読誦とは別のそれらの活動を決して禁じてもいませんし、それらが僧の仕事の内容となるべきではないということを決して明言してもいません。僧は生き物の絵を描い（paint）てはいけませんが、仏塔には塗料を塗ら（paint）ねばなりません。尼僧は自分自身でマットの大きさを決めてはならないが、それを作ることは期待されています。実際、根本説一切有部律の編纂者たちは、僧や尼僧が読誦と静慮以外に広範な活動に参加することを期待し要求しているように思われます。

これまで見てきたスローガンや定型句の外にも、根本説一切有部の文献には、この文献の編纂者たちが何をすることに僧たちは時間を費やすものと考えていたかということに関して、われわれに何らかの教示を与えてくれるように思われる文章が少なくとももう一種類存在します。これらの文献には人々が仏教僧院を訪れたり仏教僧に会いに来る場面の説明がたくさん出てきます。これらの場面の説明は、僧院を訪れるさまざまな人々がそこで見たりあるいは注意をはらうものについて僧たちがどう考えたか、そしてかなり多くの場合においてはその人々が示す反応を彼らがどう考えたか、僧たちのそういう事柄に関する考え方をわれわれに教えてくれます。僧院への訪問者たちには多くの品物が公開され、そのために僧たちが多くの事柄を行なっていることが認められます。そして僧院にしろ僧院での行動にしろ、そのさまざまな様相にも皆さんはおそらくもう驚かれなくなっておられることと思います。

四　寄進を促すいろいろなもの

1　静慮と読誦

僧院を訪れた人々が読誦と静慮に専念する僧たちを見かけることを述べた文章ももちろんありますが、それは稀です。例えば「雑事」には次のような文章が認められます。

舎衛城に時折ジェータヴァナに行く在家者が住んでいた。彼はそこで僧たちが静慮や読誦や精神統一の行に勤めているのを見たが、その時、彼は僧たちの様子や実践や成果にいたく感動した。彼は「そこには何人の僧がいるかを尋ねて、彼らを招いて食事を供応しよう」と一人で考えた。

少なくともこの種の文章においては、静慮と読誦の実践は、経済的な利益とむしろ不当な仕方で関係づけられており、それを実践する個々の僧にとっての結果という点からではなく、それを見る人々の上に及ぼす効果という点から述べられています。彼らの実践は訪問者たちを感動させ人々を寄進者に変えます。例えば同じく「雑事」に次のように述べられています。

舎衛城に住むあるバラモンが何かの事情で外出した。昼までにいくつかの場所をまわり、疲れてジェータヴァナに入った。彼はそこに立派な坐具が延べられ、すばらしい食事が支度されているのを見た。彼はそれを見ていたく感動した。彼は極めて高価な布をまとっていたが、それを一座の長老の側に敷物用にと差し出した。

ここでは立派な坐具とすばらしい食事とが、静慮と読誦を実践する僧たちの相貌や成果と同様の効果をもたらしています。どちらの場合も、訪問者は「いたく感動した」という同一の表現を用いて描写されています。そしてどちらの場合も彼は財布の紐を解きます。今の場合、立派さやあるいは豊かさの表現がさらに立派さや豊かさを招き寄せています。テキストの形容詞に注意していただきたいと思います。「立派な」坐具と「すばらしい」食事とが「非常に高価な」贈り物という結果をもたらしたのです。このような文章を読む時、組織経済と資金調達とに関するほとんど普遍的とも言える原則が認識されていることに否応なく気づきます。西洋の僧院史の研究者であれば、シトー会のベルナルドゥスがその有名な著書 *Apologia ad Guillelmum Abbatem*（『修道院長ギョームへの弁明』）において、彼と同時代のいく人かの僧たちに関して、彼らが僧院の財産を誇示したのを「このようにして物が物を呼び、金が金を呼ぶ。どういう法則によってかは分からないが、財産が豊かにあると見られれば見られるほど、献金は好んでなされるものである」と非難したのと同じ要素がここにも存在することがお分かりいただけることでしょう。

2　僧院の美術品

ベルナルドゥスはもちろん僧院美術にも同じ非難を投げかけています。根本説一切有部律には、美術の魅力とそれがもたらす僧院収入の可能性との関係にその編纂者たちが気づいていた事実を証明する文章が存在します。

在家者アナータピンダダはジェータヴァナを四方僧伽に寄進した。その内外が美しく彩色され絵画が描かれてしまった後に、舎衛城に住む大勢の人々は、在家者アナータピンダダがその内外を美しく彩色し絵を描かせてジェータヴァナをこの上もなく優れたものとしたということを聞いた。いく百千という人々がジェータヴァナの見物に訪れた。

その頃、舎衛城にあるバラモンが住んでいた。王も大臣もその地方の人々も感嘆して「このバラモンは美しい」と言った。彼は宮廷から大変価値のある綿布を受け取った。ある時、彼はその綿布を身にまとってジェータヴァナにそのすばらしさを見ようと出かけた。彼はそれを目にするや否やいたく感動し、その綿布を四方僧伽に寄進した。

このテキストの編纂者たちが、美術の存在と人々がそれに引き寄せられることとの関係に気づいていないはずはありません。まさしくそれがこの物語の主題なのです。それゆえこのテキストは僧院の美術についてなにがしかのことを知る絶好の機会を与えてくれます。この律には、アナータピンダダがジェータヴァナを装飾したことに言及する別個の二つのテキストが納められています。その一つは、僧院に着色することとそれに用いられる青、黄、赤、白の色彩について述べたものです。他方は、グナプラバの『律経』にサンスクリットでその要約が残っていますが、僧院特有の絵画とその配置をかなり詳しく述べたものです。

世尊は言われた。「外の扉には手に棍棒を持った夜叉を描き、ポーチには舎衛城の奇跡と五趣の輪廻を描き、回廊には『ジャータカマーラ』を描き、香室の扉には手に花輪を持った夜叉を描き、集会所には法を結集するいろいろな長老たちを描き、食堂には手に食物を持つ夜叉を描き、貴重品室の扉には手に鉄の鉤を持つ夜叉を描き、水利室には手にフラスコを持ちあらゆる種類の装身具を身につけた龍を描き、湯屋や蒸し風呂には『デーヴァター・スートラ』の情景かさもなければ一連の地獄絵を描き、診療所には病人に付き添う如来を描き、屋外便所には恐怖をかきたてるように考案された燃える大地を描き、個々の僧の部屋の扉には骸骨と頭蓋骨とを描く。

これらの絵画の少なくともいくつかのものの目的は説教じみたものであろうとわれわれは推測するのですが、その内容がいかなるものであれ、その説教癖は訪れる在家者にではなく、僧たちに向けられたものに違いありません。在家者が迷い込むことは許されなかったであろう場所、例えば、僧たちが相互にあるいは一人で肉体的な接触を持つ湯屋や浴室のような場所には、地獄の火や硫黄の形跡がはっきりと残っています。われわれは確かに一方でこの美術にそのような機能を認めます。しかし、この律の編纂者たちは他の事を見ていたように思われます。彼らは説教風の言葉でなく美学的な言葉を用いています。彼らはアナータピンダダに「絵画が描かれていないので、この僧院は奇麗でない(dur-darśana, mi sdug ste 醜い、apriya 心地良くない、aśubha 美しくない等々)」と考えさせています。そして彼は仏陀に「世尊よ、絵画を描かせていないのでジェータヴァナは奇麗ではありません」と考えた通りに言います。テキストはバラモンがジェータヴァナに出かけた理由を述べるに際しても「ジェータヴァナにそのすばらしさを見ようと出かけた」と述べています。チベット訳の ltad mo(すばらしさ)がサンスクリットの kutūhara かそれに極めて近い āścarya を訳したものであることはほぼ間違いありません。前者は「好奇心をかきたてるもの、興味深いもの、おもしろいもの」「すばらしい、不思議な」を意味します。後者は「びっくりするような」「驚くべき」「不思議」「驚異」などを意味します。編纂者たちにとっては、こういうことがこれらの絵画の意味なのであり、絵画がそこに存在する理由です。それらは僧たちの振る舞いと同様に人々にある印象を与えます。絵画を見て受ける衝撃は僧の振る舞いを見て受ける衝撃とまったく同等なのです。

しかしもしこの律の編纂者たちが美術と人々を引き寄せることとの結び付きに気づいていたとすれば、彼らは美術の展示が豊かさを誇示すればするほど寄進を招き寄せ、美しい僧院は美しければ美しいほど美しく高価な贈与品を招き寄せるという、さらにもう一つの結び付きの築かれることをも理解していたように思われます。この物語はそういうことをも意図しています。訪問者たちは静慮や読誦を行なっている僧の様子を見た時には食事を供応しました。立派な坐具とすばらしい食事が並べられているのを見た時には非常に高価な布を提供しました。ジェータヴァナの驚くべき絵画を見た時にはさらに高価であるに違いない寄贈品を提供しました。その綿布がどれほど高価であったかということも、そして一人一人の僧がそのような寄贈品によってどれほどのものを手にすることになったかということも、いずれもテキスト全体を読めばよく分かります。第一には、その綿布はもともと宮廷からの贈り物でした。第二には、そのバラモンはテキストの後半でそれを返してもらおうとしています。しかし第三に、これが最も多くを物語っているのですが、この寄贈が契機となって仏陀は布の寄贈に関する既存の規定を変更したことが述べられています。既存の規定には、寄贈された布はすべて僧たちの間で平等に分配しなければならないと命じられていたのです。しかし問題の布は明らかにあまりにも高価すぎて裁断してしまうわけにはいきませんでした。その寄贈が契機となった規定の変更は、仏陀が僧たちに「以後は、そのような種類の布が僧伽に寄贈された場合には、それはすべて売却して貨幣に換え、その貨幣を分配すべきである」と述べることによって実施されました。言い換えれば、これに類する寄贈品であれば、それは貨幣に換えなければならないのです。

訪問者たちが僧院でさまざまな品物を目にすれば、そのことによってさらにさまざまな性質の寄贈品が招き寄せられるわけです。そうなれば、これらの寄贈品は単なる偶然の所産ではないことになります。つまり、そこには少なくとも格付けが企図されています。美術の展示ということがその頂点にあり、僧たちの静慮や読誦という活動はその次の位置さえ与えられません。露骨に言えば、美術の存在は僧院にとっても個々の僧にとっても収入源の役割を果たします。それが、なぜ美術が僧院に存在するのか、そしてなぜ絵画を説明するテキストの後半部が、美術が必ず僧院に置かれることを確かめるための規則にのみ費やされているのかを物語る、少なくとも極めて妥当な理由の一つです。煙や水の害から絵画を保護するために設けられた規則が、皮肉なことに絵画の置かれている僧院の区域を僧が使用することを禁じたり制限することとなりました。少なくともこの観点からすれば、こういう美術は僧たちには有り難いものではなく、不便なものであったに違いありません。しかしそのような不便さは経済的利益で相殺されたのでしょう。

3 僧院の不動産の高価さ

ジェータヴァナでは僧院の富が誇示され美術品が展示されましたが、そのことだけが、この律の中で富が僧院と僧たちにさらに富をもたらした事例でないことは記憶しておくべきです。ジェータヴァナそのものが極めて高価な財産であったという事実は、周知され過ぎてかえって忘れがちです。「臥具事」中の一つのテキストはアナータピンダダはそれに「億」(koṭi)〔の金貨〕を費やしたと述べています。われわれはともすれば、この数字にはアナータピンダダの偉大な敬虔さを強調しようとする意図が込められていることを読み取ろうとします。しかしこの律の編纂者たちは、既に見てきたように、何か別の事を読み取っていたように思われます。彼らはこの極めて高価な財産が獲得されたことを、さらに多くの人々を招き寄せそして現金を得る機会を増大させる、あからさまに言えば富をもたらすに相違ない、仏陀の認定に結び付けています。「臥具事」中のそのテキストにはそのことがもっとよく述べられています。

在家者アナータピンダダは一億〔の金貨〕でそこを覆ってジェータ太子からジェータヴァナを買い、それを仏陀を頭首とする僧伽に寄贈した。そしてさまざまな地方から敬虔な巡礼者たちが舎衛城にやって来た。彼らのいく人かはいたく感動して「尊者よ、われわれも聖なる僧伽のためにジェータヴァナに何かを建てたいと思います」と言った。僧たちは「代価を払って土地を購入すればそうできる」と答えた。

「尊者らよ、どれほどで分けていただけるのでしょうか。」

「相当額の金貨でね。」

テキストがいくつかの興味深い制限をつけて仏陀にそのような取引を公認させていることは既に述べました。

ここでも極めて高価な不動産がさまざまな多くの地方から人々を招き寄せています。ここでは備品や絵画のことには何も触れてはいませんが、少なくともそのいく人かはいたく感動してその事業に参加したいと願い、そう願った結果その計画に巻き込まれ、かなり大きな代価を払うことになります。僧院が財産を所有していることがさらに財産を招き寄せます。僧院の美しさも財産も美術も、それらはすべて同じ結果を招来します。同じ結果を招来するものにもう一つ、明らかに審美的な要素というものがあります。

4　僧院の自然の美しさ

インドの仏教僧院遺跡を近代になって発見した人々やその研究者たちの多くが、そのすばらしい自然の美しさに注目しています。ずいぶん昔にカニンガムはサトダラ（Satdhara）について次のように述べています。

川上の光景は私がインドで見た最も美しいものの一つである。下にはヴァイシャーリーの澄んだエメラルド色の水が流れている。一方の岸は垂れ下がった木々と険しい崖に光が遮られて薄暗く、他方の岸は真昼の太陽に煌めくように照らされている。このような美しい場所を選んだということが、仏教の比丘たちが自ら「法」という名で崇めたその自然の美を敏感に感受しなかったはずのないことを示している。

オーレル・スタイン（Aurel Stein）はナルの仏教遺跡について次のように述べています。

しかしそれは、昔の仏教僧たちがいかに注意して聖地を選ぶべきか、僧院施設を配置すべきかを心得ていたことを、実に明瞭に示してくれる良い例である。ターナへと下る肥沃な渓谷の偉容、あちこちに突き出た絵のような岩山、高く聳える樅や杉の木立、傍らにわき出る泉という稀有な賜物、そのすべてが結びあわされてこの地に魅力を与えている。涅槃に未来の至福を求めない者でさえ充分にこの地を楽しむことができたのである。

しかし、そういう自然美を選び僧院用地を注意深く選択していることも、僧院経済と僧の不労所得の要求とに関連しています。少なくとも根本説一切有部の律典には、その編纂者たちが両者の関連性に気づいていたことを示すテキストがいくつかあります。特にその一つは、訪問者たちに感銘を与え彼らを寄進者に変えてしまう僧院の活動というものをわれわれに教えてくれます。ここに説かれる僧院の活動は前記のものとは別種のものです。この特異なテキストは「衣事」に出ています。

田舎の小村落に一人の在家者がいた。彼は僧院を建てさせた。そこではただ一人の僧が雨安居に入った。しかし彼は活力に満ちていた。彼は毎日その僧院に牛糞を塗り、きれいに掃除をした。僧院はそのようにしてよく整頓され、人里離れた奇麗な場所に建てられていた。そしてその場所は、あらゆる種類の木々で飾られ、鴨やシギ、孔雀や鸚鵡、マイナ鳥やカッコーの柔らかな鳴き声に満たされ、さまざまな花や果実で飾られていた。

さてある時、大金持ちの商人がその僧院で一夜を過ごした。その奇麗な僧院と奇麗な森を見た時、彼はいたく感動したので、比丘僧伽というものをいまだ見たこともないのに、彼らに非常に多くの寄進を直ちに贈った。

金持ちの商人は、僧たちの様子を見た在家者と同じように感動したのです。彼の反応は在家者の場合とまったく同じ言葉を用いて表わされています。しかし、立派なマットやすばらしい食事、さらには僧院の驚くべき絵画を見たバラモンと同様、彼は僧たちそのものに感銘をおぼえたわけではありません。実際テキストは彼が僧たちを見ていないことを明瞭に述べています。彼はただ僧院の環境とよく整頓され清潔に保たれているその外見とに反応しているに過ぎません。言い換えれば、彼はその場所の美的価値観に反応したのであって、その宗教的な機能やそこに居住する僧の振る舞いに反応したのではありません。この場合、僧院の景色はこの律が春の公園や庭園の自然の美しさを描くために繰り返し用いているのと同じ用語で描かれており、そのことによって僧院は公園や庭園に似せられていますす。実際インド文学は、奇妙なことにあまり研究されていないのですが、宗教的なものも世俗的なものも、そのような公園の青々と茂った豊かな描写で満ち溢れており、それらは明らかに美意識に強く訴えかけるものです。この僧院は決して索漠とした土地ではありません。

5　清掃と説法

このテキストは、自然環境の美的な価値の上に、清潔さと秩序という美的価値を付け加えています。これらもかの金持ちの商人を感動させた点です。これら二つは、高く評価されていることは明らかですが、静慮や読誦とは極めて異なる形態の僧院活動を伴うものであり、それらの結果として生ずるものです。この僧院に一人で居住している僧は「活力に満ちていた」(utthānasampanna)とはっきりと言われています。これも僧院において高く評価され称賛される特性です。しかしその活力は静慮にも読誦にも向けられていません。この僧がそう言われるのは「彼が毎日その僧院に牛糞を塗り、きれいに掃除をした」からです。簡単に言えば、彼がその僧院を美しくしておいたからです。

商人が景色と建物の両方の美しさを目にした時、彼は訪問客のバラモンがジェータヴァナの絵画を目にした時に受けたのと同様の影響を受けます。その両者が示した反応も同質のものです。バラモンは贅沢な絵画に対して非常に高価な布を寄贈するという反応を示しました。商人はその場所の美しさに対して、どれほどの価値のものかは特定されていませんが、同様に価値あるものを寄贈するという反応を示しました。その価値は直接的には、「多くの」「たくさんの」「巨額の」（prabhū）という形容詞によって表現され、間接的には、一人住まいの僧がそれを受け取ることを躊躇したと述べられていることによって示唆されます。よく整頓されて美しい僧院と寄付を招き寄せることとを関連づけるテキストはこれだけには尽きません。

例えば「臥具事」には、「衣事」に出る商人の訪問客の物語と共通点の多いテキストが含まれています。そこでは一人の乞食僧（piṇḍapātika）が僧院に定住します。テキストは「彼は勤勉であり怠惰ではなかった。彼は毎日その僧院に牛糞を塗り、きれいに掃除をした」と述べます。ここでも、良い僧つまり「勤勉であり怠惰でない」僧とは、僧院の手入れをして美しくしておく僧を指します。この場合もこの僧の活動は報われます。

僧院が塗られきれいに掃除されたのを見た人々は〔それを造った〕在家者の所に行き彼にそのことを告げた。彼はそれを聞いて喜んだ。その後、彼は自ら僧院に行き、それが実際によく塗られ掃除されているのを見た。彼はいたく感動しその乞食僧に布を贈った。

「衣事」の別の箇所にも、ある地方部落の非常に多くの贈与財産を所有する僧院に、ただ二人の実直な老僧だけが住んでいる場面に、僧ウパナンダが遭遇する物語が述べられています。寄贈者はそこに居住する僧の数にかかわりなく毎年いく百枚もの布を寄付します。そこでウパナンダは例のごとくそれに一口乗ろうとします。彼は在家の役人から、二人の僧が毎日同じことを変わらずにやり続けていることを聞き出します。二人を仲違いさせようと企てて、ウパナンダはその一人に近づき、彼が何をしているかを尋ねます。僧は次のように答えます。

長老よ、私は常に僧院に水をかけては掃除をし、それに新しい牛糞を塗っております。

しかしウパナンダは次のように言います。

尊者よ、もし寄進が水をかけたり掃除をすることで得られるのであれば、〔私〕ウパナンダ〔も〕そこらにあるすべての僧院に水をかけ掃除をすることでしょう。しかしここで得られる寄進はたとえどんなものでも、あのもう一人の尊者の成果なのです。彼はこの僧院で折につけて説法を行なっています。説法を熱望する神々を熱中させてしまうのです。だからここで得られる寄進は何であれ、それはその力によって得られるのです。

そうしてウパナンダがもう一人の僧の所に出かけて行き、典型的なペテン師のやり口でそれとまったく反対のことを述べたことは言うまでもありません。彼はその僧がどう答えるかはよく分かったうえで、彼に何をしているのかと尋ねます。老僧は次のように答えます。

「長老よ、私はここで折につけて説法を行なっております。」

ウパナンダは「しかし尊者よ、もし寄進が説法を行なうことで得られるのであれば、〔私〕ウパナンダ〔も〕行住坐臥に拘わらずずっと説法をすることでしょう。得られる寄進はたとえどんなものでも、それはすべてあのもう一人の尊者の力によって得られるのです。彼は常にこの僧院に水をかけては掃除をし、新しい牛糞を塗っています。」

そしてウパナンダは仏陀の言葉として「掃除の五つの功徳」に関する一文を引用して、次のような言葉で結んでいます。

僧院の清掃によって寄進者がいたく感動し神々が喜ぶということがいまここでは起こっているのです。ここではそのことによって寄進が得られるのです。

ウパナンダや六比丘衆たちがここや他の箇所で語る多くの語り口からわれわれが何よりも先に想うことは、根本説一切有部律の編纂者たちが、僧院で行なわれたと思われる行動をわれわれが考えるほど高尚なものとは考えていないということです。彼らは僧たちの性格的な弱点がしばしば現われること、そしてそれが滑稽なものであることに気づいていました。これらの特に人間的で決して完全とは言えない僧たちは、そのふざけた行為を正当化するために、その語り口の中にしばしば「聖典」や教義的な決まり文句を引用しています。事実、その種の僧たちのほうが「行ないの正しい」僧たちよりも頻繁に仏陀の言葉を引用します。例えば「臥具事」では、ウパナンダはまったく異常のない足に包帯を巻き、「僧は気分のすぐれない場合には同一の僧房に留まることができる」という規則を盾にとって、自分の気にいった僧房に居続けようとします。そして部屋割りの変更が自分の思い通りにうまくなされてしまえば、彼は包帯をはずします。彼の看病をする他の僧たちがやって来てその見え透いた嘘を見破って「長者の足は異常がないように思われますが」と言います。ウパナンダが、教義的に非のうちどころがなく、論理的に完全で、いやになるほどまことしやかに「しかし世尊は諸行はすべて無常だと言われたのではなかったでしょうか。私の病気がそうでないことがいかにしてあり得ましょうか」と答えたことは言うまでもありません。先に引用したテキストの中でもウパナンダは、彼がまことしやかに主張して自分のものにしようと企てた二人の老僧たちの身分が、僧院の活動の中でも寄贈を促す説得力のあるものであることを、自分自身に引き当てて述べています。このテキストが読んですぐに理解されるのは、この二つの身分が、「諸行はすべて無常である」という主張と同じぐらいに、僧たちに知れわたっており議論の余地のないものであったからに違いありません。そしてその結果、この二つの身分は僧院に極めて一般的なものとなったに違いありません。このことからわれわれは、僧院の美観を保つことと寄進を得ることとの関連性が単に僧たちに意識されていただけでなく周知の事実であったこと、そしてその関連性が意図的に開発されていたのがほぼ間違いのない事実であったことが分かります。

しかしこのテキストはわれわれに、僧院経済における美的価値の役割を確認させるだけでなく、非常に多くの贈与財産を有する僧院に住む二人の僧が彼らの決まった行（dhruvapracāra）として、静慮とはおよそ関係のない、経済的な目的によるとしか思えない活動を行なっている様子をも教えてくれます。「説法」は後に見るように、他者のために幸福を招来することに結び付けて考えられる公的な儀式の一つであり、例えば、僧院で行なわれる葬式を構成する必須の部門であり、死んだ僧のためになるものと考えられています。僧院の清掃は既に見たように、定期的な儀式の一つでもありますが、安楽な死と天界への再生をもたらすという点で個人に宗教的な利益を与え、他者を利益し神々を喜ばせるものでもあります。このテキストによれば、この二人の僧が自分たちの決まった仕事として行なっていたのはそういうことです。

しかしながら、少なくともこれら一連の文章がめざしている最終点は、それらのすべてが指示するただ一種類の経験に注目しているに違いありません。僧たちの有様や僧院の豊かな装飾品及びそのすばらしい絵画の光景も、僧院の環境の自然の美や僧院そのもののよく手入れされた外観の光景も、そのすべてが同じ程度に影響を及ぼすと述べられています。それらは訪問者を教化するものでもなく諭すものでもありません。それらは彼を「いたく感動させる」のです。それは教義的にではなく、情感的、美的に訴えかけます。この律を編纂した僧たちはこの訴えかけを充分に心得ていました。のみならず彼らはそれを促進したのです。彼らが経済的な理由のゆえにそれを促進したことは確かです。きっと彼ら自身そのことを実感したからでしょう。これらの仏教僧たち、つまり僧院規定の枠組みを作り調整するのにやきもきしたまさしくその僧たちも、われわれと同様、美しい装飾品とかきれいな美術や花々を愛したことでしょう。このことはもちろん最終的には確認できません。しかし、根本説一切有部律の編纂者たちが、たとえ説教のために掲げられている美術品の場合ですら、僧院美術の見物を常に寄付と関連づけて考えていたという事実は確認できます。

6　輪廻図

筆者の知る限りでは、僧院の美術とそれを見た人々の反応に言及した根本説一切有部律文献として現存するテキストはただ二種類だけです。その一種類のテキストは、既に見たように絵画とその僧院における配置を述べたものであり、もう一種類のテキストは、ポーチにおける「輪廻」の絵に言及したものです。この特殊な絵を僧院のポーチに配置することを述べる説明は、既に見たように「雑事」中にも認められますが、「律分別」中に別々に現われるそれぞれ別の筋立ての物語の中にも見られます。その「律分別」のサンスクリット・テキストとしては『ディヴィヤ・アヴァダーナ』中に現存するものがよく知られています。それは仏陀が僧院のポーチに輪廻の絵を描くことを命ずるに至る状況説明から始まります。

仏弟子の中で神通力に関しては最も勝れている僧マウドガルヤーヤナは、とりわけ「喜びを持てずに宗教生活を送る」新入者や弟子たちにとっては非常に有能な宗教教育者でもありました。テキストではその有能さはマウドガルヤーヤナが日常的にその神通力を実践していたことによるものとされています。

彼はしばしば地獄や畜生や餓鬼や神々や人間の間をさまよった。地獄では苦しむ者を見た。彼らが引き毟られ引き千切られ切り刻まれ引き裂かれているのを見た。畜生たちの間では彼らが互いにかぶりつき、餓鬼たちが餓え渇き、神々が没落したり衰退したり離散したり崩壊したりし、人間たちが絶え間なく争い苦闘するのを見た。この世界に戻って来た時、そのすべてを四衆に語った。

言ってみれば、僧マウドガルヤーヤナはその神通力によって、輪廻転生する比丘・比丘尼・優婆塞・優婆夷たちに降りかかる、決して好ましいとは言えない状況の目撃者の役割を果たすことができたわけです。マウドガルヤーヤナが自分の異常な旅で見た事柄を報告したことによって、比丘・比丘尼・優婆塞・優婆夷たちの実践への宗教的情熱が新たに活気づけられました。のちに見るように彼の代理をする輪廻図はやや異なった影響を及ぼしますが、マウドガルヤーヤナはテキストには非常に成功したように描かれています。つまり彼は「比丘・比丘尼・優婆塞・優婆夷の四衆に取り囲まれて過ごした」と述べられています。

このように「四衆に取り囲まれて過ごす」という条件下での生活は、少なくとも静慮に専念する僧には不都合だという印象を与えるかもしれませんが、仏陀自身はそれを利点として見ているように描かれています。実際、仏陀はそういうマウドガルヤーヤナの状況に応じて、マウドガルヤーヤナほどの驚くべき力をもってしても一時にあらゆる場所に出現することの不可能なことが明らかな以上、彼の出現できない場所や場面にそなえて対応すべきだと考えて方策を講じようとします。仏陀はアーナンダに次のように言います。

アーナンダよ、マウドガルヤーヤナも、あるいはマウドガルヤーヤナに匹敵する人といえども、あらゆる場所に存在するということはできない。それゆえ五趣の輪廻をポーチに描かなければならない。

ここには輪廻図を描く理由が述べられていますが、それが輪廻図の機能を簡潔に説明しています。つまり、マウドガルヤーヤナは次の生涯を直接経験することによってそれを証言し、それによって僧院という共同体の構成員を効果的に諭し勧告することができましたが、そのようなことのできる僧が何時でもあるいは何処でも得られるわけでないことは言うまでもありません。明らかにそのような場合に彼に代わって美術が説教をし訓戒をする機能を果たしたのです。そしてその美術は文脈から判断して僧たちに向けられています。このもとの規則は、これらの僧院文献にはしばしば見られることですが、さらに詳述の必要を生じ、別の規則を生み出して次第に複雑になっていきます。

仏陀が僧院のポーチに輪廻図を描く規則を定めた時、僧たちにはそれをどのように描けばよいかが分かりませんでした。そこでテキストは仏陀が彼らに次のように告げたと記しています。

世尊は言われた。地獄・畜生・餓鬼・天・人間という輪廻の五趣を描かなければならない。地獄

・畜生・餓鬼を下に、天・人間を上に描かなければならない。東勝身洲・西牛貨洲・北倶盧洲・南贍部洲の四大洲を描かなければならない。貪欲を鳩の姿で、瞋恚を蛇の姿で、愚痴を豚の姿で〔描かなければならない〕。涅槃の輪を指し示す仏陀の姿を描かなければならない。生まれては浮き沈みする有情を水車で表わさなければならない。縁起の順逆の十二支を円の周りに配置しなければならない。全体を無常の〔夜叉の〕顎にくわえられるように表現しなければならない。そして偈を二つ記さなければならない。

この後に述べられていることは、僧たちの多くがその意味の理解できなかったことを示唆しています。ポーチの絵を見たのが彼らだけでなかったことも示唆されてはいますが、ここまでになされている説教風な絵画に関する記述は僧たちに向けられています。僧以外の人々がその絵画を見るようになると、それが僧たちに及ぼすのとは多少違った影響を与えることが期待されるようになり、その絵画を僧院に展示するに際して新たな役割を設ける必要が生じました。

テキストは、僧院を訪れたバラモンや在家者たちがそれを見た時僧たちに「ここに描かれているのは何ですか」と尋ねたと述べます。僧たちは「皆さん、わたしたちでさえも分からないのです」と答えています。そこで仏陀は絵画を説明するために新たな役職を設けたのですが、それがさらに新たな問題を生み出すこととなります。

世尊は「バラモンや在家者たちが絶えずやって来るので、彼らにこれが何であるかを説明するために、ポーチに僧を一人配さなければならない」と言われた。

世尊が僧を一人配すべきだと言われた時、彼らは無学で、無知で、無教養で、およそその任に相応しくない僧たちの中から、だれかれの見境なく人を配した。彼ら自身その絵画の意味が何であるかが分からないとあっては、訪れてきたバラモンや在家者に彼らが説明できなかったことは言うまでもない。そこで世尊は「相応しい僧を配すべきである」と言われた。

ここではわれわれは何よりもまず、この律の編纂者たちが心に思い描きあるいは身近に感じていた僧院社会というものに関するもう一つ別の視点を与えられます。つまり、彼らが僧たちの社会に、ある役目を果たすことのできない無学で、無知で、無教養で、不適な僧たちの存在することを知っていたか、あるいは予見していたということです。そのような僧たちも、その社会の一部を構成する者として存在が認められており、彼らに合わせて特別に規則が作られています。またこのテキストから、僧院に美術が展示されたことによって教養のある僧たちに新たな義務が課せられたことが分かります。自分自身の好みとは関係なく、彼らは訪問客のお相手をしなければなりません。彼らにとって僧院に美術が存在することは不都合なことであり、他の活動を妨げるものですが、それには利点もあります。その利点が主として経済的なものであることはもはや驚くに足りません。

明らかに輪廻図は、マウドガルヤーヤナの五趣の世界への旅物語と同様、僧たちを宗教生活に専念させ、そしてそれを幸福なことと思わせることがその意図するところです。つまり僧たちに対しては、宗教的な生活を送らなければどういう結果になるかを絵によって示せばそれでよかったのです。しかしそこを訪れた在家者たちの反応は僧たちとは非常に違っていました。このテキストの残りの部分では在家者たちの反応が取り上げられており、その説明のほうが断然長いのです。そのごく一部については既に述べました。

そこには父親を亡くしてヴェヌヴァナの僧院に行き、ポーチに描かれている輪廻図を見て質問をする若者の物語が記されています。彼に対応した僧は輪廻の五趣のことをかなり詳しく説明します。既に見たように、若者は「尊者よ、これら五趣の中で、地獄と畜生と餓鬼の三つは好ましく思えませんが、天趣と人趣とは好ましく思えます」と極めて妥当なことを述べます。若者がどうすればそれらが得られるかと尋ねると、僧は出家すべき旨を説明します。そうすれば苦を消滅するに至るか、あるいは天界に生まれるかするであろうと言って、僧伽に入ることの五つの功徳を述べるトゥロープを引用します。それが言うまでもなくこの絵画に期待されていることです。つまり人々に宗教的な生活を勧めるのがその狙いなのです。しかし若者が僧に「この教団に入って何をするのですか」と尋ね、僧が「生涯性的禁欲を実践するのです」と答えた時、若者は結局「それはできません」と、つきつめれば多くの僧たちも言ったに違いないことを述べます。つまり絵画の効果はなかったのです。しかしまったく何の働きもしなかったかと言えば、そういうわけでもありません。僧院を訪れた在家の人々にとっては、輪廻図は別な役割を果したように思われます。

僧はどうすればよいかを尋ねられて優婆塞になることを勧めます。しかし若者はそうするには生涯五戒を保たなければならないことを告げられて、再び次のように言って断ります。

「尊者よ、それもできません。何かほかの方法を教えて下さい。」

僧は「それでは仏陀を頭首とする僧伽に食事を供応しなければなりません」と言う。

若者は「仏陀を頭首とする僧伽に食事を供応するにはどれほどかかりますか」と尋ねる。

「五百カールシャーパナかかります。」

若者は「尊者よ、それならできます」と言う。

以下、物語の残りが延々と続き、若者がその金を作り出すのに悪戦苦闘する様子が語られます。結局、彼は成功するのですが、容易なことではありませんでした。彼は書写の訓練を受けていたにも拘わらず、建築労働の賃金労働者に雇われて日銭稼ぎをします。ここに述べられる律には賃金労働とその内容に関する興味深い情報がかなり多数含まれています。しかし今われわれにとって重要なのは、若者が成功して、僧院に展示されている極めて説教じみた美術の存在が、寄付という結果に結び付き経済的支援を引き出す役目を果たしたということです。

7　個人所有の仏教美術

それゆえ、美術あるいは美的価値を金銭に結び付けることが、この僧院の法典においては驚くほど首尾一貫しているのです。その種の結び付けが、美しい装飾品の展示、絵画の陳列、秩序よく整えられた僧院、及びその自然環境の美しさに関してなされています。教え諭すことが少なくともその本来の意図であったと思われる僧院美術に関しても同じようにその結び付けがなされています。そしてその種の結び付けは、稀には個人所有の仏教美術に言及する場合においてさえなされています。例えば、「諍事」には、仏陀が絵具を塗った布に描いた自分自身の肖像をスリランカの王女に送ったいきさつを述べた長い物語があります。仏陀の色身と言われ、大衆には仏陀ご自身と呼ばれるこの肖像画の存在は、最終的には僧院に「三つ盛りの真珠」が寄贈されるという結末をもたらすこととなります。僧院の説話物語はいかに精巧に作られていても、何よりもまず規則の公布が意図されているというのが常です。そのことを念頭に置けば、一枚の絵画に関するこの長々しい物語のやま場とも目的とも言うべきは、そのような高価な寄贈品が分配される場面を作り、分配分の適切な使用を規定する規則を仏陀が正式に制定する場面を作ることにあります。王女は自分の寄贈品を贈るに際して、その一部は仏陀のため、一部は法のため、一部は僧伽のためである旨をことわっています。それを受け取った仏陀はそれが三つに分割されることを承認します。それが根本説一切有部の僧院経済の標準的な仕方です。そしてさらにそれぞれの分配分の使用法を次のように規定しています。

仏陀に属する分配分は、それで香室に漆喰の塗装を行なわなければならない。法に属するものは、法を維持する人々のためのものである。僧伽に属するものは、僧伽全体で分配しなければならない。

スリランカの王女と絵の描かれた布に関するこの物語と同種のものでさらによく知られたものに、ビンビサーラ王がルドゥラーヤナ王に贈った、同様の絵の描かれた布の贈りものが、最後には手の込んだ寄贈品に帰結するに至る物語があります。「律分別」と『ディヴィヤ・アヴァダーナ』中に現存するその物語では、ルドゥラーヤナ王は仏陀の肖像画を受け取った時、彼はいろいろな事をしますが、それとともに五百の僧院を造らせそれらをふんだんに荘厳します。物語の焦点が何であるかは明瞭でまぎれようがありません。

これらのテキストにも先に述べたのと同じ事柄が詳述される箇所がいくつかあります。例えば「律分別」には、出家して僧伽に入った時にはどうすることが期待されているかについて述べる味もそっけもない説明があります。若者が「教団に入って何をするのですか」と尋ねたのに対して、彼には

「生涯性的禁欲を実践するのです」というとも簡単な答えが返されています。そこでは僧の仕事が、否定的な言葉で、しかも性的な方面だけに関して厳しく規定されています。静慮とか学習という生活には何ら言及されません。またこれらのテキストは、根本説一切有部律の編纂者たちが心に思い描いていた僧院というものについて新たな示唆を与えます。この「律分別」のテキストは、その僧院には一般の人々が使用できるポーチやヴェランダがあったことを述べています。「雑事」は、公私の区別は明確でありませんが、その敷地内が非常に精巧に区分けされ、設備の整っていたことを示唆しています。そこにはポーチの外に、スリランカの王女の物語にも出てくる香室、集会室、大食堂、貴重品室、水利室、浴室、便所、施薬所があります。僧院を訪れた人々は、それを内側でも外側からでも、見ようと思えば一部を除いてすべてを目にすることができたのです。

五　僧院を訪れた人々が目にしたその他のもの

1　朝寝坊や暇つぶしをする僧

仏教僧院を訪れた人々が見た物事をリストにすれば、既に示したように長くなりますが、しかしそれでもまだすべてを記載し尽くしたとは言えません。もっと多くの物事があり、その範囲は崇高なものからまったく人間的なものにまで及びます。その多くは何らかの意味で寄付がらみのものです。例えば、ある寒い朝にアナータピンダダがジェータヴァナを訪ねてみると、僧たちはまだベッドにいました。彼が厳しく叱責すると僧たちは「快適な生活をしている人々は法をよく憶念することができるでしょうが、わたしたちは凍えているのです」と答えました。それを機に僧たちに、衣の下に在家者の衣服を着ることを許す規則が作られました。他の僧たち、殊に六人の極悪衆たちの場合は、僧院の正門の辺りをぶらつき漂って時間つぶしをしているだけの様子が繰り返し描かれています。しかしそれも六比丘衆の「いつもの行動」(ācarita) だと繰り返し言われるだけで、決してあからさまに非難されてはいません。また、僧や尼僧が何度も同じ家に行くことを述べる、構成の似通った一連のテキストが存在します。それらのテキストではどの場合でも、それが商人の家であり、仏教の僧や尼僧たちが支払いをしないので彼らのためにどんな仕事も断ろうとしていることが判明します。しかし、その僧たちの友人の僧や尼僧は「尊者よ、あなたは毎日そこへ行かれるが、それはあなたの縁者の家なのですか、それとも寄進者の家なのですか」と尋ねています。そこには、もしその商人が彼らの縁者や寄進者であれば毎日訪れてもよいという仮定が示されており、そのことが僧たちが毎日同じ家に行っていたことを告げています。つまりその質問は僧や尼僧が普通毎日その両方の家に行くものと考えられていたことを示唆しているのです。

2　僧院の維持管理や建築に従事する僧

また他の場面では、訪問者が訪れた時、僧たちは維持管理や建築の仕事に従事していました。仏教の寄贈碑文には維持費のこともしばしば言及されています。例えば、ビンビサーラ王が僧ピリンダカに会いに行くと、ピリンダカは「僧院の修理と維持の仕事をして」います。王は「尊者よ、どうしたことですか。あなたは自分で僧院の修理と維持の仕事をなさるのですか」と尋ねます。その先でテキストは僧院が使用人を採用することを認めていますが、興味深いのはピリンダカの最初の答えです。彼は「大王よ、出家者は自分自身の仕事は自分でするものです。われわれは出家者なのですから、ほかに誰がやってくれるでしょうか」と言います。「律分別」のある箇所では、世尊が僧は建築作業を手伝わなければならないと言ったために、僧たちは一日中その仕事をします。バラモンや在家者たちはあざけり非難し「どうしてこの僧たちは賃金労働者のように一日中働くのだろうと言った」と不平げに述べています。ここには僧と肉体労働者とがとり間違えられるかもしれないといういつもの懸念の働いていることは認められますが、仏陀はその仕事を禁じてはいません。彼はただ季節に応じて朝か午後かのどちらかにその作業をしなければならないと定めるだけです。また、昼食時には仕事をやめて手や足を洗わなければならないという規定も設けています。

3 公開の読誦

根本説一切有部の僧院を訪れた人々が目にした僧の活動の最後の範疇に至って、われわれは読誦と静慮の問題に立ち戻ることになります。訪問者たちが読誦や静慮に携わっている僧たちを目にする文章の存在すること、及び静慮を取り扱った文章があまり見かけられないことについては既に指摘されています。読誦を取り扱う文章はよく見られ、かなり詳細にさまざまな説明がなされています。ここではそのような文章を二つだけ取り上げます。

「臥具事」には在家者が特に興味深い種類の読誦を耳にする話が述べられています。

世尊は「逝去した寄進者には福徳が約束さるべきである」と言われた。僧伽の長老は逝去した寄進者の利益のために偈を読誦した。そして一人の在家者が僧院にやって来た。彼は福徳が約束されるのを聞いた。

ここでは少なくとも死んだ寄進者のために長老が公の場で偈の読誦を行なったことがはっきりしています。偶然やって来たと思われる訪問者がそれを聞いています。あとで見るように、僧伽の典礼もしくは儀式の中でそれが日常的に営まれていたものであることが他のテキストから実質上証明されます。この日常的に営まれる公開の読誦は、少なくともこのテキストにおいては、僧院の最年長の僧である僧伽の長老（saṅghasthavira）の責任でもありました。

幸いにこのテキストは、訪れて来た在家者がそれを聞いた場合の反応をも記しています。それは読誦が公開の場で行なわれる少なくとも一つの理由を示すものでもあります。彼の反応は、いくぶんかは予想がつきますが、少なからず興味深く想われます。その在家者は長老に近づいて言います。

「尊者よ、もし私が僧院を作らせたら、あなたは私の名前で福徳を唱えて下さいますか。（ārya yady ahaṃ vihāraṃ kārayāmi mamāpi nāmnā dakṣiṇām uddiśasi iti.）」

長老は「作らせなさい、私はちゃんとそうします」と言う。そこで在家者は僧院を作らせた。

僧院の長老によって日常的に営まれるこの読誦という行ないは、ただ一人の寄進者の利益だけでなく、死んだ寄進者たちの利益のためにもなされるものであり、ただそれだけのために厳密に営まれるものです。それは寄進者の死後でさえ彼らを利益し続ける行ないです。それはまた僧院を訪れた人々が見ることのできる僧の行ないでもあり、僧院の毎日の日程の一部として公開されています。そのことが、寄進者の死後も自分たちの利益のために僧の読誦する光景がいつまでも見られることを保証することになります。これは人々を自分たちも死後に同じように供養してもらいたいと思わせて寄進者にするように考案されたに違いありません。寄贈物、殊に僧院という寄贈物については上記以外のことは述べられていませんが、僧の読誦が僧院の毎日の行事として公開して営まれているという事実が長老のその言葉を公的に保障したに違いありません。根本説一切有部の僧たちも、中世ヨーロッパの僧院の僧たちと同様、死んだ支援者たちを精神的に供養する仕事に携わっていたに違いありません。そのことを示唆する事例は他にもあります。しかしここでは、この種の活動が、僧たちつまり長老たちが一日の日程として行なっていた活動の内で人目につく事柄と考えられている事実に注意しておけばよいでしょう。けれどもそれが訪問者たちの目にした読誦勤行の唯一の形態だったわけではありません。

アナータピンダダが別の機会にジェータヴァナを訪ねます。そして外教徒の集団が抑揚の整った口調（svaragupti）でテキストを読誦しているのに、仏教僧たちがそうしないことを仏陀に指摘します。抑揚の整った口調でテキストを読誦しないために、仏教僧たちが読誦すると「ナツメの実の房が振り回されるように」聞こえると言います。いわば仏教の読誦は美的にいって不快であり醜悪だと言うのです。ここでもやはりそれが美的であるか否かということだけが問題となっています。それはそれに続いて音楽が話題になっていることで完全に明らかになります。

仏陀はアナータピンダダの提案にしたがって抑揚の整った口調を取り入れるように命じます。

世尊は僧たちに「僧たちよ、今後は抑揚の整った口調で法を読誦しなければならない」と言われた。

しかしこの場合もまた僧たちは仏陀がそう規定した本来の意図を誤解します。彼らは抑揚の整った口調で解説をし読誦をし下稽古をし審査を行ないます。

在家者のアナータピンダダがジェータヴァナにやって来てそれを聞いて、「尊者たちよ、あなたがたの僧院は音楽堂として建てられたのでしたか」と言った。

このことが告げられて仏陀は法の読誦をさらに精確に規定します。彼は抑揚の整った口調で解説することや下稽古することなどを禁じて次のように言います。

「師徳讃歎」(śāstur guṇasaṃkīrtana) と「無常三啓経」の読誦に際しては、ともにそのように抑揚の整った口調で読誦しなければならない。

「師徳讃歎」と「無常三啓経」はどちらも僧院の集会儀式に関係する経文です。前者は日に二度読誦しなければならず、後者は少なくとも僧院の葬儀の折に読誦しなければならないものと考えられます。アナータピンダダが訪れた折にそれを見ていることからすれば、これらは共に公開の場で読誦されていたに違いありません。さらに彼は「解説」や「下稽古」などをも目にしています。しかし目下の目的のためには、これらのさまざまな形で行なわれる読誦の行為が、訪問者が根本説一切有部の僧院を訪れた折に見聞きし得た僧の行動の内に含まれていたことに注意しておけばこと足ります。読誦という行為も僧たちがそのために一日の一部を費やした事柄の一つです。しかし少なくとも典礼用のテキストは抑揚の整った口調で読誦せよという指令は、仏陀の命じた非常に多くの他の指令もそうでしたが、さらに新たな問題を生み出して僧たちの時間を奪いました。抑揚の整った口調で読誦するにはその仕方を習う必要があるからです。

仏陀は「師徳讃歎」と「無常三啓経」を上記のように読誦すべきことを規定しましたが、その後も若い僧はその方法が分からず、以前のままのみっともないやり方でそれらを読誦しました。そのことが告げられて仏陀は次のように言います。

「抑揚の整った口調を学ばなければならない。」

世尊が「抑揚の整った口調を学ばなければならない」と言われたので、僧たちは休憩所や各自の独房や玄関で抑揚の整った口調の練習をした。

しかしそれは問題を振り出しに戻してしまいました。

在家者のアナータピンダダがジェータヴァナにやって来てそれを聞いて言った。「尊者らよ、この僧院は音楽学校ではないのです。どうして歌手たちをまだ放り出されないのですか。」

このような事態に応じて仏陀は次のように対応したのですが、それは僧院の活動の終わりから二番目の範疇に当たるものです。以下にそのことを述べることにしましょう。

世尊は「抑揚の整った口調の練習は隔離した場所で行なわなければならない」と言われた。

「隔離した場所」とは「ひそかに」と言い換えてもいいし、「人目につかぬ所で」と言ってもいいのです。したがってこの仏陀の解決策は、指令を変更したわけでもなく、その行ないを禁じたわけでもありません。直接的にそれを行なうべき場所を特定し、間接的に行なってはならない場所を特定しただけです。僧の行なういくつかの活動には公の場ではしてはならないものもあると考えられます。いまのテキストの場合、それは歌や声楽と容易に混同されるような行為です。しかし訪問者たちに見られてはならない事柄はほかにも多くあります。それをリストにして挙げるとすれば長いものとなるでしよう。

4　人目につかない場所ですべき仕事

「雑事」では、現役の職人であったり過去に職人であった僧たちが友人の僧の鉢を直したり、鉢は金属製ですので鍛冶工の仕事をすることを命じられたりしています。「処置に熟練している」僧たちは傷の手当てや切開術を行なうよう、言い換えれば外科医の仕事をするよう命じられています。また別の二つのテキストでは、理髪術に心得のある僧や尼僧が友人の僧や尼僧の散髪を命じられています。しかしそのいずれの場合においても、彼らはそれを私的な場所もしくは人目につかない場所で行なわなければならないと特にことわり書きがなされています。「雑事」だけにこのような規則が見られるわけではありません。例えば「皮革事」では、僧が皮革細工やサンダルの修理をすることを命じられています。そのサンスクリット・テキストでは次のように規定されています。

その技術を有する者は、私的な場所でサンダルの縫製をしなければならない。

このテキストのチベット語版はさらによく整っており、場所を選ばなければならない理由を少なくとも一つ、特に記しています。

世尊は「その技術を有する者は、他の人がそれを見ても信仰をなくさないような私的な場所でサンダルの縫製をしなければならない」と言われた。

僧たちがそれに従事することが期待されており、しかも合法的なこととされているにもかかわらず、僧院を訪れる人々の目に触れないように配慮がなされている活動が、金属とか血とか毛髪とか皮革という「不浄な」材料の取り扱いに関わるものであることは容易に理解されます。それらはすべて当時の人々に卑しく不浄なものと見做された物品を取り扱う商取引に関係するものです。そういう事柄に僧が従事しているのを見られるということは明らかに教化のためにならないと考えられたのです。しかし教化のためにならない性質のものであるにもかかわらず、これらの商取引は僧たちに禁じられはしませんでした。それらは僧院としては見られたくないものではありましたが、ある種の僧たちの仕事の一部としてむしろ是認されていました。それらは密教的な仏教の新たな形態の活動として興味深いと言えるかもしれません。これらの活動が是認される経過を述べたいくつかの物語はまた、教化のためにならない振る舞いを避けるということが鍛冶工や皮革細工師や理髪師や医者の仕事を僧の私的な仕事の一部とした理由の一つに過ぎなかったことを示唆しています。もう一つの理由は僧伽が外部の職人や熟練工に依存する度合いを軽減しようとしたことであったと思われます。そのような活動を一般の目から遠ざけたのは、僧と肉体労働者との間に一線を画しておこうとする、根本説一切有部律の編纂者たちに備わっていたと思われる奇妙な偏見にも関係しているようです。律に関わるあらゆることがそうなのですが、この問題は全体が複雑にからみあっています。そして明らかにこの複雑さというものが僧の仕事に関する根本説一切有部の考え方の特徴なのです。

六　自己の仕事に対する僧たちの意識

最後に参照する文章はこの律の複雑さをさらにややこしくするかもしれません。しかし、それはわれわれをある意味で出発点に連れ戻してくれます。僧は自分たちが外部の世界にどのように映っていると思っていたのでしょうか。また彼らは友人の僧たちが戒律に従って活動を行なった場合にどのような状況に遭遇するものと考えていたのでしょうか。そういう問題を理解するためにこれから参照する文章が新たなヒントを与えてくれるものと思われます。

われわれは僧の仕事を論ずるに際して、荷物運びをしそれを正当化しようとする僧のことを取り扱った「雑事」中の一文から考察を開始しました。そこでは六比丘衆が「われわれにも、師を敬い、僧伽を養い、病人を看病し、というように、多くの仕事がある」と述べて荷物運びを正当化すべき言葉を語りました。当然のことながら僧たちは自分で荷物を運ぶことを禁じられました。しかし禁じられたからといって、少なくとも課税の対象となる可能性のある品物を僧たちが近くであれ遠くであれあちこちに運搬するのを止めてはいませんし、止めさせることが期待されていたわけではありません。ここで最後に取り上げる「律分別」の一文は「雑事」に述べられたのとまったく同じ理由のゆえに僧たちがその種の行動を行なうことが期待されていたことを示唆しています。

その「律分別」の一文は僧伽に入門する舎衛城出身の若者のことを述べています。彼は出家します。テキストは次のように言います。

その時、彼らは世尊が「徳行を行ずべきである。苦は徳行を行じないことから生ずる。徳行を行ずる者はこの世でも来世でも楽しむのである」と言われるのを聞いた。

僧たちは特別の布施（chandayācaka）を集め、仏と法と僧伽に対する礼拝行に努めた。

しかし今や僧となった舎衛城出身の若者は、その世尊の教えが広く行き渡っているために、その教えを実践するためには仲間と競争せざるを得ないことに気づきます。彼は「特別の布施を集める僧たちの数は多い。彼らは消耗するであろう。舎衛城は彼らで満ち溢れている。だから田舎のほうに行けば品物を集める機会もあるだろう」と考えます。彼は出かけて行き、「さまざまな色彩の布を三袋」集めることに成功します。帰り道で彼は徴税官に出会います。若い僧はその袋が仏と法と僧伽とに属するものであると言って税金を免除してくれるように主張しますが、徴税官はその主張を認めません。そのことが告げられた時、仏陀は、そのような状況においては、僧はまず官吏に向かって仏と法と僧伽とを讃歎すべきであり、もしそれが功を奏さないなら税金を払うべきである、という規定を定めます。さらに、その場合にはその税金は彼が運んでいる品物で支払うべきであるということまで規定しています。

ここにはいくつか注意すべき点があります。ここでは、舎衛城出身の僧は、世尊の言葉が世間の人々ではなく、僧たちに向かって述べられたものであることを理解しているものとして描かれています。彼は徳を行ずるという義務を僧院の義務として捉えています。そのような活動に従事する僧の行動を規制するために特別な規則が制定されているという事実からすれば、この律の編纂者たちも当然徳を行ずることを僧院の義務と解していたと思われます。さらにこの僧院の義務が時には僧たちに僧伽から外出することを要求するものとして理解されていたことも明らかです。それはまたこの僧院の義務を果たすために課税の対象となる物品の運搬に従事することを僧たちに要求するものと考えられていたことも明らかです。徴税官の示す予想通りの反応も興味深いものです。この律の編纂者は、徴税官がいわゆる「宗教免税」を認めず、少なくとも課税上は仏教僧を商取引者と同等のものとして分類するのを明らかに予想しています。仏教僧と商取引者という二つのグループが、同じ形態の活動に従事するものと考えられているわけです。ここでは、僧が金属や皮革の仕事に従事することを命ぜられた場合とは異なって、その活動を隠蔽しようと企てられてはいません。仏陀が税金の支払いを規定しているのは、僧院のこの種の活動に関する国家の規定を編纂者たちが暗黙裏に受け入れたことを暗示しているように思われます。僧の業務のあるものは文字通り「業務」だったわけです。

七　今後の研究課題

根本説一切有部において僧の業務はどのように捉えられていたか。この問題を考えるには、平坦でない広大な地域をざっと踏査するというような仕方ではあまりにも複雑に込み入っているように思われます。しかしそれでも、そのような踏査の結果、少なくともその風景の中のいくつかの地形に焦点が絞られてきました。われわれはいくつかの点に関して検討を行なってきましたが、それらはさらに個々に研究がなされなければなりません。

われわれは僧たちが一日の内にあるいは一日のそれぞれの時間に行なっていた事柄に言及した文章を見てきました。しかし僧院の日程というようなものが存在したか否かはさらに調査してみる必要があります。

われわれは僧たちがいく種類かの読誦の活動に従事しているのを見ました。彼らはテキストを学び暗記するために読誦し、死んだ寄進者のために偈を読誦し、僧院境内の清掃儀式の一部として偈を読誦し、典礼の場とおぼしき場面において様式化された形で仏陀を讃歎して読誦していました。しかしこのようなさまざまな形で行なわれる読誦のすべてについて、さらによく理解しなければなりません。

われわれは、物的財産を依託された僧たち、長老たち、僧院の犬の係をする僧たち、在家の役人たち、召使いたち、僧院の美術について訪問者の質問に応ずるように命じられた僧たちに関する記述を見てきました。しかし一般世間の労働と僧院の専門職との区別についてさらによく理解しなければなりません。

われわれは、僧たちが労働者の監督をしたり、掃いたり拭いたり、建築や維持の仕事をしたりしたことを見てきました。また彼らが、金属細工や皮革細工や理髪などのさまざまな技術に携わっていたことを教えられました。しかし肉体労働に対する僧院の態度や価値観についてさらによく理解しなければなりません。

また、病人を看病する僧たちや施薬所や、在家の善男善女の信者たちの臨終を看取る僧たちや、葬儀を司る僧たちに関する記述を見てきました。しかし病人や臨終の者や死者に対する僧院の世話についてさらによく理解しなければなりません。

最後に、寄進者の寄贈したものが確かに使用されることを確約する僧の義務や、寄進者に対して「法の協力者」を勤める僧や、死んだ寄進者の供養のために偈を読誦する年長の僧に関する記述を見てきました。われわれはまた、アナータピンダダの場合は殊にそうでしたが、寄進者たちが時としては「彼らの僧院」と呼ばれるものに旺盛な関心を持ち続け、その僧院内部の行事とか活動に、干渉とは言わないまでもいろいろな形で携わったことも見てきました。しかし根本説一切有部の僧院制度における寄進者の継続的な役割と、僧が彼らのために果たした役割についてさらによく理解しなければなりません。

これらすべての事柄についてさらによく理解することがいま求められているのです。

注

序章

(1) A. Imam, *Sir Alexander Cunningham and the Beginnings of Indian Archaeology* (Decca, 1966), pp. 51-52.

(2) G. Schopen, "Sukhāvatī as a Generalized Religious Goal in Sanskrit Mahāyāna Sūtra Literature", *Indo-Iranian Journal* 19 (1977), pp.177-210.

(3) E. Zürcher, *The Buddhist Conquest of China. The Spread and Adaptation of Buddhism in Early Medieval China* (Leiden, 1959), pp.35-36; 50; 53-54; 61; 65; 101etc.

(4) J. Marshall & S. Konow, "Sārnāth", *Annual Report of the Archaeological Survey of India for 1906-07* (Calcutta, 1909), pp.100-101.

V. V. Mirashi, "Inscriptions of the Kalachuri-Chedi Era", *Corpus Inscriptionum Indicarum* 4 (Ootacamund, 1955), pp.275-278.

(5) N. G. Majumdar, "Nalanda Inscription of Vipulastrimitra", *Epigraphia Indica* 21 (1931-1932), pp. 97-101.

(6) G. Schopen, "Mahāyāna in Indian Inscriptions", *Indo-Iranian Journal* 21 (1979), pp.1-19.

do. "Two Problems in the History of Indian Buddhism: The Layman/Monk Distinction and the

Doctrines of the Transference of Merit", *Studien zur Indologie und Iranistik* 10 (1989), pp.37-47.

(7) G. Schopen, "The Phrase as *pṛthivīpradeśaś caityabhūto bhavet* in the Vajracchedikā: Notes on the Cult of the Book in Mahāyāna", *Indo-Iranian Journal* 17 (1975), pp.147-181.

(8) T. Stcherbatsky, *The Conception of Buddhist Nirvāṇa* (Leningrad, 1927), p.36.

(9) S. Kent, "A Sectarian Interpretation of the Rise of the Mahāyāna", *Religion* 12 (1982), pp.311-332.

(10) J. I. Cabezōn, "Vasubandhu's Vyākhyāyukti on the Authenticity of the Mahāyāna Sūtras in Texts in Context", *Traditional Hermeneutics in South Asia,* ed. J. F. Timm (Albany, 1992), pp.221-243.

(11) L. de la Vallēe Poussin, *Vijñaptimātratāsiddhi. La siddhi de Hiuan-Tsang* Tome II (Paris, 1929), p. 767.

do. "Opinions sur les relations des deux vēhicules au point de vue du vinaya", *Bulletin de la classe des lettres et des sciences morales et politiques* ser. V, t. 16 (Belgique, 1930), p.22.

(12) G. Schopen, "The Inscription on the Kuṣān Image of Amitābha and the Character of the Early Mahāyāna in India", *The Journal of the International Association of Buddhist Studies* 10. 2 (1987), pp. 99-134.

(13) G. Schopen, "A Verse from the Bhadracarīpraṇidhāna in a 10th Century Inscription found at Nālandā, *The Journal of the International Association of Buddhist Studies* 12. 1 (1989), p.154, n.14.

(14) É. Lamotte, "Mañjuśrī", *T'oung Pao* 68 (1960), pp.3-4.

M. T. de Mallman, *Etude iconographieque sur mañjuśrī* (Paris, 1964).

A. Hirakawa, "Mañjuśrī and the Rise of Mahāyāna Buddhism", *Journal of Asian Studies* 1. 1 (Madras, 1983), p.27.

A. M. Quagliotti, "Mañjuśrī in Gandharan Art. A New Interpretation of a Relief in the Victoria and

Albert Museum", *East and West* 40. 1-40. 4 (1990), pp.99-113.

(15) A. Bareau, "Etude du bouddhisme. aspects du bouddhisme indien dēcrits par les pēlerins chinois", *Annuaire du collēge de France* 1984-1985. *Rēsumē des cours et travaux* (Paris, 1985), p.649.

(16) māhāyānika (?) vaivarttika-bhikṣusaghanām parigrahe, 1. 5; māhāyānika-śākyabhikśvācāryya-śāntidevam uddiśya, 1. 3-4 of D. C. Bhattacharya, "A Newly Discovered Copperplate from Tippera", *Indian Historical Quaterly* 6 (1930), pp.45-60.

D. C. Sircar, *Select Inscriptions Bearing on Indian History and Civilization*, 2nd ed. (Calcutta, 1965) Vol. I, pp.340-341.

R. Mukherji & S. K. Maity, *Corpus of Bengal Inscriptions Bearing on the History and Civilization of Bengal* (Calcutta, 1967), pp.65-70.

P. K. Agrawala, *Imperial Gupta Inscriptions. Guptādhirājalekhamaṇḍla* (Varanasi, 1983), pp.113-116.

R. Chaudry, *Inscriptions of Ancient India* (Meerut, 1983), pp.84-86.

N. S. Das Gupta, "On Vainyagupta", *Indian Culture* 5 (1938-1939), pp.297-303.

(17) mahāyānikebhyo bhikṣusaṅghāya, D. C. Sircar, *Select Inscriptions,* p.531. 17.

S. Rajaguru, "Jayarampur Copper plate Inscription of the Time of Gopachandra", *The Orissa Historical Research Journal* 11. 4 (1963), pp.206-233.

D. C. Sircar, "Vijayavarman the Victory of Gopachandra", *Indian Studies Past & Present* 7. 2 (1966), pp.123-126.

P. R. Srinivasana, "Jayarampur plate of Gopachandra", *Epigraphia Indica* 39 (1972, but 1985), pp. 141-148.

(18) mahāyāna-pratipannāryya-bhikṣuṇī-saṅgha-pratibhogāyākṣaya-ṇīvī, D. R. Regmi, *Inscriptions of Ancient Nepal* Vol. I (New Delhi, 1983), p.88.

(19) D. C. Sircar, *Select Inscriptions*, p.519.

(20) A. Imam, "Bengal in History", *India: History and Thought. Essays in Honour of A. L. Basham*, ed. S. N. Mukherjee (Calcutta, 1982), pp.71–83.

(21) M. N. Deshpande, "The Rock-Cut Caves of Pitalkhora in the Deccan", *Ancient India* 15 (1959), p. 70.

(22) J. M. Rosenfield, "On the Dated Carvings of Sārnātha", *Artibus Asiae* 26. 1 (1962), p.26.

(23) G. Schopen, "An Old Inscription from Amarāvatī and the Cult of the Local Monastic Dead in Indian Monasteries", *The Journal of the International Association of Buddhist Studies* 14. 2 (1991), pp.295–296, 310–311.

(24) J. Marshall et alii, *The Monuments of Sāñchī* Vol. I (Delhi, 1940).

J. P. Vogel, "Shorkot Inscription of the Year 83", *Epigraphia Indica* 16 (1921–1922).

(25) *Aṣṭasāhasrikā* (Mitra ed.), p.429. 11.

(26) *ibid.* p.226. 13.

(27) *ibid.* pp.59. 6–60. 20.

(28) *ibid.* p.183. 11.

(29) *ibid.* pp.331. 15; 389. 3; 328. 12; 249. 16.

(30) *Rāṣṭrapālaparipṛcchā* (Finot ed.), pp.16. 8; 17. 4. 10; 18. 4. 9; 19. 14; 29. 13; 30. 4; 31. 16. 19; 33. 2; 34. 4. 11. 12; 35. 2. 11. 13. 17; 36. 3.

Kāśyapaparivarta (Stael-Holstein ed.) §§ 2; 5; 6; 13; 15; 22; 112; 121; 124; 125; 126; 131.

Ratnarāśi (Silk ed.) I. 2, 67; I. 4, 13-16; II. 6, 4; II. 13, 1; III. 1, 15; IV. 1.

(31) *Rāṣṭrapālaparipṛcchā* (Finot ed.), pp.28. 17-36. 14.

Ratnarāśi (Silk ed.) VII. 19.

(32) M. Carrithers, *The Forest Monks of Sri Lanka. An Anthropological and Historical Study* (Delhi, 1983), pp.59-66.

G. Schopen, "Deaths, Fynerals, and the Division of Property in a Monastic Code", *Buddhism in Practice,* ed. D. S. Lopez (Princeton, 1995), pp.473-475.

(33) *Akṣobhyatathāgatasya-vyūha-sūtra*, Peking, Vol. 22, 130-5-8ff.

J. Dantinne, *La splendeur de l'inēbranlable* (Louvain-la-Neuve, 1983) Tome I, pp.87-88.

(34) Ratnarāśi, Chpts. V-VII.

(35) *Samādhirāja-sūtra* (Vaidya ed.), pp.168. 1-169. 6; 169. 7-170. 5; 170. 5-29; 124. 9-20; 134. 15ff.

(36) *Aṣṭasāhasrikā* (Mitra ed.), pp.386. 11-395. 19.

(37) Kāśyapaparivarta (Stael-Holstein ed.) §§ 15; 17; 19; 25.

(38) *Rāṣṭrapālaparipṛcchā* (Finot ed.), pp.13. 7; 13. 17; 14. 5; 16. 2; 22. 1; 26. 1etc.

(39) *ibid.* pp.39. 3-4; 45. 16.

(40) *Samādhirāja-sūtra* (Vaidya ed.), pp.134. 19; 138. 3; 179. 11; 195. 15.

cf. Ratnarāśi (Silk ed.) I. 2, 61.

(41) *ibid.* p.25. 3.

(42) *Śikṣāsamuccaya* (Bendall ed.), p.199. 12.

(43) R. A. Ray, *Buddhist Saints in India. A Study in Buddhist Values & Orientations* (New York/Oxford, 1994).

cf. L. Prematilleke & R. Silva, "A Buddhist Monastery Type of Ancient Ceylong Showing Mahāyānist Influence", *Artibus Asiae* 30 (1968), pp.61-84.

S. Bandaranayake, *Sinhalese Monastic Architecture. The Vihāras of Anurādhapura* (Leiden, 1974), pp.58-85.

(44) *Aṣṭasāhasrikā* (Mitra ed.), p.56. 6ff.

cf. É. Lamotte, "La concentration de la marche héroïque", *Mélanges chinois et bouddhiques* 13 (Bruxelles, 1965), p.221.

(45) G. Schopen, "The Ritual Obligations and Donor Roles of Monks in the Pāli Vinaya", *Journal of the Pāli Text Society* 16 (1992), pp.87-107.

do. "Doing Business for the Lord: Lending on Interest and Written Loan Contracts in the Mūlasarvāstivāda-vinaya", *The Journal of the American Oriental Society* 114 (1994), pp.527-554.

do. "The Lay Ownership of Monasteries and the Role of the Monk in Mūlasarvāstivādin Monasticism", *The Journal of the International Association of Buddhist Studies* 18. 1 (1996).

第1章

(1) É. Lamotte, *Histoire du bouddhisme indien* (Paris, 1958), p.727.

(2) T. G. Foulk, "Daily Life in the Assembly", *Buddhsim in Practice*, ed. D. S. Lopez (Princeton, 1995), pp. 455-472.

(3) J. Gernet, *Buddhism in Chinese Society. An Economic History from the Fifth to the Tenth Centuries*, trans. F. Verellen (New York, 1995; org. France, 1956), pp.65-66.

(4) P. Groner, *Saichō: The Establishment of the Japanese Tendai School* (Berkley, 1984).

(5) S. Lévi, "L'Eléments de formation du Divyāvadāna", *T'oung Pao* 8 (1907), p.115.

(6) A. Bareau, "The Superhuman Personality of Buddha and Its Symbolism in the Mahāparinirvāṇasūtra of the Dharmaguptaka", *Myths and Symbols. Studies in Honor of Mircea Eliade*, ed. J. M. Kitagawa & C. H. Long (Chicago, 1969), pp.9–21.

(7) S. Lévi, op.cit., p.115.

(8) E. Huber, "Etudes bouddhiques III. Le roi Kaniṣka dans le vinaya des mūlasarvāstivādins", *Bulletin de l'école française d'extrême-orient* 14 (1914), pp.18–19.

(9) C. Eliot, *Hinduism and Buddhism. An Historical Sketch* I (London, 1921), pp.263; 301.

(10) B. Rowland, "A Note on the Invention of the Buddha Image", *Harvard Journal of Asiatic Studies* 1. 1 (1948), p.184.

(11) ed. R. Gnoli , *The Gilgit Manuscript of the Saṅghabhedavastu. Being the 17th and last Section of the Vinaya of the Mūlasarvāstivādin* I. xix *Serie Orientale Roma* 49. 1 (Rome, 1977).

(12) E. Huber, op.cit., p.18.

(13) J. Przyluski, "nord-ouest de l'Inde dans le vinaya des mūlasarvāstivādin et les textes apparentés", *Journal Asiatique* (1914), p.517.

(14) S. Lévi, "Les saintes écritures de bouddhisme. Comment s'est constitué le canon sacré", *Memorial Sylvain Lévi* (Paris, 1937), p.80.
cf. *Journal Asiatique* (1914), p.473.

(15) M. Hahn, "The Avadānaśataka and Its Affiliation", *Proceedings of the XXXII International Congress for Asian and North African Studies,* ed. A. Wezler & E. Hammerschmidt (Stuttgart, 1992), p.170.

(16) ed. E. B. Cowell & R. A. Neil, *The Divyāvadāna. A Collection of Early Buddhist Legends* (Cambridge, 1886), p.676.

(17) R. Gombrich, "How the Mahāyāna began", *Journal of Pāli and Buddhist Studies* 1 (1988), p.32.

(18) P. Harrison, "Some Reflections on the Personality of the Buddha", *Otani Gakuho* 74. 4 (1995), pp. 1-28.

(19) J. U. Hartmann, "Fragments aus dem Dīrghāgama der Sarvāstivādins", *Sanskrit-Texte aus dem buddhistischen Kanon: Neuentdeckungen und Neueditionen* (Sanskrit-Wörterbuch der buddhistischen Texte aus den Turfan-funden. 2) ed. F. Enomoto et alii (Göttingen, 1989), pp.65-670.

(20) M. Taddei, "The Story of the Buddha and the Skull-Tapper. A Note in Gandharan Iconography", *Annali Instituto Orientale di Napoli* 39 (1979), pp.395-420.

cf. do. "Addenda to the Story of the Buddha and the Skull-Tapper", *ibid.* 43 (1983), pp.333-339.

(21) S. Markel, "Bodhisattva", *At the* [*Los Angeles County*] *Museum* [*of Art*] 32. 9 (1994), p.12.

(22) M. Sawoo, "An Interesting Buddha Image in the Indian Museum, Calcutta", *Indian Museum Bulletin* 18 (1983), pp.58-60.

(23) A. M. Quagliotti, "Mañjuśrī in Gandharan Art. A New Interpretation of a Relief in the Victorian and Albert Museum "*East and West* 40 (1990), pp.99-113.

(24) G. H. Malandra, "Māra's Army: Text and Image in Early Indian Art", *East and West* 31 (1981), pp. 121-130.

(25) A. M. Quagliotti, "Mahākāruṇika (Part I)", *Annali Instituto Orientale di Napoli* 49 (1989), pp.337-370.

(26) G. Tucci, *Ti trono di diamante* (Bari, 1967), p.165.

(27) H. Lüders, "Mathurā Inscriptions", *Abhandlungen der Akademie der Wissenschaften in Göttingen. Philologische-Historische Klasse* III. 47 (Göttingen, 1961), pp.82–83.

(28) G. Fussman, "Documents épigraphiques kouchans", *Bulletin de l'école française d'extrême-orient* 61 (1974), p.55.

(29) D. Schlingloff, "Stamp Seal of a Buddhist Monastery", *The Journal of the Numismatic Society of India* 31 (1969), pp.69–70.

(30) K. K. Thaplyal, *Studies in Ancient Indian Steals* (Lucknow, 1972), p.220.

(31) H. Lüders, *Bharhut Inscriptions* (Corpus Inscriptionum Indicarum II, 2) (Ootacamund, 1963), p.107.

第二章

(1) R. S. Bagnall, *Egypt in Late Antiquity* (Princeton, 1993), pp.293–303.

(2) S. Elm, *'Virgins of God'. The Making of Asceticism in Late Antiquity* (Oxford, 1994), p.4.

(3) R. S. Bagnall, *op. cit.,* p.294.

(4) S. Elm, *op. cit.,* p.8.

(5) H. Chadwick, "The Ascetic Ideal in the History of the Church", *Monks, Hermits and the Ascetic Tradition*, ed. W. J. Sheils (Studies in Church History 22) (Oxford, 1985), p.6.

(6) J. Pelikan, *The Excellent Empire. The Fall of Rome and the Triumph of the Church* (San Francisco, 1987), p.111.

(7) A. Cunningham, *The Bhilsa Topes or Buddhist Monuments of Central India: Comprising a Brief Historical Sketch of the Rise, Progress, and Decline of Buddhism* (London, 1854), pp.2; 107.

(8) J. Van Engen, "The 'Crisis of Cenobitism' Reconsidered: Benedictine monasticism in the years 1050

-1150", *Speculum. A Journal of Medieval Studies* 61. 2 (1986), p.269-304.
(9) J. Leclercq, "The Monastic Crisis of the Eleventh and Twelfth Centuries", *Cluniac Monasticism in the Central middle Ages*, ed. N. Hunī (London, 1971), p.222.
(10) L. J. R. Milis, *Angelic Monks and Earhtly men. Monasticism and Its Meaning to Medieval Society* (Woodbridge, 1992), ix.
(11) U. Berlière, "Le recrutement dans les monastères bénédictins aux XIIIe et XIVe siècles", *Bulletin de la classe des lettres et des sciences morales et politiques* 18. 6 (Belgique, 1924), p.3.
(12) D. J. Osheim, *A Tuscan Monastery and Its Social World. San Michele of Guamo* (1156-1348) (Rome, 1989).
(13) B. Harvey, *Living and Dying in England 1100-1540. The Monastic Experience* (Oxford, 1993).
(14) ed. & trans. G. Constable & B. Smith, *Memoir on the Different Orders and Callings of the Church, Libellus de deversis ordinibus et professionibus qui sunt in aecclesia* (Oxford, 1972), pp.55-57.

第三章

(1) M. G. Murphy, *St. Basil and Monasticism* (Washington, 1930), p.53.
(2) C. Butler, *Benedectine Monachism. Studies in Benedictine Life and Rule*, 2nd ed. (London, 1924), p. 146.
(3) Y. Hirschfeld, *The Judean Desert Monasteries in the Byzantine Period* (New Heaven, 1992).
(4) E. C. S. Gibson, "The Works of Johan Cassian", *A Select Library of Nicene and Post-Nicene Fathers of the Christian Church* II, 11, ed. P. Schaff & H. Wace (Grand Rapids, 1982), p.223.
(5) M. L. Finot, "Le Prātimokṣasūtra des Sarvāstivādins", *Journal Asiatique* 104 (Paris, 1913), p.498.

(6) G. von Simson, Prātimokṣasūtra der Sarvāstivādins (Sanskṛttexte aus den Turfanfunden 11) (Göttingen, 1986), p.226. 4.

(7) T. W. Rhys Davids & H. Oldenberg, *Vinaya Texts* I (Sacred Books of the East 13) (Oxford, 1885), p.26.

(8) I. B. Horner, *The Book of the Discipline* II (Sacred Books of the Buddhist 11) (Oxford, 1940), p. 102.

(9) C. S. Prebish, *Buddhist Monastic Discipline* (University Park, 1975), pp.70-71.

(10) O. von Hinüber, "Buddhist Law According to the Theravāda-vinaya. A Survey of Theory and Practice", *Journal of the International Association of Buddhist studies* 18. 1 (1995), p.11.

(11) L. Feer, *Avadāna-çataka. Cent lĕgendes bouddhiques* (Paris, 1891), p.2.

(12) P. C. Bagchi, "A Note on the Avadānaŝataka and Its Chinese Translation", *Visva-Bharati Annals* 1 (1945), pp.56-61.

訳者あとがき

一　ショペン教授の方法論

ショペン教授は平川彰博士の大乗仏教が仏塔教団から起こったとする「仏塔教団起源説」の批判者として一九七五年に学界に登場した。しかし私が教授の研究に注目するようになったのは、一九八三年にミシガン大学にゴメズ教授を訪ねた折であった。ゴメズ教授から是非とも会うようにと勧められて私はシアトルのワシントン大学にショペン教授を訪ねた。そこでの二日間は、専ら教授の平川説批判を聞くことに費やされた。当時、私は平川博士の『初期大乗仏教の研究』を読んで博士の仏塔教団起源説に感銘を受けていたので、教授の批判に当初は不信をおぼえた。しかしよく聞いているうちに教授の批判が説得力のあるものと思えるようになった。仏教学に新たな学説の台頭してきていることを感じて興奮したことを覚えている。

その折の旅行の目的は、アメリカの仏教学者たちの方法論を調査することにあった。教授にもそのことを尋ねると、彼は碑文を読むことと、チベット大蔵経に収められている四千葉にのぼる律典『根本説一切有部律』を毎日、意味が分かっても分からなくても二、三葉ずつ読むことを日課にしていると答えた。他の研究者たちの試みている方法論は概して、民俗学や言語学あるいは現象学や解釈学などの他の分野の学問の方法論を仏教学に取り入れるというものであった。それらはいかにもアメリカの仏教学者の方法論というにふさわしい感じがして魅力的に思えた。それに対して、「ただ碑文と律を読むことを日課としているのが自分の方法だ」と言い切るショペン教授の答えには、当方の問いが軽くかわされたような感じがした。しかしそうではなかった。教授はそれを言葉通りに実行し、多くの碑文を解読し、膨大な『根本説一切有部律』を読み上げ、それを自家薬籠中のものにして、興味深い論文を次から次へと発表している。それらの論文を読めば、経典には僧の理念的な在り方が描かれているのに対して、碑文や律典には比丘たちの現実の生活が反映しているのではないかという教授の予感は、それらを倦むことなく読み続けた長年の経験の蓄積によって、今では確信にまで高められたように思われる。

今回、私は大学院の特別セミナーで教授の補佐役を勤めさせていただいた。教授は当方の求めに応じて講義も公開講演会もすべて原稿を前もって提出してくださったので、聴講者には英文の原稿と共に拙訳を配付することができた。その折には時間の制約があり、あまりにも粗雑な翻訳しかできなかった。本書はその折に配った拙訳を大幅に改訂したものである。お読みいただければ分かるように、今回の講義では、教授の関心はもはや大乗仏教の起源論争の枠を超えて、一世紀から四、五世紀にかけての時代の仏教教団のありさま、あるいは僧の生活の実態を、小乗の一部派の戒律の書『根本説一切有部律』に基づいて、可能な限り具体的に明らかにすることへと向けられている。教授が紹介する律の記述の中には、われわれの予想とはまったく異なる僧たちの姿が描かれている。僧は普通、三衣一鉢や濾水嚢および坐具などの必要最低限の品物以外は、財産を私有しないものと思われてきた。しかし実際には、かなりの量の、しかも相当高価な装飾品などの品物まで所有していたことが教授の講義によって明らかにされた。あるいはまた、学習や瞑想に明け暮れているものと考えられてきた僧たちが、現実には、建築の監督や犬の世話、はては金融業まがいの仕事まで、僧院の内外で実にさまざまな業務に携わっていたことも明らかにされた。私たち受講者は僧たちの実に人間くさい姿が紹介される度ごとに驚いたことであった。

二　ショペン教授の仏教学

二年目のセミナーを実施するに際して、私はその準備のために教授の勤めておられるテキサス大学に出かけた。九月初旬のオースティンはまだ夏の盛りで、午後には三十五度を優に超えると思われるほどの暑さになったが、私のホテルか教授の自宅で程よくクーラーをきかせて行なう打ち合わせの時間は快適であった。一週間のあいだ毎日四時間ほど、われわれは初年度の講義の要点を確認し、次回の講義原稿の疑問点を検討した。その合間の一日、教授の仏教に関する考え方を聞くためにインタヴューの時間を設けていただいた。以下はその折の聞き書きである。教授の仏教に対する考え方や人柄をご理解いただくよすがにもと思いここに収録することとした。文責は訳者にある。

1　教授の生いたち及び仏教との出会い

私は一九四七年にサウス・ダコタの人口三千人にも満たない小さな田舎町デッドウッドに生まれました。この町は有名なカウボーイ、ワイルドビル・ヒコックの撃たれた場所としてアメリカではよく知られています。初めカトリック系の学校に入学しましたが、手に負えない腕白坊主ぶりがたたって尼僧の顰蹙をかい、七学年まで在学した後、転校を余儀なくされました。

私が初めて仏教に触れたのは、高校時代に町の図書館で鈴木大拙の禅関係の書物を見つけた時でした。当時仏教のことはほとんど何も知りませんでしたが、読んでみるとその本はけっこう面白かったのです。そこで再び図書館に行き別の著書を借りようとしましたが、そこにはそれ以外に鈴木大拙のものは置いてありませんでした。それで十七マイル離れた最寄りの本屋に行ってみると、印刷中の図書カタログの中に鈴木大拙の本の題名が見つかりました。それは『入楞伽経』に関するものでした。注文してからしばらくしてその本が到着した時、それがサンスクリット語からの翻訳であることが分かりました。しかしサンスクリット語がどういう言葉であるかということは知りませんでした。このことがきっかけとなって、仏教とサンスクリット語を学んでみたいと思うようになりました。けれども、さほど裕福でない家庭に育ちましたから、大学は近い所で選ばざるを得ませんでした。その大学には仏教のコースもサンスクリット語のコースもありませんでしたので、やむを得ず英文学を専攻することにして、そのかたわら一人で仏教書を読み続けていました。ところが三年生になった時に、かねてより結婚を約束していた恋人がシアトルに行くことになりました。それで私も彼女について西海岸に行くことにしました。

2　学位を取るまで

その頃シアトルではワシントン大学でコンゼ教授が仏教を教えていましたので、その三学年に編入し、コンゼ教授のもとで勉強することとなりました。当時ワシントン大学ではゴメズ教授（現ミシガン大学教授）がサンスクリットを教えていました。ゴメズ教授にとってワシントン大学は初めて教える大学でした。しかし私は結婚したてで生活費を稼がねばならず、ゴメズ教授の授業にはほとんど出ることができませんでした。やがて妻がイカラカモンタナで仕事が見つかったので、そこに移りそこに四年いて卒業しました。

そうこうする内にベトナム戦役について考えなければならない年齢になっていました。いろいろ考えた末、兵役をのがれるためにカナダに行くことにしました。マクマスター大学に入学して中国人教授のもとで仏教の勉強をしました。トロントで桂紹隆教授（現広島大教授）からチベット語を学んだことが後におおいに役に立ちました。修士課程を修了するのに五年かかりましたが、その終わり頃に経典崇拝に関する論文を書いてオーストラリア国立大学のドゥ・ヨング教授に送りました。それは教授の気に入り、博士論文を書くためにオーストラリアに来るように勧められ、その勧めに従うことにしました。オーストラリアに行く前からギルギット写本の刊本を読み始めており写本の解読には興味をもっていました。ドゥ・ヨング教授からはギルギット写本の律の部分を研究するようにと勧められました。しかし当時は大乗経典のほうに関心があり、律は面白くないものと思い込んでいたので教授の勧めを断り、『薬師王経』を論文の資料に選びそのサンスクリット・テキストとチベット訳の校訂を行ない英訳をしました。その折にギルギット写本の経典部分は全部読みましたが、律の箇所は眼を通しませんでした。今となっては皮肉なことだと思います。しかしドゥ・ヨング教授のおかげで律の勉強はかなりよくしました。こうしてオーストラリアで博士論文を仕上げ、娘が生まれました。

オーストラリアからアメリカに戻り職を捜しました。しかし仕事は見つかりませんでした。最初に見つかったのはワイオミングの製材所の夜警の仕事でした。一年間そこで働きました。その仕事はけっこう気に入っていたのですが、湯山明博士（現創価大教授）の招きで東京の国際仏教研究所に一年間留学することとなり、その間にギルギット写本を読みいくつか論文を書きました。帰国後ミシガン大学に職を得ました。そこで二年間教え、シアトルで一年間教え、インディアナに行き五、六年教え、テキサス大に来て今年で六年目になります。

3 影響を受けた研究者

最も大きな影響を受けたのはドゥ・ヨング教授からだと思います。教授からはテキストを注意深く精密に読むという方法を教わりました。しかし教授はテキストの思想そのものにはあまり興味がなく、そういう方面に関しては教授から学ぶことはあまりありませんでした。その点についてはラモットの論文から多くのことを学びました。ドラヴァレ・プサンの論文もよく読みましたからかなり大きな影響を受けています。ドラヴァレ・プサンはラモット以上に思想研究に関心のある学者だと思います。これらの人々が私にとって重要な研究者です。しかし私がこれまで行ない、これからも続けていこうと思っている研究は、これらの研究者たちの研究法と直接的には関係がありません。私は碑文研究と考古学とに関心がありますから、これらの研究者とは違う方法で研究をしてきました。私がこのような研究法を思いついたのは、『薬師王経』を校訂している時に、しばしばどういう僧がこのテキストを読んだのだろうかと思いめぐらしたことがきっかけになっています。つまりその折に、碑文を読めばこのテクストが何処でどういう僧たちによって用いられていたかが分かるかもしれないと考えたのです。実際はそうはうまく事は運びませんでしたが、碑文研究から実に多くのことを学びました。近年では碑文研究と考古学の研究の重要さを真剣に考える研究者が増えてきています。そのことに自分の研究が少なからず貢献しているものといささか自負しています。

4　根本説一切有部律への関心

根本説一切有部律の研究を勧めてくれたのはドゥ・ヨング教授でしたが、先ほども述べたように、当時は律については何も知らず面白いとも思わなかったので断りました。数年後に碑文の勉強をした折に、僧が日常生活の中で実際にどういうことをしていたかということに関心を持つようになりました。律には僧が実際に行なっていたことが述べられているのではないかと思うようになりました。最初に関心を持ったのは葬式のことでした。それは少なくとも西洋ではまだ誰も研究していないテーマでした。葬式において僧が行なうべきこと及びそのことに関する教義に関する資料に興味をおぼえました。そこでは僧は死んだ友人の僧の回向をするものと考えられています。それは僧というものに関してそれまで私が抱いていたのとは全く異なったイメージを与えるものでした。このようにして私は律に興味を持つようになりました。それで四千葉にのぼるこの律を全部読むことにしました。一通り読み終わりましたが今も繰り返し読んでいます。

根本説一切有部律に仏陀当時の教団の様子がどれほど反映されているかという質問をよく受けますが、根本説一切有部律には仏陀在世当時の教団（僧伽）が実際にどういうものであったかについては何も述べられていません。というのは、根本説一切有部律は西暦紀元一、二世紀の頃に、書かれたかあるいは編集されたかあるいは編纂されるかしたものです。だから、それはその当時の僧院制度を語っているに過ぎないからです。根本説一切有部律だけでなく、現存の律はどれをとっても、仏陀在世当時の教団を物語るものではありません。なぜなら、パーリ律はブッダゴーサ（五世紀）以前にその実際の内容がどういうものであったかは分かりませんし、また漢訳の諸律もすべて五世紀以後に訳されているからです。つまり現存の律はすべて仏陀在世当時よりかなり後になって作られたものだからです。これらの内、どれが古くてどれが新しいかと問われると、それに答えることはむつかしいと思います。また、仏陀在世当時の教団が一、二世紀の頃のどの教団に似ているかということに答えることも同様に困難です。紀元一世紀以前の教団の存在を証明するような考古学的な証拠は何も存在しません。つまり、教団が存在していたことは事実であったとしても、それは何も痕跡を残していないのです。

5　経と律の関係

経と律はどちらが古いのかということには問題があります。一般には経のほうが律よりも成立が古いと考えられていますが、果たしてそれは確かなことでしょうか。経蔵が律蔵と別に発展したとする考え方に確たる根拠があるでしょうか。根本説一切有部律には興味深い事実があります。それは多数の経がこの律に埋め込まれているという事実です。パーリニカーヤの長部経典の三分の一あるいはそれ以上に相当する経が、根本説一切有部律の中に今でも除かれずに、その一部として存在しています。このことはパーリの経典が誰かによって律から取り出されたものであるという印象を与えます。そうすると経蔵は律蔵から取り出されて成立したという可能性が考えられます。それに、僧院制度という観点からしても律が先に作られたと考えるほうが理にかなっています。経蔵が律蔵より先に作られたとする見方には、教義的なもののほうが制度的なものより先に作られたと考えるべきだとする偏見が潜んでいると思われます。しかしそう考える根拠はどこにもありません。むしろその逆であることを示す証拠がいくつか存在します。その一つは、インドでは行の正当性のほうが教義の正当性よりも重要視されるという傾向があるということです。インドの宗教では一般に思想よりも行動のほうに重要性が置かれます。例えばギルギットの教団では、律としては根本説一切有部律が用いられましたが、経はすべて大乗経典が用いられていたようです。教団としては僧が律さえ守っておれば、誰も彼の思想に関してとやかく言わないのです。教団では思想はさほど問題にされないのです。西洋では思想や教義のほうを重要だと考えますが、インドでは逆だったのです。

6　阿含と大乗経典の書写年代

一般に阿含は大乗経典よりも先に書かれたと考えられていますが、このことに関しても問題があります。マハーヴァンサには聖典が紀元元年直前に書かれたことが述べられていますが、それはスリランカでのことであって、インドに関しては何も分かりません。インドでは長い間かかって次第に口伝から記録による伝承へと変化していったように思われます。スリランカで聖典が記録された時代は大乗経典がインドで書かれた時代に対応しています。

7 初期仏教文献を読む時の注意

この問題は要するに仏典を正しく読むという単純な話になってしまうのですが、実はそのことがなかなか容易なことではありません。というのは仏典のレトリックという問題があるからです。三つのレベルのレトリックが考えられます。つまり、経典を読む時には三種類の異なった情報が述べられていると考えられます。よく「仏陀が説いた」と言いますが、われわれには「仏陀が本当に何を説いたか」は分かりません。仏陀の語ったことへの直接の手がかりは何もありません。すべては仏陀が亡くなってかなり後の記録なのです。これが第一段階のレトリックです。第二段階のレトリックは「仏陀が何を意図したか」ということです。しかし彼が何を語ったかが分からないのに、どうして何を意図したかが分かるでしょうか。そして最もやっかいな第三段階のレトリックは、「仏陀が本当は何を意図したか」ということです。

初期の仏教文献には不鮮明な点が多く存在しています。最近になってそのことが漸くよく分かるようになってきました。これまでは文献の記述は事柄を率直に記したものと考えられてきましたが、実はそうではなくて、一つの文献の中にもいろいろな声が互いに競合しあっていることが分かるようになってきました。そのようなさまざまな声が聞こえてくれれば、われわれは、そのすべての声ではなく、どれか一つの声にまず耳を傾けるべきです。それから順次そのすべての声を聞かなければ、その事柄の全体像は分かるようになりません。現在、経典に関する古い解釈モデルはほとんど信頼されなくなっていますから、この研究法は極めて刺激的で示唆に富むものと思われます。われわれはいま新しい解釈モデルを試みなければならない時にいるのです。

8　何が真正の仏教か

もし原初の仏教のみを真正の仏教だとするなら、それは、例えばチベットや日本やネパールの宗教的天才たちの努力を軽視することになります。彼らは仏教を単に受容しただけではなく、それを発展させ、まったく異なる状況に適応させたのです。それは極めて創造的な仕事です。それは仏教の積極的な展開として研究すべきであり、原初の理想的な仏教からの堕落として捉えるべきではありません。そのように後世の仏教を堕落とする考えをダーウィンの種の起源の理論に当てはめれば、現在の人間は原初の純粋なものからの堕落ということになります。また、そのような考えは後期の仏教の研究を抑圧してしまうことになります。しかし後期の仏教のほうが学ぶべき資料は豊富にあるのです。それはそれ自体として研究すべき価値のあるものです。つまり例えば七世紀の中国の仏教も仏陀の仏教と同様に重要なのです。後世の仏教を堕落と考える際に生ずるもう一つの弊害は、本当の仏教はテキストの中にしか見られないとする考えを補強することになるということです。仏教がテキストの外にも存在することは言うまでもありません。

9　仏教研究において最も関心のあること

私が仏教の研究で最も関心をもっていることについて述べましょう。私は龍樹が「空」について述べたことにはたいして関心がありません。それよりも、彼が自分の母の死んだ時にどうしただろうかということのほうにもっと関心があります。彼がその時にとった行動は、彼の思想が彼をして現実の生活の場にどのように直面せしめたかということを物語るものです。龍樹の「空」の思想に関する研究書は非常にたくさんありますが、龍樹が母の死に臨んでどのような振る舞いをしたかということを述べたものは見当たりません。それではバランスを欠くこととなります。私が根本説一切有部律を学びたいと思う理由の一つは、この律には、学問をしたり森で瞑想しているだけでなく、非常に人間くさい営みを行なっている僧たちの生活ぶりが述べられていることにあります。彼らは、請求書の支払いをしたり、師匠の世話をしたり、病人が出た場合にはその人が死んだ折のことまで考えています。

葬式といえば、『涅槃経』には、仏陀自ら自分の死んだ場合のことを考えている様子が述べられています。それは哲学とは殆ど関係がありません。その場には、仏陀とアーナンダだけがいました。仏陀はアーナンダに葬式の心配はしなくてよいと言いました。日本ではこの記述に基づいて、仏陀は僧が葬式を行なうことを禁じたかのように言う人がいますが、ここにはそのようなことは一言も述べられていません。仏陀は比丘が葬式をすべきでないとは一言も語っていません。その場には比丘はアーナンダだけしかいませんでした。そして彼には、新たに出家した者の世話を初め、比丘としてなすべき他の用事がたくさんありました。だから仏陀は彼にその用事をするようにと命じたのです。たとえもし『涅槃経』で禁じられていたとしても、その二百年後には教団は葬式を行なっています。比丘たちが葬式を行なったからといって、彼らを仏教徒でないと言えるでしょうか。もし仏陀の考えだけが仏教と呼び得るのだとすれば、後世の仏教はすべて仏教でなくなってしまいます。その結果「仏教徒は仏陀だけ」という実に奇妙なことになります。

三　平川彰博士の「大乗仏教仏塔教団起源説」

終わりに、ショペン教授の研究業績の一端を紹介するために、平川彰博士の「大乗仏教仏塔教団起源説」とそれに対する教授の批判について少し触れておきたい。

普通「経典」といえば、それは仏陀釈尊の金口より発せられたものと考えられる。しかし、阿含経典が、今日もなお、釈尊の滅後数十日後に編纂された経典に起源をもつとされ、仏陀の教説を比較的忠実に反映したものと考えられているのに対して、大乗経典は、わが国においては早くも江戸時代に、天才的儒学者富永仲基によってその仏説であることが否定され、以来、それを仏陀金口の説でないとする主張は、ヨーロッパ近代仏教学の研究成果の影響もあって、おおかたの研究者の認めるところとなっている。

それでは大乗仏教は、いつ何処で誰がどのようにして起こしたのであろうか。その起源を求めてさまざまな仮説が立てられ議論がたたかわされてきた。近年わが国で最も多くの支持を得てきたのは、平川彰博士の「仏塔教団起源説」であろう。

平川博士は、小乗の一部派であった大衆部が発展して大乗となったとするそれまでの定説を退けて新説を提起した。それまで大衆部は、心の本性を清浄と見做し、かなり進歩した菩薩思想を有し、

『華厳経』に説かれる「十住」説に通ずる「十地」説を述べるなどの点から、大乗の先駆思想と考えられていた。しかし小乗仏教文献の研究が進むにつれ、他の部派にも大乗と共通する思想の存在することが明らかになり、大衆部の教義ばかりに大乗思想の起源を求めることはできなくなった。

平川博士の新説は、それ以前の研究者たちが、もっぱら教義的な側面から、大乗の起源を求めようとしたのに対して、社会的集団としての側面から教団としての起源を求めようとするところにその独自性がある。博士の言う大乗教団とは、小乗の比丘たちの僧伽とは別に、「菩薩ガナ（菩薩の集団）」と呼ばれて、仏舎利塔の側の僧房に住したとされる大乗菩薩たちの教団である。

博士が小乗の僧伽とは別に大乗の教団の存在を考えたのは、大乗の菩薩は自ら釈迦菩薩に倣って「菩薩の修行をしようと決心した者」であり、そのような修行者は小乗仏教の比丘の中に存在したとは考えられないという理由からである。そのような菩薩たちが、人格的な仏陀の出現を願って集まった場所を仏塔であると考えるのである。このように仏陀の徳を慕い、その慈悲による救済にあずかることを願って仏塔に集まった在家信者の仏教運動から大乗仏教は始まったとするのが平川博士の「仏塔教団起源説」である。

僧伽は『律蔵』中に厳密に規定され、比丘僧伽と比丘尼僧伽の二種のみが認められている。したがって大乗経典に現われる「菩薩ガナ」と呼ばれる教団は小乗の僧伽ではあり得ない。比丘は僧伽に入るに際して、家族や親族との関係を断ち、一切の財産を捨てなければならないので、出家の後は財産を私有していないものと考えられる。しかし大乗経典では菩薩がさまざまな品物を布施することが説かれ、彼らが財産を所有していることは当然のこととされている。このことからも菩薩は僧伽に住していなかったと考えざるを得ない。

『阿含経』に釈尊が「僧伽の主」とも「ガナの主」とも呼ばれ、釈尊と同時代の六師外道も同様に呼ばれていることから、博士は、「ガナ」の語は初め「僧伽」と同様に用いられていたが、律蔵の用語としては後に「僧伽」のほうが正式のものとなり、「ガナ」は「不完全な集団を指すのに用いられるようになった」と解釈する。このことから博士は、律蔵の規定に従わない集団としての菩薩の教団に対する呼称として「菩薩ガナ」の語が採用されたものと考えたのである。

しかし、大乗仏教徒たちが、たとえ部派仏教の「僧伽」に対抗する意味があったとしても、同時代の正統派で「不完全な集団を指すのに用いられた」名称をわざわざ好んで自分たちの集団の呼び名としたというのもいささか奇妙な印象を受ける。また、僧伽が律蔵によって規定された集団であるのに対して、ガナはそのような厳密な社会的な規定によって規制された集団ではないこととなる。したがってそれを部派の僧伽に対応するような教団と考えることには多少無理があるように思われる。

平川博士の説明からは、「菩薩ガナ」という大乗の仏教徒の集まりが存在したであろうことは窺えても、彼らが小乗の僧伽とは異なる「教団」を形成して仏塔に住していたことを証明するに足る資料は存在しないように見える。それが「仏塔教団起源説」の一番大きな難点であろう。

大乗経典の漢訳は二世紀後半に月支の支婁迦讖によって本格的に開始された。彼が『道行般若経』を中国にもたらしたのは西暦一七〇年頃とされる。この経には「大乗」（摩訶衍）の語が用いられており、また阿閦仏の浄土への往生が説かれ『阿閦仏国経』などの成立していたことが予想されることからして、遅くとも紀元一世紀頃、早ければ紀元前一世紀頃には、大乗は成立していたものと考えられている。しかしそれは大乗の「教義」がその頃に成立していたことを示すものであって、大乗の「教団」の存在を保証するものではない。平川博士が、教義的な側面だけからではなく、社会的集団としての側面から教団としての起源を求めようとされた試みは、なお未解決のままに残されることとなった。

四　ショペン教授の「大乗仏教周辺地域起源説」

頓挫したかに見えた初期大乗教団の研究は近年思わぬ方向から再検討されることとなった。その説によれば、そもそも大乗仏教の教団は四世紀頃までインドには存在していなかったとされる。このショッキングな見解を提起したのがショペン教授である。

古代インドの仏教教団の様子を知るには、経典だけでなく、律典や教団への寄進について記した碑文も重要な資料となる。先に紹介したようにショペン教授の研究は、この二つの資料を縦横に駆使してなされている点にその特長がある。教授によれば、「大乗」の名が直接現われる碑文は、六世紀から一二世紀にかけて十四例があり、その名が直接現われなくとも大乗を意味する表現が用いられているものは、四世紀以後のインド各地に見られる約八十例がある、という。

このことから教授は、大乗を意味する名称がインドの資料中に現われるのは、少なくとも四世紀以降であると言い、大乗仏教はこの時代まではまだ部派教団から独立した教団にはなっていなかったと結論づける。つまり教授は、この時代までの大乗仏教を部派教団内に存在したものと位置づけるのである。

教授は一九九六年度の特別セミナーの講義では、『根本説一切有部律』に基づいて、一世紀初頭より五、六世紀にかけてのインドの仏教社会の有様を極めて具体的に解説した。律典には個々の戒律の制定される経緯が記されているが、そこにはまた当時の僧の日常生活がよく描き出されている。

教授は当時の僧の生活ぶりを明らかにすることによって、平川博士が律による規制のゆえに小乗の比丘たちには禁止された行ないであるとした事柄、例えば多くの私有財産の寄付などの行為が、実際は律典中に容認されている行為であったことを証明した。それが証明されたことによって、平川博士が小乗の僧伽に所属しない僧の存在を認めそれを「仏塔教団」に結び付けようとした「大乗仏教は仏塔教団から起こったとする説」は否定される。そして教授の論述はもはや「仏塔教団起源説」批判の枠を越え、「比丘は私有財産を所有しない」ものとする通常の理解に対する批判、いわば「比丘無所有説」批判へと向かっている。

教授が『根本説一切有部律』から次から次へと紹介する律制定の因縁にまつわる物語は、われわれが漠然と思い描いていた古代の僧たちの「三衣一鉢、坐具、濾水嚢の外には何も持たず、清貧に甘んじて精進する行者」というイメージを打ち砕く。そこには僧たちが、財産を蓄えることに腐心する様子が描き出されている。しかし律典は僧たちが蓄財することを違法なこととも不道徳なこととも見做していない。むしろその逆に、釈尊や舎利弗など高徳の僧ほどその所有財産も多いものとされ、財産の多さは彼らへの称賛を表わす言葉とさえなっている。

われわれは『大般涅槃経』や八王分骨のエピソードから、比丘は教え（法）をこそ学ぶべきであり、葬儀には関わるべきでないとするのが釈尊の遺教であったと思いがちである。しかし律には、友人の僧を看取り、その葬儀を行なうことに関する規定も述べられている。教授の解説にしたがって、しばらく律典に説かれる僧たちの生活ぶりを見てみることとしよう。

北部インドの僧院遺跡から多くの印章が発掘されている。また『根本説一切有部律』には、僧院と個人の所有物にその所属を示す印章をつけることが定められるに至った経緯が述べられている。それによれば、まず僧院の印章を作ることが規定され、次いで個人の印章を作ることが規定されている。僧院遺跡から発掘された印章の図案は、初期のものは種々雑多であるが、五、六世紀のものは、僧院の所属物には「車輪と二頭の鹿」が、個人の所属物には「骸骨」の図柄が統一的に描かれている。この発掘資料の上に見られる図柄の変化は、『根本説一切有部律』に説かれる印章に関する規則の変遷によく一致している。そこには六人の比丘衆が登場する。彼らは他の場面にもしばしば登場するが、なかなかの問題児である。

彼らは私有物に印章をつけよという釈尊の言葉をよいことに、さっそく金や銀や瑠璃や水晶で印章を作り、ありとあらゆる飾りで飾り立てた印章をつけた指輪をはめて世間の顰蹙をかっている。そのため世尊は、印章を真鍮、銅、青銅、象牙、角の五種のものに限定している。ところが彼らはそれにも懲りず、自分たちの私有物につける印章に、こともあろうに性器も露な男女の図柄を描き、その性への偏執狂ぶりをバラモンや在家の人々に咎められるという破廉恥な事件を起こした。世尊はこの事件を機に、僧伽の印章の図柄としては車輪と二頭の鹿を、個人の印章には骸骨を刻むことを制定された。

これらの記述からも、インド仏教中期（一世紀初頭から五、六世紀まで）の比丘たちが決して「清貧の行者」でなかったことが分かる。したがって平川博士が、仏塔にさまざまな品物を寄進した人々が私有物を持たない比丘ではあり得ないがゆえに、寄進者たちを「仏塔教団」に所属する在家の菩薩でなければならないとする論拠は成り立たなくなる。

教授は、たとえば大乗の祖師と目される龍樹（二、三世紀）の『ラトナーヴァァリー』が、正統派から取り残された者の党派心の強い説教口調の性格を帯びており、大乗の思想を認めない人々に対しては「大乗を嘲笑する者たちは、愚かで、邪悪で、誰かにたぶらかされ、無恥蒙昧である等々」と罵詈雑言を吐きかけ、自ら、大乗が嫌悪され、反感をかい、嘲笑され、あざけられ、軽蔑され、受け入れられないことを繰り返し記していることから判断して、そこに描かれている大乗は当時の仏教社会の中で嘲笑やあざけりの対象として存在していたとしか思えず、とても確立した独立の教団であるとは考えられない、と言う。

われわれは龍樹の時代には大乗がインド仏教界に覇をとなえていたかの如くに思いがちであるが、五世紀までインドにおいて大乗は、制度的にも文化的にも、取るに足らぬ存在に留まっていた。そして五、六世紀になって、それらの地域から出土した碑文が示すように、ベンガル州のグナイガルやオリッサ州のジャヤランプール、あるいはグジャラート州のデヴニモリなどのような辺境の、文化的にも周辺の地域に大乗の教団は出現したのである、というのが教授の主張である。

〔平川彰「大乗仏教の特質」（『講座・大乗仏教1』春秋社）、高崎直道「総説大乗仏教の〈周辺〉」（『講座・大乗仏教10』春秋社）をも参考にした。〕

シリーズ大乗仏教［全10巻］

［監修］高崎直道　［編者］桂紹隆・斎藤明・下田正弘・末木文美士

大乗仏教興起時代　インドの僧院生活

2000年7月30日　初　版第1刷発行
2018年5月20日　新装版第1刷発行

著　　者　グレゴリー・ショペン
訳　　者　小谷信千代
発 行 者　澤畑吉和
発 行 所　株式会社春秋社
〒101-0021 東京都千代田区外神田 2-18-6
電話　03-3255-9611(営業) 03-3255-9614(編集)
振替　00180-6-24861
http://www.shunjusha.co.jp/
装　　幀　河村　誠
印 刷 所　港北出版印刷株式会社
製 本 所　ナショナル製本協同組合

定価はカバー等に表示してあります
2018 © ISBN978-4-393-11237-3

●著者紹介

グレゴリー・ショペン (Gregory Schopen)

1947年、アメリカ生まれ。ブラックヒルズ州立大学（学士、アメリカ文学、アメリカ）に学び、マクマスター大学（修士、宗教史、カナダ）を経て、オーストラリア国立大学（南アジア・仏教学）でドゥ・ヨング教授の許で学位を取得。論題は「薬師如来経とギルギットの仏教」Bhaiṣajyaguru-sūtra and the Buddhism of Gilgit. ミシガン大学教授、ワシントン大学教授、テキサス（オースティン）大学教授、カリフォルニア（ロスアンジェルス）大学教授などを経て、現在はカリフォルニア大学ロサンゼルス校教授。専攻はサンスクリット語、チベット語、仏教学。
著書には、
From Benares to Beijing: Essays on Buddhism and Chinese Religion in Honor of Jan Yun-hua, eds. K. Shinohara & G. Schopen (Oakville: 1991)
Bones, Stones, and Buddhist Monks: Collected Papers on the Archaeology, Epigraphy, and Texts of Monastic Buddhism in India (Honolulu, 1997)
などがある。
1996年～1998年度、大谷大学大学院客員教授。

●訳者略歴

小谷信千代（おだに　のぶちよ）

1944年、兵庫県生まれ
1967年、大谷大学文学部卒業
1975年、京都大学大学院修士課程修了
1978年、大谷大学大学院博士課程満期退学
現　在、大谷大学名誉教授、博士（文学）
著　書、『チベット倶舎学の研究』、『倶舎論の原典解明 賢聖品』（共著）、『法と行の思想としての仏教』

索　引

和 漢 語

【あ行】

【か行】

【さ行】

【た行】

【な行】

【は行】

【ま行】

【や行】

【ら行】

サンスクリット・パーリ・チベット語等

【T】

【U】